汽车传感器
从入门到精通

姚科业　顾惠烽　主编

化学工业出版社
·北京·

内 容 简 介

《汽车传感器从入门到精通》主要涉及现今汽车上比较常用和最新出现的传感器，根据传感器的类型进行分类介绍，囊括汽车各个系统所用的传感器。

本书详细介绍了每种传感器的作用、安装位置、连接电路、结构原理、识别、检测及故障排除等内容。全书共分十章，依次为汽车传感器概述、位置（行程和角度）传感器、温度传感器、空气流量传感器、压力传感器、气体浓度传感器、速度与减速度传感器、爆震与碰撞传感器、视觉传感器及其他传感器。

内容系统实用、通俗易懂、全彩图解配套视频讲解是本书的一大特色，可帮助读者在短时间内将汽车传感器的专业知识和实操技能全部掌握。

本书可作为大专院校、职业技术院校相关专业师生的参考书，可供汽车制造和汽车维修相关工程技术人员参考，也可作为企业培训的参考教材。

图书在版编目（CIP）数据

汽车传感器从入门到精通 / 姚科业，顾惠烽主编. —北京：化学工业出版社，2021.3（2022.1重印）
ISBN 978-7-122-38384-6

Ⅰ.①汽…　Ⅱ.①姚…②顾…　Ⅲ.①汽车-传感器　Ⅳ.①U463.6

中国版本图书馆 CIP 数据核字（2021）第 017183 号

责任编辑：黄　滢	文字编辑：陈小滔　张　宇
责任校对：李　爽	装帧设计：刘丽华

出版发行：化学工业出版社（北京市东城区青年湖南街13号　邮政编码100011）
印　　装：北京瑞禾彩色印刷有限公司
787mm×1092mm　1/16　印张25　字数608千字　2022年1月北京第1版第3次印刷

购书咨询：010-64518888　　　　　　　　售后服务：010-64518899
网　　址：http://www.cip.com.cn
凡购买本书，如有缺损质量问题，本社销售中心负责调换。

定　　价：99.00元

前言

随着电子技术的发展以及人们对汽车性能要求的不断提高，电子控制技术在汽车上的应用也越来越广泛，汽车电子化程度越来越高。汽车电子控制装置越来越复杂，在全车成本中所占的比例逐年增加。目前，有些汽车电子控制装置已经占到整车造价的一半以上，各大汽车厂商纷纷加大在汽车电子控制技术上的投入，通过不断完善汽车的电子系统来提高产品的竞争力。汽车的电子化程度已经成为衡量汽车档次的重要标志之一。

汽车传感器作为汽车电子控制系统的关键部件，主要是用于采集汽车运行的信息，并转换为电信号输入电控单元，为汽车实现自动控制提供信息参考。汽车传感器是汽车电子技术领域研究的核心内容之一。传感器在汽车上的应用从最初的发动机控制系统扩展到汽车的各个系统中。目前，一辆普通的家用轿车上大约安装有几十个传感器，而豪华轿车上的传感器数量可多达数百个。

作为汽车电控系统中至关重要的元件，汽车传感器工作状况的好坏在很大程度上决定了汽车使用性能是否良好，因此传感器的检测、维修及故障排除也是汽车传感器的重要方面。为满足广大汽车维修人员对掌握汽车传感器维修技术的迫切需求，在化学工业出版社的组织下，特编写了本书。

本书根据传感器的类型进行分类介绍，囊括汽车各个系统所用的传感器，详细介绍每种传感器的作用、安装位置、连接电路、结构原理、识别、检测及故障排除等内容。全书共分十章，依次为汽车传感器概述、位置（行程和角度）传感器、温度传感器、空气流量传感器、压力传感器、气体浓度传感器、速度与减速度传感器、爆震与碰撞传感器、视觉传感器及其他传感器。

本书力求以实用为主，没有涉及高深的专业理论知识，文字简练。讲解过程中充分发挥了图解的特色，以"全彩图解"的形式向读者传授汽车传感器的基本知识，真正做到用"图"说话——以"图"代"解"，以"解"说"图"，一目了然，通俗易懂。此外，对于难度较大的复杂知识点和操作内容，还专门配备了"视频讲解"。视频以二维码的形式呈现，读者学习时可通过手机扫描书内相关章节的二维码，同步、实时地浏览对应知识点的数字媒体资源。数字媒体资源与图书的图文资源相互衔接、互为补充，可充分调动学习者的主观能动性，确保学习者在短时期内获得最佳的学习效果。

本书由姚科业、顾惠烽主编，杨飞燕、罗永志、黎文武、彭川参编。在编写过程中，参考了相关的图书、多媒体资料、原车维修手册以及国内外许多同行、专家的研究成果，在此一并表示衷心的感谢！

本书可作为大专院校、职业技术院校相关专业师生的参考书，可供汽车制造和汽车维修相关工程技术人员参考，也可作为企业培训的参考教材。

由于编者水平所限，书中疏漏和不足之处在所难免，恳请广大读者批评指正。

编　者

目 录

01 第一章
汽车传感器概述

02 第二章
位置（行程和角度）传感器

03 第三章
温度传感器

04 第四章
空气流量传感器

05 第五章 压力传感器

06 第六章 气体浓度传感器

07 第七章
速度与减速度传感器

08 第八章
爆震与碰撞传感器

09 第九章
视觉传感器

10 第十章
其他传感器

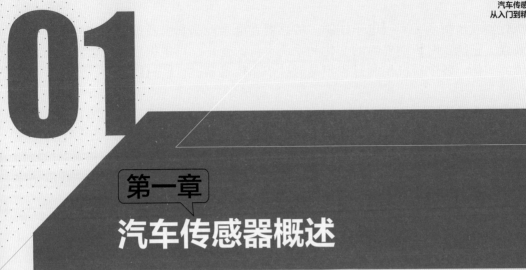

01

第一章
汽车传感器概述

第一节　汽车传感器的定义、原理和作用

一、传感器的定义

传感器是指能感受规定的被测量并按照一定的规律转换成可用信号的器件或装置。传感器作为一种检测装置，能感受到被测量的信息，并能将感受到的信息，按一定规律变换成为电信号或其他所需形式的信息输出，以满足信息的传输、处理、存储、显示、记录和控制等要求。传感器是实现自动检测和自动控制所不可缺少的装置（图1-1-1）。

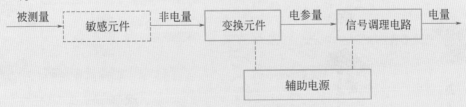

图1-1-1　传感器组成

二、汽车传感器的基本原理

汽车传感器作为汽车的"感觉器官"，将各种输入参量转换为电信号。这些电信号传输给电控单元，实现电子控制。

现代汽车电子控制中，传感器广泛应用在发动机、底盘和车身各个电控系统中。汽车传感器在这些系统中的主要作用是采集和传输信息，由电控单元对信息进行处理后向执行器发出指令，实行电子控制。传感器在电子控制和自我诊断系统中是必不可少的装置，它能及时识别外界的变化和系统本身的变化，再根据变化的信息去控制本身系统的工作。各个系统控制过程正是通过依靠传感器进行信息的反馈，实现自动控制工作的。

传感器输出的信号主要有模拟信号和数字信号两种。其中数字信号可直接输入电控单元，而模拟信号则需通过 A/D 转换器转换成数字信号后再输入电控单元。电控单元不断地检测各个传感器的信号，一旦检测出某个输入信号不正常，就可将错误的信号存入存储器内。在故障维修时，维修技术员可以通过专用诊断仪或采取人工方法读取故障信息，再根据故障码信息内容，进行维修（图 1-1-2）。

电子控制单元有效地控制着系统的工作，需要具备完整的条件，而传感器的精度、响应性、可靠性、耐久性及输出的电压信号等，对系统的控制稳定性起着至关重要的作用。

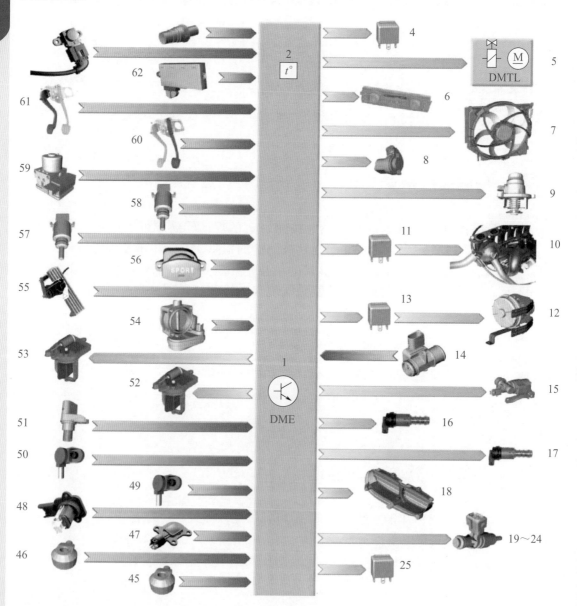

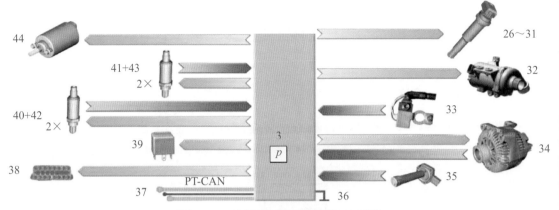

图 1-1-2　宝马发动机传感器与执行器

1—数字式发动机电子系统（DME）控制单元；2—DME 控制单元内的温度传感器；3—DME 控制单元内的环境压力传感器；4—DME 主继电器；5—燃油箱泄漏诊断模块（DMTL）；6—自动恒温空调（IHKA）；7—电风扇（发动机冷却）；8—电控箱风扇；9—特性曲线式节温器；10—发动机通风加热装置；11—发动机通风加热继电器；12—二次空气泵（SLP）；13—二次空气泵继电器；14—二次空气（不同国家和地区规定不同）热膜式空气质量流量计（HFM）；15—燃油箱通风阀（TEV）；16—进气凸轮轴 VANOS 电磁阀；17—排气凸轮轴 VANOS 电磁阀；18—风门控制装置（LKS）电磁铁；19 ～ 24—喷射阀；25—喷射阀继电器；26 ～ 31—棒状点火线圈；32—电动冷却液泵；33—智能型蓄电池传感器；34—发电机；35—机油状态传感器（OEZS）；36—接地点；37—PT-CAN（数据总线）；38—诊断接口；39—VALVETRONIC 继电器；40，42—氧传感器（带阶跃特性曲线的监控传感器）；41，43—氧传感器（带连续特性曲线的调节传感器）；44—VALVETRONIC 电机；45—爆震传感器（气缸 1 ～ 3）；46—爆震传感器（气缸 4 ～ 6）；47—偏心轴传感器；48—热膜式空气质量流量计（HFM）；49—排气凸轮轴传感器；50—进气凸轮轴传感器；51—曲轴传感器；52，53—DISA 执行机构；54—电动节气门（EDK）；55—加速踏板模块（FPM）；56—SPORT 按钮；57—冷却液温度传感器；58—冷却液温度传感器（散热器出水口）；59—ASC 模块（包括 DTC、ABS、DSC 功能）；60—制动信号灯开关 / 制动信号灯测试开关；61—离合器开关；62—便捷登车及启动系统（CAS）

三、汽车传感器的作用

　　在汽车电子控制系统中，传感器广泛应用在发动机、底盘和车身各个电控系统中。汽车传感器担负着信息的采集和传输任务，由电控单元对信息进行处理后向执行器发出命令，实行电子控制。传感器能及时识别外界的变化和系统本身的变化，再根据变化的信息去控制本身系统的工作。传感器按能量关系可分为主动型和被动型两大类。汽车上使用的传感器大多是被动型的，这类传感器需要外加电源才能产生电信号。汽车发动机、底盘和车身电控系统应用着很多种传感器，其中，某些传感器的功能是多个电控系统共用，某些是某个控制系统单用（图 1-1-3）。

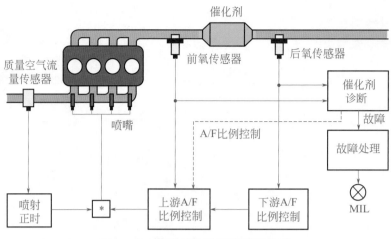

图 1-1-3　宝马发动机氧传感器作用

第二节　汽车传感器的类型与识别

一、汽车传感器的类型

汽车传感器的类型见表 1-2-1。

表 1-2-1　汽车传感器类型

分类	依据类型	描述
根据任务和应用分类	功能性传感器	主要用于控制和调节
	安全性用传感器	安全性用传感器
	监控用传感器	在车诊断；使用参数和磨损参数监控；向驾驶员与乘员提供信息
根据特性线类型分类	连续的线性特性线传感器	连续的线性特性线特别适用于测量范围宽的调节任务上。此外，线性特性线具有可检验性和可调性，见图（a） （图：S输出信号 / X测量参数） （a）连续线性　（b）连续非线性

分类	依据类型	描述
根据特性线类型分类	连续的非线性特性线传感器	连续的非线性特性线常用在测量参数非常窄的调节上，如空燃比 $\lambda=1$ 的调节（调节跳动水平）。在整个测量范围要求相对于测量值的允许偏差小时，采用特殊形、陡峭的非线性特性线的传感器就特别有利，如空气流量传感器，见图（b）
	不连续的阶跃特性线传感器	不连续的阶跃，或许还带有滞后的特性线用于监控边界值，在达到边界值时，易于排除。如果排除比较困难可采用多次阶跃的特性线提早预报，见图（c）、图（d）
根据输出信号类型分类	模拟信号传感器	模拟信号是指信息参数在给定范围内表现为连续的信号，见图（e），或在一段连续的时间间隔内，其代表信息的特征量可以在任意瞬间呈现为任意数值的信号 模拟信号传感器的信号不能直接输入电控单元，而是在输入电控单元之前通过 A/D 转换器将模拟信号转换成能够让电控单元识别的数字信号，见图（f）。常见的模拟信号有电流、电压、频率、周期等信号
	数字信号传感器	数字信号指幅度的取值是离散的，幅值表示被限制在有限个数值之内。二进制码就是一种数字信号，如图（g）所示。数字信号一般不需经任何处理就可输入电控单元，如图（h）所示

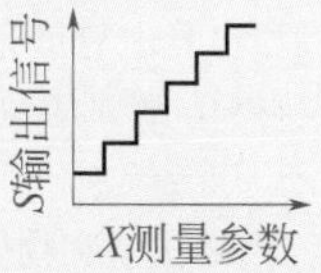

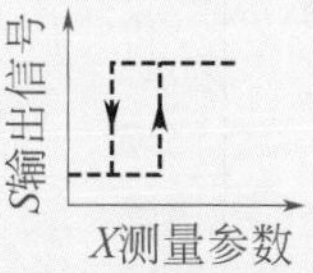

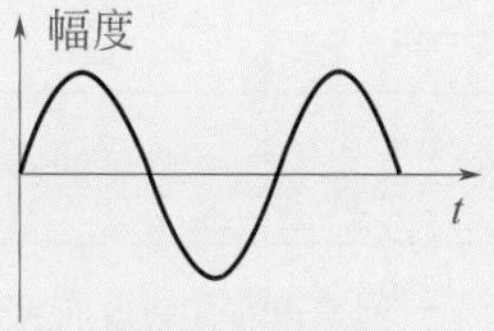

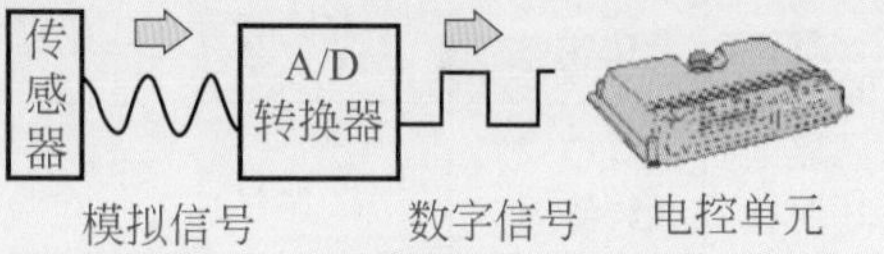

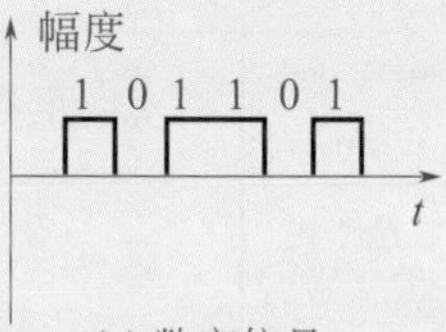

(c) 不连续多次阶跃　　(d) 不连续阶跃

(e) 模拟信号

模拟信号　　数字信号　　电控单元

(f) 模拟信号转换

(g) 数字信号

数字信号　　电控单元

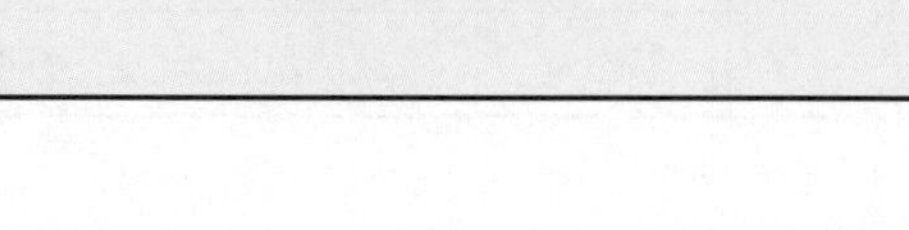

(h) 数字信号输入

汽车传感器从入门到精通

分类	依据类型	描述
根据传感器工作机理分类	结构型传感器	结构型传感器是按物理学中场的定律定义的，如动力场的运动定律、电磁场的电磁定律等。这些定律一般是以方程式给出的，这些方程式也就是许多传感器工作时的数学模型。其特点是传感器的工作原理是以传感器中元件相对位置变化引起场的变化为基础
	物性型传感器	物性型传感器是按照物质定律定义的，如胡克定律、欧姆定律等。因为物质定律是表示物质某种客观性质的法则，所以物性型传感器的性能随着材料的性质不同而不同。例如：光电管就是物性型传感器，它按照物质法则中的外光电效应，其特性与电极涂层材料的性质密切相关
	复合型传感器	由结构型和物性型组合而成，兼有两者特征的传感器，称为复合型传感器
根据传感器转换能量情况分类	无源传感器	在信息变化过程中，需要外部提供工作电源，才可以产生电信号给电脑的传感器，称为无源传感器（传感器自己不能产生电压信号）。电阻、电感、电容等电路参数传感器，磁阻传感器，热阻传感器，应变电阻传感器，光电效应传感器都属于这一类
	有源传感器	主要由能量变换元件组成，不需要外部提供工作电源或激励源，传感器本身可以将一种能量形式直接转变成另一种能量，产生电压信号给控制单元的传感器，如氧气传感器、爆震传感器、磁电式传感器等，因此称为有源传感器
根据传感器工作原理分类	电参量式传感器	常见的有：电阻式、电感式、电容式传感器
	磁电式传感器	常见的有：磁电感应式、霍尔式、磁栅式传感器
	压电式传感器	常见的有：压电式力传感器、压电式加速度传感器、压电式压力传感器
	光电式传感器	常见的有：红外式、CCD 摄像式、光纤式、激光式传感器等
	气式传感器	常见的有：半导体气体传感器、集成复合型气体传感器
	热电式传感器	常见的有：热电偶等
	波式传感器	常见的有：超声波式、微波式传感器
	射线式传感器	常见的有：核辐射物位计、厚度计、密度计等
	半导体式传感器	常见的有：半导体温度传感器、半导体湿度传感器等
根据被测量类别分类	热工量	被测量：温度、热量、比热；压力、压差、真空度；流量、流速、风速
	机械量	被测量：位移（线位移、角位移）、尺寸、形状；力、力矩、应力；质量；转速、线速度；振动幅度、频率、加速度、噪声
	物性和成分量	被测量：气体化学成分、液体化学成分；酸碱度（pH 值）、盐度、浓度；密度
	状态量	被测量：颜色、透明度、磨损量、材料内部裂缝或缺陷、气体泄漏、表面质量

分类	依据类型	描述
按制造工艺分类	集成传感器	用标准的生产硅基半导体集成电路的工艺技术制造的，通常还将用于初步处理被测信号的部分电路也集成在同一芯片上
	薄膜传感器	通过在介质衬底（基板）上沉积相应敏感材料的薄膜形成。使用混合工艺时，同样可将部分电路制造在此基板上
	厚膜传感器	利用相应材料的浆料涂覆在陶瓷基片上制成。基片通常是由 Al_2O_3 制成的，然后进行热处理，使厚膜成形
	陶瓷传感器	采用标准的陶瓷工艺或其某种变种工艺（溶胶 - 凝胶等）生产

三、汽车传感器的识别

常见汽车用各种传感器的结构、安装位置与用途，见表 1-2-2。

表 1-2-2 常见汽车用各种传感器的结构、安装位置与用途

传感器种类	结构	安装位置	用途
冷却液温度传感器	负温度系数热敏电阻	冷却水道上	测量水温
水温表热敏电阻式温度传感器	负温度系数热敏电阻	仪表板上	测量水温
车内外空气温度传感器	负温度系数热敏电阻	车内：挡风玻璃底下车外：前保险杠内	测量车内、外空气温度
进气温度传感器	热敏电阻	空气流量计内或空滤器内；进气总管，进气导管内	测量进气温度
蒸发器出口温度传感器	热敏电阻	空调蒸发器片上	空调蒸发器出口温度
排气温度传感器	热敏电阻：热电偶；熔断丝	三元催化转化器上	测量排气温度
EGR 监测温度传感器	热敏电阻	EGR 进气道上	EGR 循环气体温度和 EGR 工作情况
石蜡式气体温度传感器	石蜡	化油器式发动机进气道上	低温时用作进气温度调节装置；高温时修止怠速
双金属片式进气温度传感器	金属片	化油器式发动机进气道上	低温时用于进气温度调节；高温时修正怠速
散热器冷却风扇传感器	热敏铁氧体	水箱上	控制散热器风扇转速

传感器种类	结构	安装位置	用途
变速器油液温度传感器	热敏电阻	液压阀体上	测量油液温度，向 ECU 输入温度信息，以便控制换挡、锁定离合器结合、控制油压
真空开关传感器	膜片、弹簧	空滤器上	检测空滤器是否堵塞
油压开关传感器	膜片、弹簧	发动机主油道上	检测发动机油压
制动主缸油压传感器	半导体式	制动主缸的下部	控制制动系统油压
绝对压力传感器	硅膜片式	悬架系统	检测悬架系统油压
相对压力传感器	半导体式	空调高压管上	检测冷媒压力
半导体压敏电阻式进气压力传感器	半导体压敏电阻	进气总管上	检测进气压力
真空膜盒式进气压力传感器	真空膜盒、变压器	进气总管上	检测进气压力
电容式进气压力传感器	膜片式	进气总管上	检测进气压力
表面弹性波式进气压力传感器	压电基片	进气总管上	检测进气压力
涡轮增压传感器	硅膜片	涡轮增压机上	检测增压压力
制动总泵压力传感器	半导体式	主油缸下部	检测主油缸输出压力
叶片式空气流量传感器	叶片、电位计	进气管上	检测进气量
卡尔曼涡流式空气流量传感器	涡流发生器、超声波发生器、光电管	进气管上	检测进气量
热线式空气流量传感器	铂金热线	进气管上	检测进气量
热膜式空气流量传感器	铂金属固定在树脂膜上的发热体	进气管上	检测进气量
量心式空气流量传感器	量心、电位计	进气管上	检测进气量
二氧化锆式氧传感器	锆管、加热元件	排气管、三元催化转化器上	控制空燃比
二氧化钛式氧传感器	钛管、加热元件		
全范围空燃比传感器	二氧化锆元件、陶瓷加热器		

传感器种类	结构	安装位置	用途
烟雾浓度传感器	发光元件、光敏元件、信号电路	车厢内	净化空气
磁脉冲式曲轴位置传感器（轮齿）	信号转子、永磁铁、线圈	分电器内或曲轴前端皮带轮之后	检测曲轴转角位置、测量发动机转速
磁脉冲式曲轴位置传感器（转子）	正时转子，G、Ne线圈	分电器内	检测曲轴转角位置、测量发动机转速
光电式曲轴位置传感器	曲轴转角传感器、信号盘	分电器内	检测曲轴转角位置、测量发动机转速
触发叶片式霍尔曲轴位置传感器	内、外信号轮	曲轴前端	检测曲轴转角位置、测量发动机转速
同步信号传感器（或称凸轮轴位置传感器）	脉冲环、霍尔信号发生器	分电器内	判缸信号
稀薄混合气传感器	二氧化锆固体电解质	三元催化转化器上	测量排气中氧浓度，控制空燃比
磁致伸缩式爆震传感器	磁芯、感应线圈、永磁铁	发动机缸体上	检测爆震信号、输入ECU
共振型压电式爆震传感器	压电元件、振荡片	发动机缸体上	检测爆震信号、输入ECU
非共振型压电式爆震传感器	平衡重、压电元件	发动机缸体上	检测爆震信号、输入ECU
线性输出型节气门位置传感器	急速触点、全开触点、电阻器、导线	节气门体上与节气门连接	判断发动机工况，控制喷油脉宽
开关型节气门位置传感器	IDL触点、PSW功率触点、凸轮、导线	节气门体上与节气门连接	判断发动机工况，控制喷油脉宽
滚球式碰撞传感器	滚球、磁铁、导缸、触点	两侧翼子板内；两侧前照灯支架下；散热器支架左右两侧；驾驶室仪表盘和手套箱下方或车身前部中央位置	检测汽车加速度
滚轴式碰撞传感器	滚轴、触点、片状弹簧		
偏心锤式碰撞传感器	偏心锤、臂、触点、弹簧、轴		
水银开关式碰撞传感器	水银、电极		
电阻应变计式碰撞传感器	电子电路、应变计、振动块、缓冲介质		

汽车传感器从入门到精通

传感器种类	结构	安装位置	用途
无触点式扭矩传感器	线圈、扭力杆	转向轴上	测量转向盘与转向器之间相对扭矩
滑动可变电阻式扭矩传感器	电位器、滑环、齿轮、扭杆	转向轴上	
光电式车身高度传感器	光电耦合元件、遮光盘、轴	悬架系统减振器杆上	将车身高度转换成电信号，输入 ECU
座椅位置传感器	霍尔元件、永磁铁	座椅调节装置上	调节座椅状态
方位传感器	线圈、铁芯	GPS 终端机上	车辆导航
舌簧开关型车速传感器	舌簧开关、磁铁	变速器输出轴或组合仪表内	测量汽车行驶速度
光电耦合型车速传感器	光电耦合器、转子	组合仪表内	
电磁型车速传感器	转子、线圈	变速器输出轴上	测定变速器输入轴转速
O/D 直接挡离合器转速传感器	与车速传感器相同		
电磁式轮速传感器	传感头、齿圈	变速器输入轴上	检测轮速
霍尔式轮速传感器	霍尔元件、触发齿圈、永磁铁	车轮上、减速器或变速器上	
日照传感器	光电管，滤光片	风挡玻璃下、仪表盘上侧	把太阳照射情况转变成电流，修正车内温度
光电式光量传感器	硫化镉、陶瓷基片、电极	仪表盘上方灯光控制器内	汽车灯具亮、熄自动控制
光敏二极管式光亮传感器	光敏二极管、放大器	仪表盘上，可接收外来灯光处	检测车辆周围亮度，自动控制前照灯的亮度
雨滴传感器	振动板、压电元件、放大电路	发动机室盖板上	检测降雨、控制雨刷器转速
蓄压压力传感器	半导体压敏电阻元件	油压控制组件上方	检测油压控制组件的压力
空调压力开关传感器	膜片、活动触点、固定触点、感温包	高压压力开关安装在高压管路上	高压压力开关：高压回路压力高于规定值时使压缩机停机
		低压压力开关安装在低压管路上	低压压力开关：高压回路压力低于规定值时使压缩机停转

第三节　汽车传感器的检测

一、汽车传感器检测注意事项

❶ 除在测试过程中特殊指明外，不能用指针式万用表测试 ECU 及传感器，应使用高阻抗数字式万用表（图 1-3-1）或车用专用万用表进行测试。禁止使用"划火法"检查晶体管电路的通断状况。不要用普通试灯去测试任何和 ECU 相连接的电气装置，以防晶体管损坏。脉冲电路应采用 LED 灯或示波器检查。

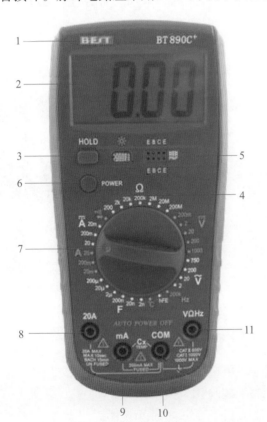

操作面板说明

1.标志与型号
2.液晶显示器
3. HOLD：数据保持及背光键
4.发光二极管：通断检测时报警用
5.三极管测试座：测试三极管输入口
6.POWER：电源键
7.功能量程开关：用于选择各种测量
　功能和量程
8.20A：20A电流测试插座
9.mA：小于200mA电流测试插座
10.COM：负极输入端，插入黑表笔
11.VOHz：电压、电阻、频率插座

图 1-3-1　数字式万用表

❷ 在拆卸或安装电感性传感器时，应将点火开关断开（OFF），以防其自感电动势损伤 ECU 和产生新的故障（图 1-3-2）。

❸ 在车身上进行电弧焊时，应先断开 ECU 电源。在靠近 ECU 或传感器的地方进行车身修理作业时，更应特别注意。

❹ ECU 和传感器必须防止受潮。不允许将 ECU 或传感器的密封装置（图 1-3-3）损坏，更不允许用水冲洗。ECU 必须防止受剧烈振动。

第一章　汽车传感器概述

图 1-3-2　点火开关在 OFF 位置

❺ 电控系统中，故障多的不是 ECU、传感器和执行部件，而是连接器。连接器常会因松旷、脱焊、烧蚀、锈蚀和脏污而接触不良或瞬时短路，因此当出现故障时不要轻易地更换电子器件，而应首先检查连接器的状况（图 1-3-4）。

密封圈 ————

图 1-3-3　连接器密封圈

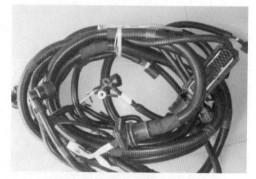

图 1-3-4　线束连接器

❻ 当断开蓄电池时需注意以下几点：一是必须关闭点火开关，如果在点火开关接通的状态下断开蓄电池连接，电路中的自感电动势会对电子元件有击穿的危险；二是检查自诊断故障码是否存在，若有故障码，应记下代码后再断开蓄电池；三是断开蓄电池前，应牢记带防盗码的音响设备的编码，否则在下次使用中，音响系统自锁会影响使用。

❼ 蓄电池搭铁极性切不可接错，必须负极搭铁。严禁在发动机高速转动时将蓄电池从电路中断开，以防产生瞬时过电压将 ECU 和传感器损坏。

❽ 跨接启动其他车辆或用其他车辆跨接本车时，需先关闭点火开关，才能拆装跨接线。

❾ 在点火开关接通的情况下，不要进行断开任何电气设备的操作，以免电路中产生的感应电动势损坏电子元件。

❿ ECU 有学习功能，但 ECU 的电源电路一旦被切断（如拆下蓄电池），它在发动机运行过程中存储的数据就会消失。因此，蓄电池断开后要装复，如果出现发动机工作状况不如以前，先不要随便更换零部件。这种情况可能是蓄电池断开后 ECU 中的学习修正记忆消除造成的。因为 ECU 根据系统实际情况进行的学习修正与根据厂家存储在只读存储器（ROM）中的数据进行的控制相比起来，发动机工作状况会

有差异。

如果是此种原因，待发动机运行一段时间后，ECU 会自动建立修正记忆。如果想让 ECU 完全"恢复记忆"，则需通过在不同工况下的路试让 ECU 重新学习，发动机工作的不良状况会自动消失。

⑪ 注意检查搭铁线的状况，其电阻值一般不应大于 1.5Ω。

⑫ 带有安全气囊系统的汽车，对安全气囊进行检修时，如果操作不当将会使安全气囊意外张开，因此必须严格按操作程序进行。对安全气囊进行检修作业时，先将点火开关置于关闭位置，再断开蓄电池负极，等待 90s 再进行操作，以免发生意外。

⑬ 检修氧传感器时，要注意不要让氧传感器跌落碰撞到其他物体，不要用水冷却。换氧传感器时，一定要用专用的防黏胶液刷涂螺纹，以免下次拆卸困难。

⑭ 某些故障报警灯的功率不得随意改变，否则会出现异常情况。

⑮ 注意屏蔽线。对于电磁式凸轮轴位置传感器输出信号情况，单单通过测量电压或电阻来确定其是好是坏是不全面的。有很多电磁式传感器测量电阻电压都正常，但线路屏蔽不好也会导致故障。

汽车传感器的检测方法

对于传感器的检测，主要有以下几种方法。

▶ 1. 故障征兆现象判断法

依据故障征兆，运用经验判断，是最直观、最简单地解决车辆故障和判断传感器好坏的方法。但其有两个缺点：一是经验积累时间长，短时间内不可能达到很高水平；二是判断结果准确率低，误判的可能性较大。

例如，在维修大众车系发动机时，如果出现发动机油耗和排气污染增加，发动机出现怠速不稳、缺火、喘振等故障现象，则很大可能是氧传感器出现故障。这是因为：一是从车型来看，该车型出现氧传感器故障的概率比较高，二是从现象上来看，氧传感器出现故障，将使电子燃油喷射系统的电控单元不能得到排气管中氧浓度的信息，因而不能对空燃比进行反馈控制，从而出现上述症状。

▶ 2. 解码检测法

汽车上的电子控制系统一般都具有自诊断功能。以前的车辆，大部分都能通过手工调码的方法查出故障代码，但随着汽车的发展，尤其是进口高档车的电子控制系统只有靠仪器等专用设备才能进行诊断，而在众多的仪器设备当中使用最普遍的是电控系统检测仪，俗称解码器。

汽车解码器通常分为原厂解码器和非原厂解码器。原厂解码器是指由汽车制造厂家提供或指定的解码器，如大众（奥迪）汽车用 VAS6150B、丰田汽车用 Intelligent Tester 等。非原厂解码器则指不是汽车制造厂家提供或指定，而由其他仪器设备厂商生产的汽车解码器，如德国博世公司的 KTS300/500、美国的红盒子 ScannerMT2500、瑞典的 AUTODGAGNOS 及国内公司生产的电眼睛、修车王、车博士等（图 1-3-5）。

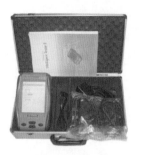

大众(奥迪)专用诊断仪   丰田诊断仪

(a) 专用诊断仪（原厂解码器）

元征X431   道通908

(b) 通用诊断仪（非原厂解码器）

图 1-3-5　诊断仪（解码器）

　　读取与清除故障码是解码器的主要功能，因此很容易判断出故障的大致方向和部位，为传感器的检测和排查提供了方向。但有以下几点需要注意。

　　❶ 并不是所有的故障都会出现故障码。例如，三菱 V73 的 6 线式步进电机由于是 ECU 以脉冲方式进行控制，因此没有监控装置，所以出现故障后，没有故障码。又如，当水温传感器的电阻发生漂移而不准确时，如果电阻总值没有超出规定范围，虽然有故障，但不会显示故障码。

　　❷ 故障码的含义说明需弄清楚，是传感器或执行器自身故障还是线路故障。线路故障要分清是短路还是断路，是与电源短路或断路，还是与接地短路或断路等。只有清楚、明白故障码的确切含义，才能更好地利用故障码排除故障，维修起来也可以少走弯路。

　　❸ 通过解码器查出的故障码，只是说明某一系统或相关系统有故障，不要看到故障码就断定是该传感器或执行器有故障，就要更换，其他与之相关系统同样会造成同样的故障而出现相同的故障码。

　　例如在检查 ABS 系统时，如果出现"轮速传感器信号不良"故障码时，不要立即更换轮速传感器，首先要检查电路各连接插头与插座针脚接触是否良好，传感器出发轮是否有脏污、锈蚀、断路或短路等现象，有些安装在车轮上的传感器其磁芯经常会吸附一些制动鼓磨掉的铁屑而导致工作不良，此时只需拆下传感器并清除磁芯上的污垢即可解决问题。同时还要观察感应齿圈是否有变形、缺齿等现象，这些都是导致出现"轮速传感器信号不良"故障码的原因，而轮速传感器本身并不一定损坏。

❹ 要弄清楚是历史性故障码还是当前的故障码以及故障码出现的次数。如果是历史性故障码，就表示故障较早之前出现过，现在不出现了，但在 ECU 里面有一定的存储记忆；而当前故障码则表示是最近出现的故障，当前故障绝大部分和车辆的新型系统有很大关系。

例如，大众公司的解码器上故障码前显示"SP"均表示临时的偶发性故障。故障发生的原因不外乎以下几种情况：发动机运转或点火钥匙打开的过程中拔下了某个电气插头，或者某个传感器或执行器的插头虚接，是软故障，不是硬故障。

❺ 当读不出故障码但车辆依旧有故障症状，此时要利用解码器的数据流对传感器和执行器进行深入的分析和判断。所谓数据流，简单来说就是电控系统中的一些主要传感器和执行器的当前工作参数值（如发动机转速、蓄电池电压、空气流量、喷油时间、节气门开度、点火提前角、水温等）。维修过程中，可以通过阅读数据流来分析、发现故障所在，特别是当电控系统无故障码可供参考时，数据流分析就更加重要。每个传感器和执行器在一定条件下的工作参数值是有一定标准范围的，可以通过实际值与标准值的比较来判断某传感器和执行器是否存在异常。

❻ 当参考故障码排除故障后，要利用解码器来清除故障码，也就是从 ECU 内部记忆体中清除其故障码记忆，并在发动机运转一段时间后（有条件的话，可以进行路试），再通过解码器来测试是否还会出现相似的故障现象，或者存储同样的故障码。

❼ 清除故障码，不提倡用拔掉蓄电池负极的办法来进行。早期的车辆，如三菱和现代，在清除故障码时可以使用去掉蓄电池负极的方法，但随着汽车技术的发展，越来越多的车辆已将故障代码存储在 ECU 的 EEPROM 中，用去掉蓄电池负极的方法是消除不掉故障码的。用去掉蓄电池负极的方法来清除故障码，不但清除不掉故障码，还会导致许多问题：一是很多车辆的 ECU 具备了自适应和自学习功能，去掉蓄电池负极后，存储在 KAM（可保持存储器）中的自适应信息丢失，导致车辆运行不稳定；二是会触发音响防盗等的防盗功能起作用导致锁死，如果不知道密码，音响便不能正常使用，预先设置在音响中的播放顺序、座椅的预定设置位置也会因此丢失。

▶ 3. 测试灯检测法

测试灯有自制的测试灯和检测专用的测试灯；可以自带电源，也可以不带电源。自制的测试灯可以用发光二极管（LED）外接 300 ～ 500Ω 电阻串联制成（图 1-3-6）。测试灯主要有以下几个功能。

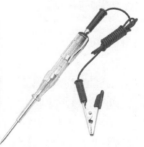

图 1-3-6　测试灯

❶ 检查传感器、电控元件本体或连接电路的通、断。

❷ 检测传感器参考电压供给是否正常。

❸ 根据测试灯发光二极管频闪信号，可以检查传感器是否有脉冲输出或 ECU 是否有执行信号输出。

❹ 对具有手工调码自诊断功能的车辆，进行手工调阅故障代码。

4. 万用表检测法

汽车上使用万用表，除了早期手工调码读取故障码要求使用指针式万用表，一般都不主张使用指针式万用表，甚至在检测某些元件时，特别是半导体元件、有关 ECU 电路时，强调必须使用数字式万用表。这是因为数字式万用表阻抗大，通过元件的电流小，可以避免在测量时烧毁其他元件。

（1）**电阻检测法**　电阻检测法主要用于可变电阻、电位器传感器、磁电式传感器电阻的检测，对于半导体元件，一般要与标准元件的测量值对比才能得出结论。例如，对于磁电式轮速传感器，可以用欧姆表检查其电阻值，一般在室温时，电阻在 $600 \sim 2300\Omega$ 范围内为正常。电阻太小为线圈短路；电阻过大为连接不良；电阻非常大为断路；线圈与外壳导通为搭铁（图 1-3-7）。

（2）**电压检测法**　对于有源传感器，由于工作时自身可以产生电压，因此可以使用电压检测法来检测传感器工作是否正常。例如氧气传感器、磁电式曲轴位置/凸轮轴位置传感器、爆震传感器等。仍以 ABS 用磁电式轮速传感器为例，拆开 ABS 的 ECU 接线插座或拔下轮速传感器的接线插头，使被测车轮以 1r/s 的速度转动时，使用万用表 mV 挡，测量各车轮的轮速传感器对应端子间的电压，万用表指示值应为 70mV 以上。如测量值低于规定值，原因可能是传感器与轮齿的间隙过大或传感器本身有问题，需要更换新件（图 1-3-8）。

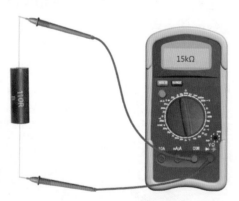

图 1-3-7　电阻测量示意图

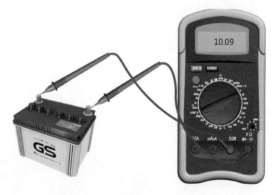

图 1-3-8　电压测量示意图

（3）**电流检测法**　电流检测法主要用于产生电流调制信号的新型集成电路传感器，如主动型轮速传感器，通过万用表也可以对传感器进行检测，线路连接如图 1-3-9 所示。将万用表拨至量程在 200mA 以上的电流挡处，将表笔串在其中一根输出线上，另一根输出正常接线（注意指针式万用表要注意极性），接通汽车电路使 ABS 系统通电，用手缓慢转动传感器安装侧的车轮。正常情况下，电流指示应在 $7 \sim 14mA$ 之间来回波动。

如果读数值只固定在 7mA 或 14mA 上，同时调整空气间隙无效时，则说明传感器失效。另外，如果接通电路后电流数值直接显示为 0 或 100mA 以上，则在确认万用表接线无误后，可以判定传感器已经断线或短路。

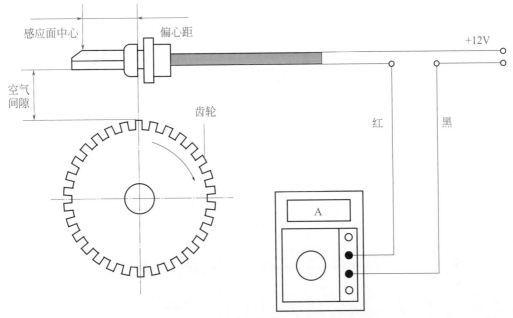

图 1-3-9 用电流法检测主动型轮速传感器

5. 示波器检测法

示波器主要用来显示控制系统中输入、输出信号的电压波形，以供维修人员根据波形分析判断电控系统故障。示波器比一般电子设备的显示速度快，是唯一能显示瞬时波形的检测仪器，是电控系统故障诊断中的重要设备。示波器检测是最准确、最直观的检测方法，可以将传感器的输出电流或电压以波形的形式显示出来，也是传感器等电气元件检测的发展方向。

仍以上述主动型轮速传感器为例，将示波器的信号输入接线分别接在传感器输出端与信号处理电路的接地端（注意区分传感器电源端进线及信号输出端），接通汽车电路使系统通电，此时用手缓慢转动传感器安装侧的车轮，正常情况下，示波器应显示出方形脉冲波形，如图 1-3-10 所示。如果没有脉冲波形或与波形不一致，则要调整传感器的安装空气间隙。如果调整后仍没有脉冲波形，则说明传感器失效，需要更换传感器。

6. 模拟法

模拟法就是在断开传感器连接，其他线路连接正常的情况下，用传感器模拟测试仪模拟汽车电控单元的输入信号，代替传感器工作，依据故障现象的消失或存在，来判断传感器好坏的方法。利用此类模拟法对电控系统传感器及其线路故障进行诊断，可简化分析过程、缩短诊断时间、减少因盲目更换配件而带来的经济损失。

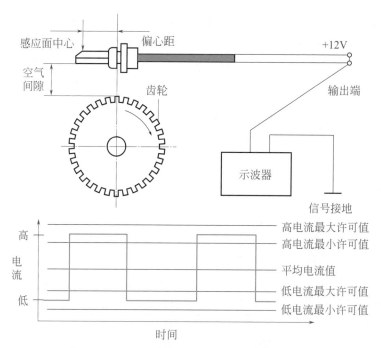

图 1-3-10　用示波器法检测主动型轮速传感器

　　例如，在判断桑塔纳 2000GLi 轿车里程表不动的故障时，打开点火开关，先找到车速传感器，拔下插头，检查霍尔式三线制车速里程表传感器供电回路（一线为 12V，另一线为地，剩余一线为信号线），如果供电回路正常，可以使用模拟器进行车速传感器模拟。因为车速传感器是霍尔式，其信号形式为脉冲频率式，因此可以用红表笔接信号线插脚，人为地输入脉冲频率为 30Hz 的信号到信号线，黑表笔接地，此时里程表启动，当频率加到 100Hz 以上时，表针指示满量程。这说明从插头到线路再到表均正常，问题在传感器。

7. 替代法

　　替代法就是对于可疑传感器，通过试换的方法来查找故障，又称试换法。

　　替代法可确定故障部位或缩小故障范围，但不一定能确定故障原因。在检修传感器时，最好使用相同车型、相同年款、相同型号、相同规格的传感器，暂时替代有疑问的传感器。替代后如故障现象未消失，说明该故障并不是因为传感器而引起，故障在其他部分。

　　使用替代法检验传感器的好坏，简单又直接，但要求有一定的维修经验和可以用来替换的正常的传感器。替换时需要注意两点：一是不能用不同输出特性的传感器来替代，容易引起错误判断；二是不要绝对地认为新的零件就是好的零件，最终导致误判，因为有的新零件本身就是坏的。

三、汽车传感器的检测顺序和步骤

　　传感器在检测时，应该按照以下检测顺序进行。

❶ 征兆判断：推断可能发生故障的部位。

❷ 解码器检测：确认被怀疑的传感器在解码器中是否有故障码，并在数据流中加以强化判断。

❸ 传感器周围的检查：为防止不是因为传感器本身故障而导致的传感器误判，要首先对怀疑的传感器部位进行外部检查，看是否有短路、断路、脏污、脱开、连线、水泡、腐蚀、氧化、接触不良、传感器变形等情况。

❹ 外部电压、搭铁及线束导通的检查：为防止无源传感器由于没有供给电源而不能正常工作，要首先对外部电源进行检查。例如，霍尔式曲轴位置传感器如果没有12V或5V电压的供给，传感器是不会有信号输出的。如果电源和搭铁不正常，就要溯本求源，检查线路。

❺ 本体检查：主要是外观检查和电阻检查，不用连接外部电路。针对能够进行电阻测量的传感器，如可变电阻式传感器、磁电式传感器，可以直接进行电阻的测量。例如，轮速传感器电阻检查可以关闭点火开关，拔下传感器连接器，检查前后轮的轮速传感器端子电阻，应均为 $1.0 \sim 13k\Omega$。同样，节气门位置传感器、磁电式曲轴位置传感器的电阻和电阻变化的平稳性，可以用万用表的电阻挡直接测量，从而判断传感器是否正常。

❻ 输出信号检查：输出信号检查主要是将传感器连接到外部经检查已经是正常的线路中，或是额外提高传感器工作条件，来对传感器输出信号进行检查的过程。输出信号检查的检测结果比电阻检查更准确。这是因为电控单元要接受的就是输出的信号，而不是传感器本身的电阻。传感器本身电阻正常，输出的信号不一定正常。

因此，不论是有源传感器，还是无源传感器，都可以在模拟工作状况下，进行输出信号检查。需要说明的是，无源传感器必须在正确供给工作电源的情况下，才可以对传感器输出信号进行检测。输出信号的检查可以使用万用表的电压挡或电流挡进行，但使用汽车专用万用表只能对输出信号作出简单的判断，更精确地判断输出信号可以使用示波器来进行。

a. 模拟直流信号：如节气门位置传感器，采用汽车专用万用表直流电压量程检测即可满足要求。

b. 模拟交流信号：ABS轮速传感器、磁电式曲轴位置传感器，采用汽车专用万用表交流电压量程检测即可满足要求。

c. 脉冲脉宽调制信号/频率调制信号的电子信号：虽然可以使用万用表，但结果不够准确，要想看清具体的变化过程，必须使用示波器。

例如，三菱汽车用的卡门涡街式空气流量传感器，在怠速时，输出信号为 $2.2 \sim 3.2V$。此电压为频率调制信号的平均电压但用示波器就可以很方便地看出空气流量传感器信号的频率和幅值是否符合规定。

❼ 维修与更换：对传感器进行以上检查后，可以基本确定传感器的好坏。更换传感器时，要严格按照操作规程操作，切忌蛮干。要关闭点火开关，且不可带电操作，否则容易损坏其他电子部件。安装时要轻拿轻放。

维修与更换传感器后，要切记用解码器消除故障码并重新试车，模拟故障出现状况，如果在试车过程中故障现象没有重复出现，检查故障码也没有重新出现，说明判断准确，安装正确，传感器检修操作完成。

第四节　汽车传感器易发故障及其后果

 一、发动机电控系统传感器易发故障及其后果

发动机电控系统传感器易发故障及故障结果见表 1-4-1。

表 1-4-1　发动机电控系统传感器易发故障及故障结果

传感器	故障位置	故障现象	故障结果
叶片式空气流量传感器	电位器上滑片电阻值不准确	空气流量信号不准确	发动机功率下降、运转不稳、油耗增加
	电位器滑动臂与碳膜电阻接触不良	空气流量信号中断或时有时无	发动机运转中断或工作不稳
	回位弹簧弹力不足	喷油量过多	发动机耗油增加
	油泵开关点接触不良	燃油泵工作不良	发动机启动困难或启动后熄火
卡门涡街式空气流量传感器	电子元件电路故障	传递频率信号不正确	发动机启动困难、怠速不稳、油耗增加
热线式或热膜式空气流量传感器	热线或热膜脏污	空气流量信号电压下降导致供油量减少	发动机运转不稳、功率下降、加速不良
	热线或热膜损坏	无空气流量信号输出	发动机不能工作
	热敏电阻工作不良	空气流量信号电压不准确	发动机运转不稳、油耗增加
进气温度传感器	热敏电阻性能发发生变化、线路接触不良	进气温度传感器无信号或信号不准确	发动机不能启动或启动后运转不稳、功率下降
半导体压敏电阻式进气压力传感器	压力转换中的硅膜片损坏	不能正确检测进气歧管压力,进气量检测不准,影响空燃比	发动机工作不良、动力下降、油耗增加
真空膜盒式进气压力传感器	膜盒破损	不能正确检测进气歧管压力、进气量检测不正确,影响空燃比	发动机工作不良、动力下降、油耗增加
曲轴位置传感器	磁脉冲式信号盘、磁头	不能准确判断曲轴上止点位置信号	发动机启动困难或运转不良、怠速不稳
霍尔式凸轮轴位置传感器	集成电路损坏或永磁铁、导磁片脏污	不能准确判断活塞上止点信号(与曲轴位置传感器信号不同步)	发动机启动困难或运转不良、怠速不稳

传感器	故障位置	故障现象	故障结果
线性输出型节气门位置传感器、开关型节气门位置传感器	怠速触点接触不良	无怠速信号	发动机无怠速或怠速不稳
	全负荷触点接触不良	无全负荷信号输入	发动机无高速、加速困难
热敏电阻式水温传感器	热敏电阻性能发生变化或线路接触不良或断路	无水温信号或信号不准、电子扇不转、水温表不指示	发动机不能启动或运转不稳、功率下降
氧传感器	氧化钛式：二氧化钛陶瓷管损坏 氧化锆式：陶瓷管（或锆管）损坏、电阻丝烧断	ECU不能获得氧传感器输入的氧浓度信号	发动机油耗增加、排气冒黑烟或发动机不能工作、怠速不稳
爆震传感器	磁致伸缩式：线圈损坏 压电式：振荡片损坏或压电元件损坏	不能检测发动机爆震信号、不能自动推迟点火时间	发动机工作产生爆震、功率下降、伴随敲缸

二、电控自动变速器中传感器易发故障及其后果

电控自动变速器中传感器易发故障及故障结果见表1-4-2。

表1-4-2　电控自动变速器中传感器易发故障及故障结果

传感器	故障位置	故障现象	故障结果
车速传感器	舌簧开关式：触点脏污，线路断、短路 电磁感应式：线圈断、短路 断路光电式：线圈断、短路 光电式：转子脏污，线路断、短路	变速器输出轴转速检测结果不准	换挡时刻不准确、产生冲击或不能正确换挡
输入轴转速传感器	感应线圈断、短路，传感器头或齿圈粘有油污，传感器消磁，传感器松动，等	不能正确检测变速器的输入轴转速	ECU停止减扭控制、换挡冲击大
液压油温度传感器	热敏电阻性能发生变化，线路断、短路	不能正确换挡、不能正确控制油压、不能正确控制锁定离合器	不能正确进行换挡或换挡产生冲击
水温传感器	热敏电阻性能发生变化，线路断、短路	水温过低时，变矩器不能进入锁定，低于70℃时变速器不能升入4挡，当线路断开时，变速器不能升入高挡	自动变速器换挡困难、没高挡或换挡产生冲击

三、安全气囊系统传感器易发故障及其后果

安全气囊系统传感器易发故障及故障结果见表 1-4-3。

表 1-4-3　安全气囊系统传感器易发故障及故障结果

传感器	故障位置	故障现象	故障结果
碰撞传感器	线路断路、短路或传感器本身出现故障	SRS ECU 不能正确检测到碰撞信号	发生交通事故时，电爆管不能引爆，气囊不能打开

四、制动防抱死系统（ABS）中轮速传感器易发故障及其后果

轮速传感器易发故障及故障结果见表 1-4-4。

表 1-4-4　制动防抱死系统（ABS）中轮速传感器易发故障及故障结果

传感器	故障位置	故障现象	故障结果
轮速传感器	传感器头脏污，线圈断、短路	不能检测车轮转速	紧急制动时车轮抱死、车轮产生滑移，易造成交通事故

五、电控悬架系统传感器易发故障及其后果

电控悬架系统传感器易发故障及故障结果见表 1-4-5。

表 1-4-5　电控悬架系统传感器易发故障及故障结果

传感器	故障位置	故障现象	故障结果
光电式车高传感器	晶体管损坏或线路断、短路	不能正确检测车身高度的变化	不能正确调整车轮悬架刚度
光电式转角传感器	遮光器损坏或晶体管损坏	转角传感器没有信号输入ECU	不能判断汽车转向时侧向力的大小，进而不能控制车身侧倾

六、电控动力转向系统传感器易发故障及其后果

电控动力转向系统传感器易发故障及故障结果见表 1-4-6。

表 1-4-6　电控动力转向系统传感器易发故障及故障结果

传感器	故障位置	故障现象	故障结果
扭矩传感器	线路断、短路	无法测量转向盘与转向器之间的相对扭矩，即无扭矩信号输入 ECU	无电控阻力作用

第五节 智能网联汽车多传感器信息融合技术

智能汽车传感器包括检测汽车自身状态的传感器和感知外部环境的传感器。感知外部环境的传感器又包括感知传感器和定位传感器，目前主要有超声波雷达、毫米波雷达、激光雷达（LiDAR）、视觉传感器和GPS与惯性定位传感器等。每种传感器都有优点和缺点，无法用单一传感器完成环境感知任务，所以智能汽车采用多传感器融合技术，利用各种传感器的优点来协同工作。

多传感器信息融合（Multi-sensor Information Fusion，MSIF），就是利用计算机技术将来自多传感器或多源的信息和数据，在一定的准则下加以自动分析和综合，以完成所需要的决策和估计而进行的信息处理过程。

一、多传感器信息融合涉及的几个概念

1. 硬件同步、硬同步

硬件同步、硬同步：使用同一种硬件同时发布触发采集命令，实现各传感器采集、测量的时间同步，做到同一时刻采集相同的信息。

2. 软件同步、软同步

软件同步、软同步：时间同步、空间同步。

3. 时间同步、时间戳同步

时间同步、时间戳同步：通过统一的主机给各个传感器提供基准时间，各传感器根据已经校准后的各自时间为各自独立采集的数据加上时间戳信息，可以做到所有传感器时间戳同步，但由于各个传感器各自采集周期相互独立，无法保证同一时刻采集相同的信息。

4. 空间同步

空间同步：将不同传感器坐标系的测量值转换到同一个坐标系中，其中激光传感器在高速移动的情况下需要考虑当前速度下的帧内位移校准。

二、多传感器信息融合原理

多传感器信息融合技术的基本原理就像人的大脑综合处理信息的过程一样，将各种传感器进行多层次、多空间的信息互补和优化组合处理，最终产生对观测环境的一致性解释。在这个过程中要充分地利用多源数据进行合理支配与使用，而信息融合的最终目标则是基于各传感器获得的分离观测信息，通过对信息多级别、多方面组合导出更多有

用信息。这不仅是利用了多个传感器相互协同操作的优势，而且综合处理了其他信息源的数据来提高整个传感器系统的智能化。

▶ 1. 多传感器信息融合技术算法

多传感器信息融合技术根据算法的不同，可分为前融合算法和后融合算法。

（1）**前融合算法** 前融合算法的典型结构如图 1-5-1 所示。

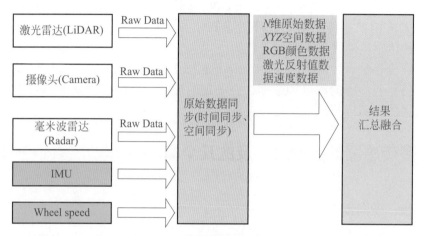

图 1-5-1 前融合算法典型结构

❶ 只有一个感知的算法。对融合后的多维综合数据进行感知。

❷ 在原始层把数据都融合在一起，融合好的数据就好比是一个超级传感器，而且这个传感器不仅可以看到红外线，还可以看到摄像头或者 RGB，也可以看到激光雷达的三维信息，就好比是一双超级眼睛。在这双超级眼睛上面，开发自己的感知算法，最后会输出一个结果层的物体。

（2）**后融合算法** 后融合算法的典型结构如图 1-5-2 所示。

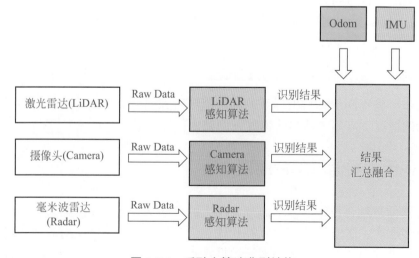

图 1-5-2 后融合算法典型结构

❶ 每个传感器各自独立处理生成的目标数据。

❷ 每个传感器都有自己独立的感知，比如激光雷达有激光雷达的感知，摄像头有摄像头的感知，毫米波雷达也会做出自己的感知。

❸ 当所有传感器完成目标数据生成后，再由主处理器进行数据融合。

2. 多传感器信息融合层次

多传感器信息融合层次分为三层：数据层、特征层和决策层。

（1）**数据层融合** 数据层融合结构如图 1-5-3 所示。

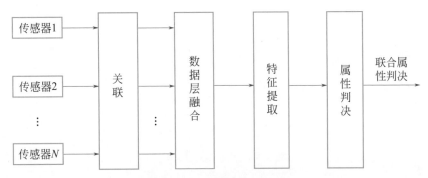

图 1-5-3 数据层融合结构

在这种融合结构中，对多传感器获取的原始数据进行融合，并对融合后的数据进行特征提取和属性判决。数据级的信息融合要求传感器必须是同类型的（如若干个红外图像传感器）或是相同量级的（如红外和可见光图像传感器）。通过对原始观测数据进行关联，来确定用于融合的观测数据是否与同一目标或实体有关，融合后的数据可以按照单传感器的模式进行相应的数据处理。数据层融合需要的计算量十分巨大，不易实现。

（2）**特征层融合** 特征层融合结构如图 1-5-4 所示。

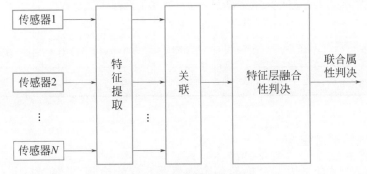

图 1-5-4 特征层融合结构

在这种融合结构中，每个传感器单独观测目标并完成特征提取（特征可以是目标、速度、方向等），将提取出的特征信息进行相应的融合处理，实现目标的身份估计过程。相比数据层融合，特征层融合计算量适中，较易实现。因此，在多数情况下特征层融合的应用范围更加广泛。

（3）**决策层融合** 决策层融合结构如图 1-5-5 所示。

决策层融合首先通过多个同类或异类传感器对目标进行初步判决，在这个过程中，每个传感器独立对数据进行采样、预处理、特征提取、判决等步骤。在将数据送到融合中心之前，通过关联将各个传感器获得的判决信息进行关联处理，这样能够进一步地提高目标的判别精度，在融合中心完成判决过程，获得各个传感器的最终融合结果。决策层信息融合是所有融合过程中最重要的环节。

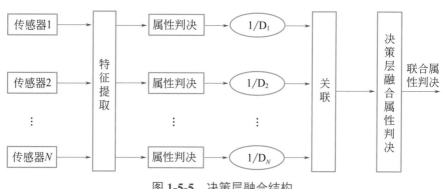

图 1-5-5　决策层融合结构

通常情况下，处理的数据越靠近信源，获得的精度相对来说应该更加精确。因此，在上述三种层次中，数据层融合的处理精度要高于特征层融合的处理精度，特征层融合的处理精度要高于决策层融合的处理精度。此外，信息融合层次的选择与所用传感器的类型、传感器所进行的预处理及系统的实现都有关系。上述三种信息融合层次的对比见表 1-5-1。

表 1-5-1　三种信息融合层次对比

融合模型	计算器	容错性	信息损失	精度	抗干扰性	难度	实时性	融合水平
数据层	大	差	小	高	差	难	差	低
特征层	中	中	中	中	中	中	中	中
决策层	小	好	大	低	好	易	好	高

3. 多传感器信息融合结构

多传感器信息融合可以提高拥有多个传感器的智能检测系统的性能，减少全体或单个传感器检测信息的损失。从传感器和融合中心信息流的关系来看，多传感器信息融合的结构主要有串联型、并联型和混联型三种基本结构。

（1）**串联型结构** 串联型结构如图 1-5-6 所示。*N* 个传感器分别接收各自的检测信息后，首先由传感器 1 做出局部判决 1，然后将它通信到传感器 2，而传感器 2 则将它自身的检测信息与局部判决 1 融合形成局部判决 2，信息继续向下传递直到传到

传感器 N。最后，由传感器 N 将它自身的检测信息与局部判决（$N-1$）融合做出全局判决。

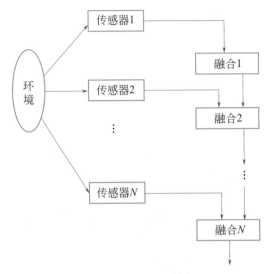

图 1-5-6　串联型结构

这种结构的最大优点是信息损失最小，但数据互联较困难，而且要求系统必须具备大容量的能力，计算负担重，系统的生存能力也较差。

（2）**并联型结构**　并联型结构如图 1-5-7 所示。N 个传感器在收到未经过处理的原始数据之后，在 N 个局部融合中分别做出判决，然后在融合中心通过融合得到全局判决。

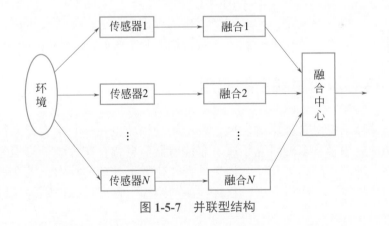

图 1-5-7　并联型结构

这种结构在分布式检测系统中的应用较为普遍，其最大优点是计算负担小，系统的生存能力较强，但是信息损失较大。

（3）**混联型结构**　混联型结构如图 1-5-8 所示。它是串联型和并联型两种信息融合结构的结合，有多种形式。例如：总体是并联的，局部是串联的；或者总体是串联的，局部是并联的；或者串、并联交叉等。

混联型结构保留了串联型结构和并联型结构的优点。

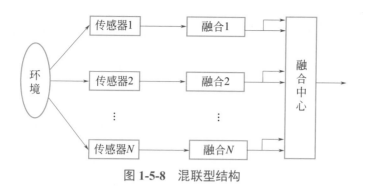

图 1-5-8 混联型结构

三、多传感器信息融合的方法

利用多个传感器所获取的关于对象和环境全面、完整的信息，主要体现在融合算法上。因此，多传感器系统的核心问题是选择合适的融合算法。对于多传感器系统来说，信息具有多样性和复杂性。因此，对信息融合方法的基本要求是具有鲁棒性和并行处理能力，此外，还有方法的运算速度和精度；与前续预处理系统和后续信息识别系统的接口性能；与不同技术和方法的协调能力；对信息样本的要求；等。一般情况下，基于非线性的数学方法，如果它具有容错性、自适应性、联想记忆和并行处理能力，则都可以用来作为融合方法。

多传感器信息融合虽然未形成完整的理论体系和有效的融合算法，但在不少应用领域根据各自的具体应用背景，已经提出了许多成熟并且有效的融合方法。多传感器信息融合的常用方法基本上可概括为随机和人工智能两大类，随机类方法有加权平均法、卡尔曼滤波法、多贝叶斯估计法、Dempster-Shafer（D-S）证据推理、产生式规则等；而人工智能类则有模糊逻辑理论、神经网络、粗集理论、专家系统等。可以预见，神经网络和人工智能等新概念、新技术在多传感器信息融合中将起到越来越重要的作用。

四、多传感器信息融合的应用

随着多传感器信息融合技术的发展，其应用的领域也在不断扩大，多传感器信息融合技术已成功地应用于众多的研究领域。多传感器信息融合作为一种可消除系统的不确定因素、提供准确的观测结果和综合信息的智能化数据处理的技术，已在军事、工业监控、智能检测、机器人、图像分析、目标检测与跟踪、自动目标识别等领域获得普遍关注和广泛应用。

扫码看视频

扫码看视频

第二章

位置（行程和角度）传感器

第一节　概述

一、概述

位置传感器检测不同形式的行程位置和角度位置，它是汽车车用传感器中应用最为广泛的。

位置传感器是一种非紧凑型传感器，其结构尺寸与测量参数有关。按位置分级标准，将只移动几微米（如膨胀）的测量参数归入如力、转矩、加速度等的另外一些参数中。在这里，我们主要讨论测量较大行程（≥1mm）和较大角度（≥1°）的位置传感器。

二、测量参数

较大行程和较大角度的位置传感器在汽车上得到大量应用。位置是传感器的真正的、直接的测量参数（表 2-1-1）。

在另外一些场合，测量行程、角度则代表另外一些参数（表 2-1-2）。

表 2-1-1　直接测量行程、角度的参数

测量参数	测量范围
汽油机上节气门位置	90°

续表

测量参数	测量范围
加速踏板、制动踏板位置，座椅、前照灯、反光镜位置	30°
柴油机直列喷油泵齿杆行程和位置	21mm
柴油机分配式喷油泵油量调节机构的角度位置	60°
燃油箱液面高度	20～50cm
离合器调节器行程	50mm
汽车与汽车间距离或汽车与障碍物间距离	150m
转向角	±2×360°（±2转）
汽车倾斜角	15°
行驶方向角	360°

表 2-1-2 直接测量行程、角度的参数（另一些场合）

测量参数	测量范围
跳动行程（照明距离、汽车倾斜）	25cm
扭转角（扭矩）	1°～4°
滑阀偏转（流量）	30°～90°
汽车加速时弹簧-质量系统偏移	0.5～1mm

在实际中也常把增量式传感器当作角度传感器，如用于测量转速，但它本身不是角度传感器，它只测量位移角，即测量角度增量，然后再累加起来。使用这样的角度传感器测量转速受到很大的限制，因为计数器读数易受干扰脉冲的影响而出错。固定的、可检出的基准位置标记可减少计数器上的这种差错。在切断蓄电池电压时，角度测量系统也不能保持它的绝对位置，因为大多数角度位置在断开状态会发生机械变化，采用不易失性终值状态存储器可解决这一问题。

三、工作原理

1. 节气门位置传感器

节气门位置传感器将节气门开度的变化转换成电信号输入电控单元（ECU），ECU

根据节气门位置信号判定发动机的运转工况。它有线性输出型和开关型两种。

2. 曲轴位置传感器

曲轴位置传感器是控制发动机点火正时、确认曲轴位置的信号源。曲轴位置传感器用于检测活塞上止点信号和曲轴转角信号，它也是测量发动机转速的信号源。曲轴位置传感器的结构形式有磁感应式、光电式和霍尔式三种。它们安装在曲轴前端、凸轮轴前端、分电器内或飞轮上。

3. 凸轮轴位置传感器

凸轮轴位置传感器检测配气凸轮轴的位置，并将信号输入ECU，以便ECU识别第一缸活塞处于压缩上止点的位置，它是控制发动机喷油系统、点火时间和爆震的信号源。常用的凸轮轴位置传感器有光电式、磁感应式和霍尔式三种。

4. 液位传感器

液位传感器用于测定制动液液位、洗涤液液位、散热器冷却液液位、燃油液位等，当液位减少到一定值时，产生类似于开关的接通、断开的转换，它主要有浮筒簧片开关式、电极式、热敏电阻式、滑动电阻式四种。

5. 车高与转向传感器

车高传感器是把车身高度的变化转换成传感器轴的旋转，并检测出其旋转角度，将其转换成电信号输入到电控单元中，可随时对车身高度进行调节。转向传感器是用来检测轴的旋转方向及旋转速度，并提供给ECU，由ECU来调节汽车悬架系统的侧倾刚度。

6. 座椅位置传感器

座椅位置传感器用于电控单元控制的动力座椅上，它是通过霍尔元件将旋转永磁铁的变化位置引起的磁通密度变化检测出来，并转换成电压，以脉冲信号的形式送入电控单元。

7. 方位传感器

方位传感器是车辆的导航系统中非常重要的一种传感器，它是利用地磁产生电信号而进行检测的传感器，以指示方向的偏差。

8. 溢流环位置传感器

溢流环位置传感器应用在电控柴油机燃油喷射系统中，用来检测溢流环的位置，实现电子控制喷油量。

除了上述的这些传感器之外，还有其他的位置、角度传感器，如EGR位置传感器、方向盘角度传感器与加速踏板传感器等。

一、概述

节气门位置传感器（Throttle Position Sensor，TPS），是汽车电控制系统中最重要的传感器之一，主要用于发动机电子燃油喷射系统和电控自动变速器系统。

1. 节气门位置传感器作用

在发动机电控系统中，节气门位置传感器的作用主要是将节气门开度以及节气门开度变化快慢，转变为电信号输入发动机 ECU，用于判别发动机的各种工况，从而控制不同的喷油量和点火正时。在装备电子控制自动变速器的汽车上，节气门位置传感器信号是变速器换挡和变矩器锁止时的主要信号。在新型的智能电子节气门控制系统中，节气门开启角度不再由油门踏板拉索直接进行控制，而是由节气门伺服电机根据 ECU 信号进行驱动。电子节气门轴上节气门位置传感器用来检测节气门的实际开度，ECU 以此作为反馈信号，实时控制节气门伺服电机，对节气门开度作出适当的调整。

传统的拉索控制式节气门配备的节气门位置传感器，按总体结构分为触点开关式、滑动电阻式、怠速开关与滑动电阻整合的综合式。新型的智能电子节气门控制系统所用的节气门位置传感器常见的有双滑动电阻式和线性双霍尔式两种。

2. 节气门位置传感器安装位置

节气门位置传感器安装在节气门体总成上，检测节气门开度，见图 2-2-1。

扫码看视频

节气门体总成

节气门位置传感器

图 2-2-1　节气门位置传感器安装位置

二、触点开关式节气门位置传感器

1. 结构

触点开关式节气门位置传感器主要由节气门轴、全开（大负荷）触点（PSW）、凸轮、怠速触点（IDL）和接线插接器组成（图 2-2-2）。凸轮与节气门轴同轴转动，控制怠速触点和全负荷触点的开启与闭合，节气门轴随油门开度的大小而转动。

(a) 外观图

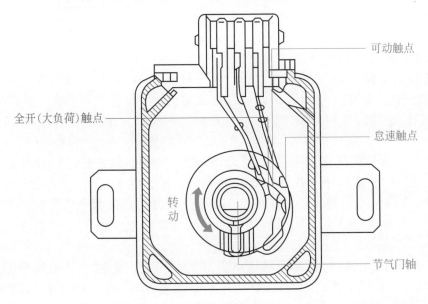

图 2-2-2

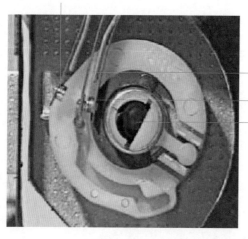

怠速触点

可动触点
全开触点
节气门轴

(b) 结构图

(c) 位置图

图 2-2-2　触点开关式节气门位置传感器

2. 工作原理

（1）**怠速和减速**　当节气门关闭时，传感器的怠速触点 IDL 闭合，全开触点 PSW 断开，怠速触点 IDL 输出端子输出一个低电平信号"0"，全开触点 PSW 输出端子输出一个高电平信号"1"，见图 2-2-3。电控单元接收到节气门位置传感器 TPS 输入的这两个电压信号时，如果车速传感器输入 ECU 的信号表示车速为 0，那么 ECU 便可根据这两个信号判定发动机处于怠速状态，并控制喷油器增加喷油量，保证发动机怠速转速稳定而不致熄火；如果此时车速传感器输入 ECU 的信号表示车速不为 0，那么 ECU 便可根据这两个信号判定发动机处于减速状态，从而控制喷油器停止喷油，以减少排放量和提高经济性。

（2）**加速**　当节气门开度逐渐增大时，凸轮随节气门轴转动并将怠速触点 IDL 顶开，从而使怠速触点处于断开状态，但由于此时全开触点 PSW 也处于断开状态，因此怠速触点 IDL 端子输出高电平信号"1"，全开触点 PSW 端子也输出高电平信号"1"。ECU 接收到两个高电平信号时，便可判定发动机处于部分负荷状态，此时 ECU 再根据空气流量传感器信号和曲轴转速信号计算确定喷油量，保证发动机的经济性和排放性能。

（3）**大负荷**　当节气门接近全部开启（80% 以上负荷）时，凸轮转动使全开触点 PSW 闭合，此时 PSW 端子输出一个低电平信号"0"，而 IDL 端子仍处于断开状态，从而输出一个高电平信号"1"，见图 2-2-4。ECU 接收到这两个信号时，便可判定发动机处于大负荷运行状态，从而控制喷油器增加喷油量，保证发动机输出足够的动力。

当节气门全开时，ECU 将控制系统进入开环控制模式，此时不采用氧传感器信号。如果此时汽车空调在工作，那么 ECU 将中断空调主继电器信号约 15s，以便切断空调电磁离合器的线圈电流，使空调压缩机停止工作，增大发动机输出功率，提高汽车的动力性。

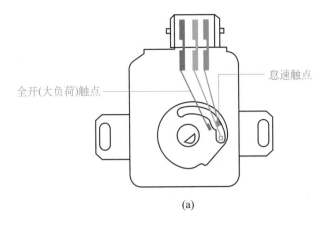

全开(大负荷)触点 ——

———— 怠速触点

(a)

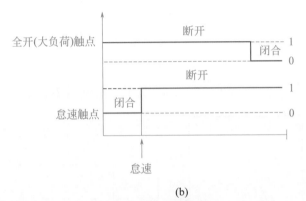

全开(大负荷)触点

断开

闭合 1
0

断开

怠速触点

闭合 1
0

怠速

(b)

图 2-2-3 怠速状态

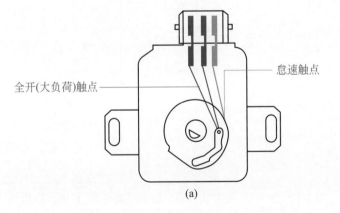

全开(大负荷)触点 ——

———— 怠速触点

(a)

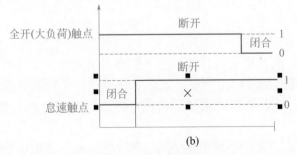

全开(大负荷)触点

断开

闭合 1
0

断开

怠速触点

闭合 × 1

0

(b)

图 2-2-4 大负荷状态

为检测发动机的加、减速状况，在部分发动机的节气门位置传感器上还增加了 A_{CC1} 和 A_{CC2} 信号输出触点。

❶ 怠速时。怠速时 IDL 触点处于 ON（闭合）状态，即可检测出怠速状态。同时，在发动机转速高时，如该触点闭合（ON），ECU 将判断为减速状态，进行"燃油喷射中断"的控制。

❷ 加速时。加速时，加速检测触点与印刷线路板的加速线路、A_{CC1} 和 A_{CC2} 交替处于 ON/OFF（闭合 / 打开）状态。对于在一定时间内的急加速，在信号输出的同时，ECU 进行非同步喷射控制，以提高加速油量。

❸ 高负荷时。在节气门打开一定程度的高负荷时，全开（大负荷）触点（PSW）处于"ON"（闭合）状态，即可检测出高负荷状态。

❹ 减速时。减速时，加、减速检测触点处于"OFF"状态，ECU 不进行非同步喷射控制。

3. 连接电路

触点开关式节气门位置传感器与 ECU 的连接电路见图 2-2-5。

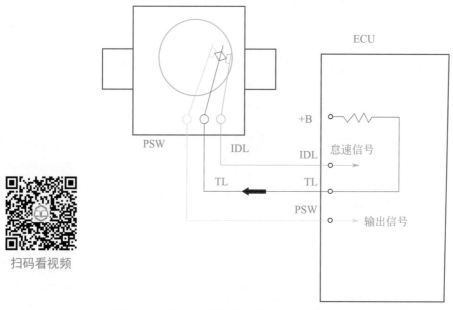

扫码看视频

图 2-2-5　触点开关式节气门位置传感器与 ECU 的连接电路

4. 检测

（1）一般性检查　触点开关式节气门位置传感器结构简单，对其检查时只需测量怠速触点和全开触点的通断情况即可判定其好坏。在节气门全闭时怠速触点应闭合，节气门略打开一点即断开。全开触点在节气门开度小于 50° 时应断开，节气门开度超过 50° 时应闭合。

（2）检测电源电压　触点开关式节气门位置传感器的电源电压检测如图 2-2-6 所示。检测时应拔下传感器插头，用万用表电压挡测量线束插接器中可动触点（TL 端子）的电源电压应为 12V，否则应检查线路是否断路。

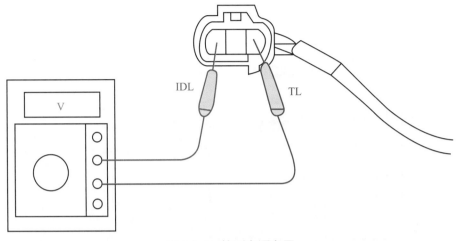

图 2-2-6　检测电源电压

（3）**检测输出信号电压**　检测时，传感器应正常连接，接通点火开关，输出的信号电压应为高电平或低电平，并且随节气门轴的转动而交替变化（由低电平"0"变为高电平"1"，或由高电平"1"变为低电平"0"）。

（4）**检测端子电阻**

❶ 检测怠速端子电阻（图 2-2-7）。拔下传感器接线插头，用万用表的电阻挡测量怠速端子（IDL）与可动端子（TL）之间的电阻，其电阻值应为 0Ω。转动节气门轴约40°，其电阻值应为∞。

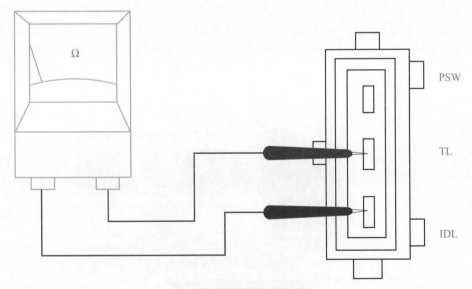

图 2-2-7　检测怠速端子电阻

❷ 检测全开触点端子电阻（图 2-2-8）。拔下传感器接线插头，用万用表的电阻挡测量传感器的全开触点端子（PSW）与可动端子（TL）之间的电阻值，其电阻值应为∞。转动节气门轴约 55°，电阻值应为 0Ω。

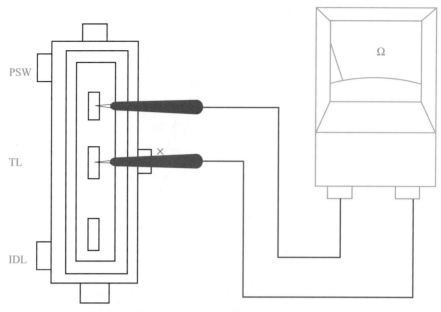

PSW

TL

×

IDL

Ω

图 2-2-8　检测全开触点端子电阻

三、可变电阻式节气门位置传感器

1.结构

可变电阻式节气门位置传感器也叫线性输出型节气门位置传感器，由滑动触点 a、滑动触点 b、电阻器、节气门轴、接线插头组成。传感器的两个活动触点与节气门轴联动，分别为用于测量节气门开度的滑动触点 a 和用于确定节气门全闭位置的滑动触点 b（图 2-2-9）。

(a) 外观图

(b) 位置图

滑动触点a(用于测量节气门开度)

电阻器

开

闭

节气门轴

U_C

U_{TA}

IDL

E

滑动触点b (IDL信号触点)

(c) 结构图

图 2-2-9　可变电阻式节气门位置传感器

2. 工作原理

可变电阻式节气门位置传感器的滑动触点 a 可在电阻器上滑动，并与电阻器构成一电位器，利用电阻器电阻值的变化将节气门的开度值转化为一个线性电压信号，并将此线性电压信号输入给电控单元（ECU），ECU 根据此信号确定节气门的开度，并对喷油量进行修正。而滑动触点 b 则在节气门全闭时与息速触点 IDL 接触，用于提供息速信号，并将此怠速信号输入 ECU，使 ECU 根据此信号来实现断油及点火提前角的控制（图 2-2-10）。

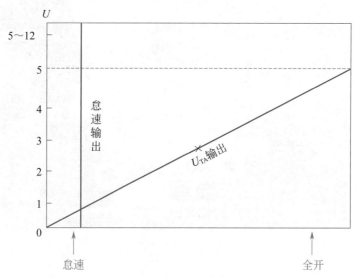

图 2-2-10　可变电阻式节气门位置传感器的输出特性

3. 连接电路

可变电阻式节气门位置传感器与 ECU 的连接电路见图 2-2-11。

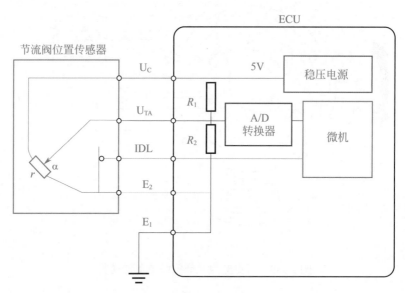

图 2-2-11　可变电阻式节气门位置传感器与 ECU 的连接电路

传感器内部的电阻 r 的两端加有从 ECU 输送来的 5V 电压，动触点 α 根据节气门开度的状况在电阻 r 上滑动，从而改变 ECU 的 U_{TA} 端子的电压。U_{TA} 端子的电压信号是模拟信号，须经 A/D 转换器变成数字信号，再输入到微机中去。

当节气门全闭时，IDL 触点接通，IDL 端子的电位变为 0V，这一信号传输给 ECU。

ECU 根据 U_{TA} 端子和 IDL 端子传来的信号，判断出车辆的行驶状态，修正过渡时期的空燃比，或是减少燃油供给，或是进行怠速稳定修正。

4. 检测

可变电阻式节气门位置传感器的常见故障一般为怠速触头或电位器可动触头接触不良，或电位器电阻值不够准确，容易造成发动机怠速不稳或无怠速、加速性能不良、加速性能时好时坏。故障机理：怠速触头或电位器可动触头接触不良，或电位器电阻值不够准确，从而使 ECU 不能接收到怠速信号或接收到的节气门开度信号不准及节气门开度信号时断时通等。

这里以丰田皇冠 3.0 轿车的可变电阻式节气门位置传感器为例对此类型传感器的检测方法进行介绍（图 2-2-12）。

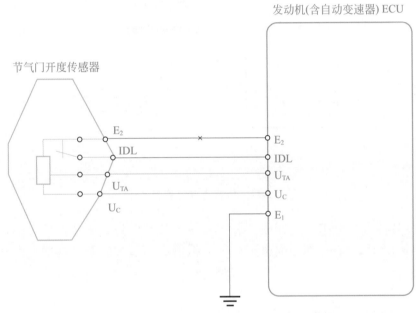

图 2-2-12　节气门位置传感器与 ECU 的连接电路

（1）**电压测量**　重新插好导线连接器，打开点火开关，用万用表测量 IDL-E_2、U_C-E_2，U_{TA}-E_2 间的电压值，标准值见表 2-2-1。

表 2-2-1　电压标准值

测量端子	测量条件	电压值 /V
IDL-E_2	节气门全开	9 ～ 14
U_C-E_2	节气门全开	4.0 ～ 5.5
U_{TA}-E_2	节气门全闭	0.3 ～ 0.8
U_{TA}-E_2	节气门全开	3.2 ～ 4.9

（2）电阻测量

❶ 测量怠速端子电阻。关闭点火开关，拔下节气门位置传感器导线连接器，用万用表的电阻挡检查导线连接器上 IDL 触点的导通情况（图 2-2-13）。当节气门全关闭时，IDL-E_2 端子间应导通，电阻为零；当节气门打开时，IDL-E_2 端子间不导通，电阻应为无穷大；否则应更换节气门位置传感器。

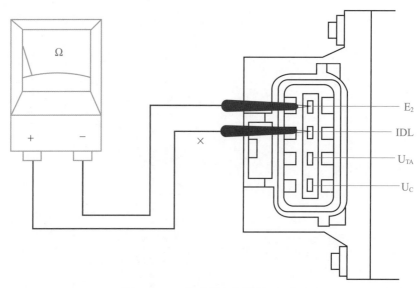

图 2-2-13　传感器电阻检查（一）

❷ 测量其他端子电阻。关闭点火开关，拔下节气门位置传感器导线连接器，用万用表电阻挡测量 U_{TA} 与 E_2 端子间电阻，其电阻值应随节气门开度的增大而呈线性增大（图 2-2-14）。

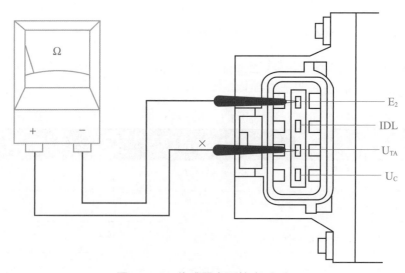

图 2-2-14　传感器电阻检查（二）

在节气门限位螺钉和限位杆之间插入不同厚度的厚薄规片，用万用表电阻挡测量传感器导线连接器上各端子间的电阻（表 2-2-2）。

表 2-2-2　可变电阻式节气门位置传感器各端子间的电阻值

限位螺钉与限位杆之间间隙	测量端子	电阻值
0mm	U_{TA}-E_2	$0.34 \sim 6.30 \text{k}\Omega$
0.45mm	IDL-E_2	$0.50 \text{k}\Omega$ 或更小
0.55mm	IDL-E_2	∞
节气门全开	U_{TA}-E_2	$2.40 \sim 11.20 \text{k}\Omega$
—	U_C-E_2	$3.10 \sim 7.20 \text{k}\Omega$

5. 调整

使用起子松开节气门位置传感器的两个固定螺钉。在限位螺钉和限位杆之间插入 0.50mm 的厚薄规，同时用万用表检查 IDL 与 E_2 的导通情况。逆时针转动节气门位置传感器，使怠速触点断开，然后再顺时针方向慢慢转动节气门位置传感器，直到怠速触点闭合为止。这时万用表的电阻挡有读数显示，再拧紧两个固定螺钉。其次用 0.45mm 的厚薄规先后插入限位螺钉和限位杆之间，测量 IDL 和 E_2 之间的导通情况。当用 0.45mm 的厚薄规时，IDL 和 E_2 端子间应导通；最后用 0.55mm 的厚薄规先后插入限位螺钉和限位杆之间，测量 IDL 和 E_2 之间的导通情况。当用 0.55mm 的厚薄规时，IDL 和 E_2 端子间应不导通。上述两种情况，若有一种不符，则应再次调整节气门位置传感器。

6. 更换

① 将节气门开度保持在 45° 左右。
② 拧下节气门位置传感器的两个固定螺钉，拆下节气门位置传感器。
③ 将新的节气门位置传感器的芯轴转到底，然后装到节气门轴上，拧紧两个固定螺钉。
④ 重新调整节气门位置传感器。

四、 霍尔式节气门位置传感器

1. 结构

双霍尔式线性节气门位置传感器广泛用于三菱和丰田轿车上。

位于节气门体（图 2-2-15）的节气门位置传感器的功能是测量节气门的位置，向发动机 ECU 输出与节气门轴转角成正比的电压信号。根据该传感器输出的电压，发动机 ECU 控制节气门控制伺服电机进行反馈控制。

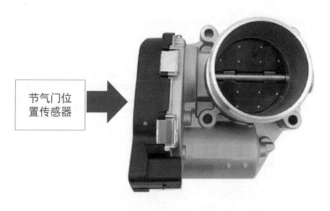

(a) 霍尔式节气门体外观、传感器位置图

(b) 结构图

图 2-2-15　霍尔式节气门体

非接触式的霍尔传感器包括一个固定在踏板轴上的永磁铁、一个输出电压与磁通量成正比的线性霍尔集成电路，一个有效地将永磁铁的磁通量转入霍尔集成电路的定子。

2. 霍尔式节气门位置传感器工作原理

节气门位置传感器用于检测节气门开度情况。当节气门关闭时，传感器输出电压降低，当节气门开启时，传感器输出电压升高。ECM 根据这些信号来计算节气门开度并响应驾驶员输入来控制节气门执行器。这些信号同时也用来计算空燃比修正值、功率提高修正值和燃油切断控制。

节气门位置传感器有两个传感器电路 V_{TA1} 和 V_{TA2}，两个传感器电路分别传送信号。V_{TA1} 用于检测节气门开度，V_{TA2} 用于检测 V_{TA1} 故障。传感器信号电压与节气门开度成比例，在 0V 和 5V 之间变化，并且传送至 ECM 的 V_{TA} 端子（图 2-2-16）。

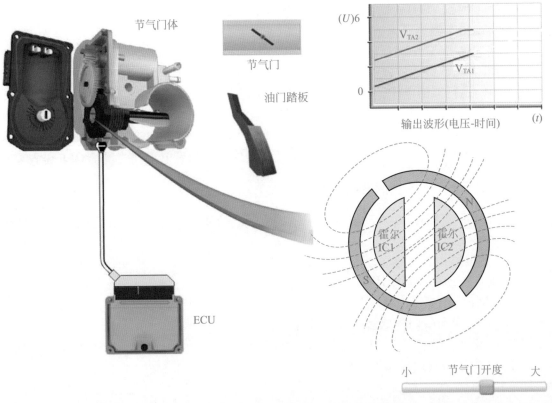

图 2-2-16 霍尔式节气门位置传感器工作原理

丰田凯美瑞(混合动力版)双霍尔式线性节气门位置传感器输出特性曲线(图 2-2-17)。

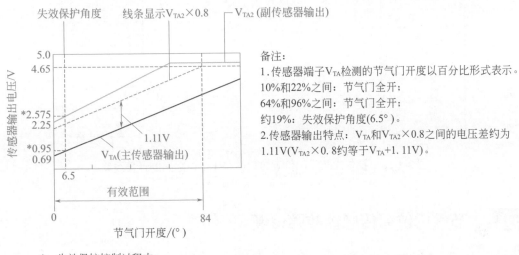

备注：
1.传感器端子V_{TA}检测的节气门开度以百分比形式表示。
10%和22%之间：节气门全开；
64%和96%之间：节气门全开；
约19%：失效保护角度(6.5°)。
2.传感器输出特点：V_{TA}和$V_{TA2}\times0.8$之间的电压差约为
1.11V($V_{TA2}\times0.8$约等于$V_{TA}+1.11V$)。

*：失效保护控制过程中

图 2-2-17 霍尔式节气门位置传感器输出特性曲线

节气门位置传感器有两个传感器电路 V_{TA} 和 V_{TA2}，各传送一个信号。V_{TA} 用于检测节气门开度，V_{TA2} 用于检测 V_{TA} 的故障。传感器信号电压与节气门开度成比例，在0V

和 5V 之间变化，并且传输至混合动力车辆控制 ECU 的端子 V_{TA}。

混合动力车辆失效保护功能：

存储这些 DTC 中的任何一个和与电子节气门控制系统故障有关的 DTC 时，混合动力车辆控制 ECU 进入失效保护模式。在失效保护模式下，混合动力车辆控制 ECU 切断流向节气门执行器的电流，且节气门在回位弹簧的作用下恢复到 6.5° 节气门位置。混合动力车辆控制 ECU 停止发动机，可仅使用混合动力系统驾驶车辆。如果平稳而缓慢地踩下加速踏板，车辆会缓慢行驶。

失效保护模式一直运行，直至检测到通过条件并且随后电源开关置于 OFF 位置。

3. 霍尔式节气门位置传感器连接电路

丰田卡罗拉 1ZR-FE 发动机上的霍尔式节气门位置传感器与 ECM 之间的连接线路（见图 2-2-18）。

B25：霍尔式节气门位置传感器

ECM：发动机控制模块

E_2：接地线

V_{TA2}：电子节气门传感器 2 号信号端

V_C：工作电压

V_{TA}：电子节气门传感器 1 号信号端

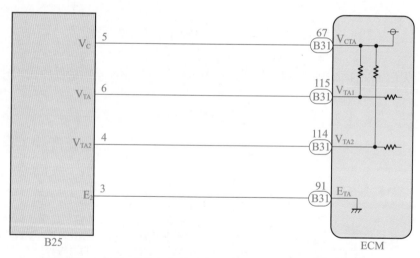

图 2-2-18　霍尔式节气门位置传感器与 ECM 之间的连接线路

五、节气门位置传感器故障诊断

1. 故障现象

节气门位置传感器故障，会导致车辆怠速抖动、加速无力、仪表上发动机故障灯点亮。

2. 故障排除

使用电脑诊断仪读取发动机故障码，故障码为与节气门位置传感器相关的故障码。

检查节气门开度，在怠速工况下，标准值应在2% ～ 5%，如不正常则检查节气门位置传感器、节气门、节气门积炭。

慢慢踩下加速踏板时，节气门开度数值应均匀增加。如果数值增加不均匀则需要更换节门。

（1）检查节气门位置传感器电路（以丰田卡罗拉为例，见表2-2-3）

表2-2-3　节气门位置传感器电路技术要求与标准

检测内容	端子号	条件	规定状态
1 号节气门位置	—	完全松开油门踏板	0.5 ～ 1.1V
		完全踩下油门踏板	3.3 ～ 4.9V
2 号节气门位置	—	完全松开油门踏板	2.1 ～ 3.1V
		完全踩下油门踏板	4.6 ～ 5.0V
ECM（V_C）电压	B25-5（V_C）与 B25-3（E_2）	点火开关置于 ON	4.5 ～ 5.5V

❶ 断开蓄电池负极端子，断开 ECM 连接器，断开节气门体连接器。

❷ 检查节气门位置传感器与 ECM 之间电路。将万用表置于欧姆（Ω）挡，检测以下两端子之间的电阻，记录检测数据并与标准数据进行比对：

B25-5（V_C）与 B31-67（V_{CTA}）；

B25-6（V_{TA}）与 B31-115（V_{TA1}）；

B25-4（V_{TA2}）与 B31-114（V_{TA2}）；

B25-3（E_2）与 B31-91（E_{TA}）。

标准电阻值应小于 1Ω。

若任何两端子间电阻值不在规定范围内，则说明该段电路存在断路故障。

❸ 检测以下两端子之间的电阻，记录检测数据并与标准数据进行比对：

B25-5（V_C）与车身搭铁；

B25-6（V_{TA}）与车身搭铁；

B25-4（V_{TA2}）与车身搭铁。

标准电阻值应小于 1Ω。

若任何两端子间电阻值不在规定范围内，则说明该段电路存在短路故障。

❹ 重新连接空气流量计连接器。

❺ 重新连接 ECM 连接器。

❻ 重新连接蓄电池负极端子。

（2）检测ECM（V_C电压）

❶ 断开节气门体连接器。

❷ 将点火开关置于"ON"位置。

❸ 将万用表置于直流电压（V）挡，检测以下两端子之间的电压，记录检测数据并与标准数据进行比对：

B25-5（V_C）与 B25-3（E_2）。

标准电压值为 4.5 ~ 5.5V。

若检测数据不在规定范围内，则需更换ECM。

（3）电控节气门系统的初始化

更换新的节气门体后或节气门阀片区有油污被清洁后，都要进行节气门的学习，进行初始化，方法如下：

❶ 启动发动机，进行暖机，使发动机水温达到80℃以上。若发动机水温就在80℃以上，则不必进行暖机。

❷ 将点火开关置于"ON"位置。

❸ 把点火开关旋回至"LOCK"位置，停止发动机运转。

❹ 在"LOCK"位置停止10s，然后再次启动发动机，使发动机怠速运转。

❺ 10min后，在变速箱"N"挡，灯类及散热器冷却风扇等电器附件全关条件下，检查发动机怠速是否正常。如怠速正常，说明节气门自学习后节气门位置适当，怠速节气门开度正常。

至此，节气门学习完成。反之，如怠速不正常，节气门需按上述过程重新进行学习操作。

六、 节气门位置传感器故障分析

节气门位置传感器故障分析见表2-2-4。

表 2-2-4 节气门位置传感器故障分析

故障代码	检测条件	故障部位	故障方案
P0220	节气门/踏板位置传感器/开关"B"电路	1. 节气门位置传感器（内置于节气门体总成内）	更换节气门总成
		2.ECM	检查ECM及相关的线路，如ECM故障则更换总成；如线路故障则修复或更换线束
P0222	节气门/踏板位置传感器/开关"B"电路低输入	1. 节气门位置传感器（内置于节气门体总成内）	更换节气门总成
		2. 节气门位置传感器2电路短路	检查相关线路，修复或更换故障线束
		3. 供电电路断路	检查相关线路，修复或更换故障线束

故障代码	检测条件	故障部位	故障方案
P0222	节气门/踏板位置传感器/开关"B"电路低输入	4.ECM	检查ECM及相关的线路，如ECM故障则更换总成；如线路故障则修复或更换线束
P0223	节气门/踏板位置传感器/开关"B"电路高输入	1.节气门位置传感器（内置于节气门体总成内）	更换节气门总成
		2.节气门位置传感器2电路断路	检查相关线路，修复或更换故障线束
		3.搭铁电路断路	检查相关线路，修复或更换故障线束
		4.供电电啃噬和节气门位置传感器2电路之间短路	检查相关线路，修复或更换故障线束
		5.ECM	检查ECM及相关的线路，如ECM故障则更换总成；如线路故障则修复或更换线束
P2102	节气门执行器控制电动机电路低电位	1.节气门执行器电路断路	检查相关线路，修复或更换故障线束
		2.节气门执行器	更换节气门总成
		3.ECM	检查ECM及相关的线路，如ECM故障则更换总成；如线路故障则修复或更换线束
P2103	节气门执行器控制电动机电路高电位	1.节气门执行器电路短路	检查相关线路，修复或更换故障线束
		2.节气门执行器	更换节气门总成
		3.节气门	更换节气门总成
		4.节气门体总成	更换节气门总成
		5.ECM	检查ECM及相关的线路，如ECM故障则更换总成；如线路故障则修复或更换线束

汽车传感器从入门到精通

故障代码	检测条件	故障部位	故障方案
P2111	节气门执行器控制系统（卡在打开位置）	1. 节气门执行器	更换节气门总成
		2. 节气门体总成	更换节气门总成
		3. 节气门	更换节气门总成
P2112	节气门执行器控制系统（卡在关闭位置）	1. 节气门执行器	更换节气门总成
		2. 节气门体总成	更换节气门总成
		3. 节气门	更换节气门总成
P2118	节气门执行器控制电动机电流范围/性能	1. 节气门电控系统电源电路断路	检查相关线路，修复或更换故障线束
		2. 蓄电池	更换蓄电池
		3. 蓄电池端子	检查蓄电池端子，维修或更换蓄电池端子
		4.ETCS 保险丝	更换 ETCS 保险丝
		5.ECM	检查 ECM 及相关的线路，如 ECM 故障则更换总成；如线路故障则修复或更换线束
P2119	节气门执行器控制节气门体范围/性能	1. 节气门电控系统	检查该系统，对故障部位进行维修
		2.ECM	检查 ECM 及相关的线路，如 ECM 故障则更换总成；如线路故障则修复或更换线束

 **七、🚚 案例分析**

扫码看视频

▪ **1. 车辆信息**

车型：2011 年大众帕萨特。

故障：车辆怠速抖动，加速无力。

发动机：1.4L。

行驶里程：11173km。

▪ **2. 故障排除**

（1）故障现象　车辆怠速抖动，加速无力，发动机故障灯点亮（图 2-2-19）。

图 2-2-19　发动机故障灯点亮

（2）**读取故障码、数据流**　使用诊断仪读取故障码（图 2-2-20）：
故障码为节气门电位计和节气门驱动器角度传感器 2。
清除故障码后再次启动发动机，发动机故障依旧。

| 经销商： | 30431 | | | 发动机： | |
| 任务： | — | | | | |

| 控制单元 | 结果 | 任务 | DISS | 产品技术信息（TPI） | 检测计划 | 流程 | 特殊功能 |

01 - 发动机电控系统（KWP2000 / TP20 / M06IA0BK4??? / IA04 / H04）

事件代码	SAE 代码	事件文字
00290 000	P0122	节气门电位计 信号太小, tbd
00546 000	P0222	节气门驱动器的角度传感器2 信号太小, tbd

图 2-2-20　发动机故障码

使用诊断仪读取节气门数据流。踩下加速踏板，当前读取的数据流如下：参考目标值，当数据流处于异常状态（图 2-2-21）。根据数据流得知，节气门位置传感器不工作，初步怀疑线路故障或节气门位置传感器故障。

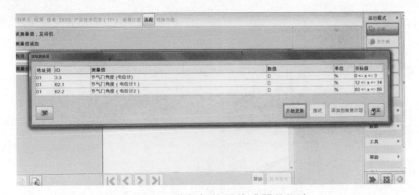

图 2-2-21　节气门位置传感器数据流

（3）**大众帕萨特节气门位置传感器电路图**　大众帕萨特节气门位置传感器电路图如图 2-2-22 所示。

（4）**检测节气门位置传感器线路**

❶ 检测发动机控制单元端供电。红表笔连接 V.A.G1598/42 测量盒 10 号脚（发动机控制单元 10 号脚）（图 2-2-23）。黑表笔连接 V.A.G1598/42 测量盒搭铁（搭铁）。

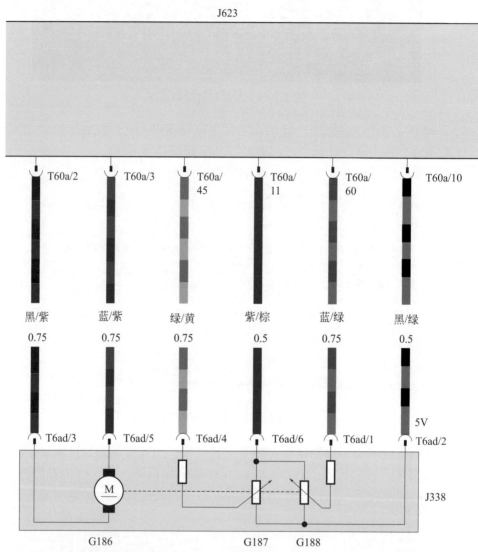

G186—节气门驱动装置(电控节气门)，在节气门内

G187—节气门驱动装置(电控节气门)角度传感器1，在节气门内

G188—节气门驱动装置(电控节气门)角度传感器2，在节气门内

J338—节气门控制单元，在发动机后部进气岐管左侧

J623—发动机控制单元，在发动机舱内蓄电池左侧

T6ad—6针插头，黑色，节气门控制单元插头

T60a—60针插头，黑色，发动机控制单元插头

图 2-2-22　大众帕萨特节气门位置传感器电路图

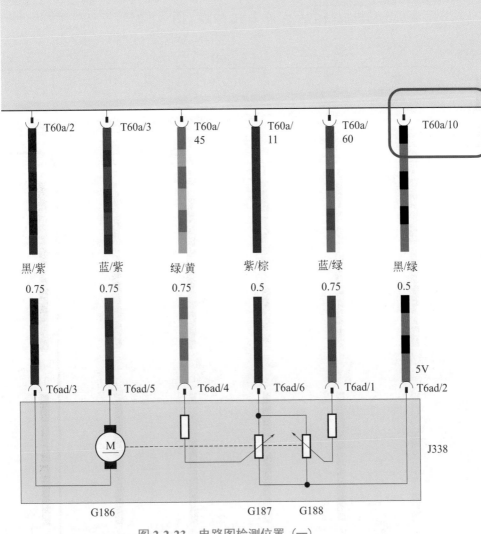

图 2-2-23 电路图检测位置（一）

测量值为 5V，正常值为 5V（图 2-2-24）。

图 2-2-24 检测发动机控制单元端供电

❷ 检查节气门电源线通断。用手拔出节气门位置传感器线束插接器。

将测量引线连接至节气门位置传感器线束插接器 2 号脚，黑色表笔连接至测量引线。红表笔连接发动机控制单元 A 插头 10 号脚（图 2-2-25）。

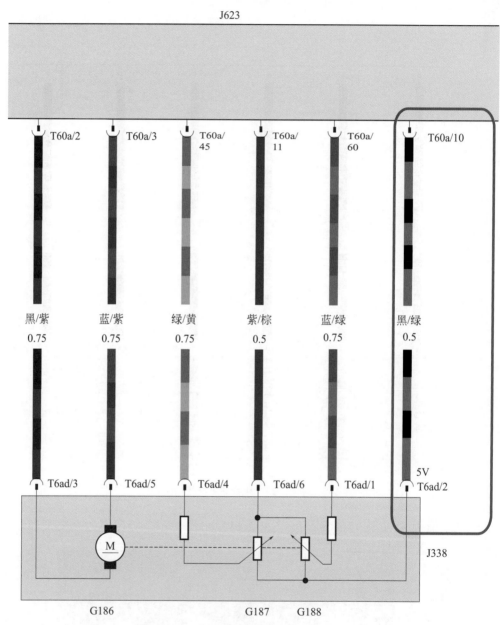

图 2-2-25　电路图检测位置（二）

测量值为 0.5Ω，正常值应小于 1Ω（图 2-2-26）。

❸ 检查 G187 节气门位置传感器 1 信号线通断。将测量引线连接至节气门位置传感器线束插接器 4 号脚，黑色表笔连接至测量引线。红表笔连接发动机控制单元 A 插头 45 号脚（图 2-2-27）。

正常值应小于1Ω

图 2-2-26　检查节气门电源线通断

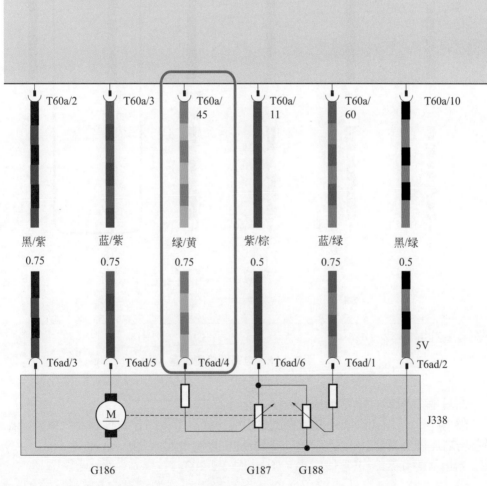

J623

T60a/2　　T60a/3　　T60a/45　　T60a/11　　T60a/60　　T60a/10

黑/紫　　　蓝/紫　　　绿/黄　　　紫/棕　　　蓝/绿　　　黑/绿

0.75　　　0.75　　　0.75　　　0.5　　　0.75　　　0.5

5V

T6ad/3　　T6ad/5　　T6ad/4　　T6ad/6　　T6ad/1　　T6ad/2

M

J338

G186　　　　　　　　G187　　G188

图 2-2-27　电路图检测位置（三）

测量值为 0.5Ω，正常值应小于 1Ω。

❹ 检查 G188 节气门位置传感器 2 信号线通断。将测量引线连接至节气门位置传感器线束插接器 1 号脚，黑色表笔连接至测量引线。红表笔连接发动机控制单元 A 插头 60 号脚（图 2-2-28）。

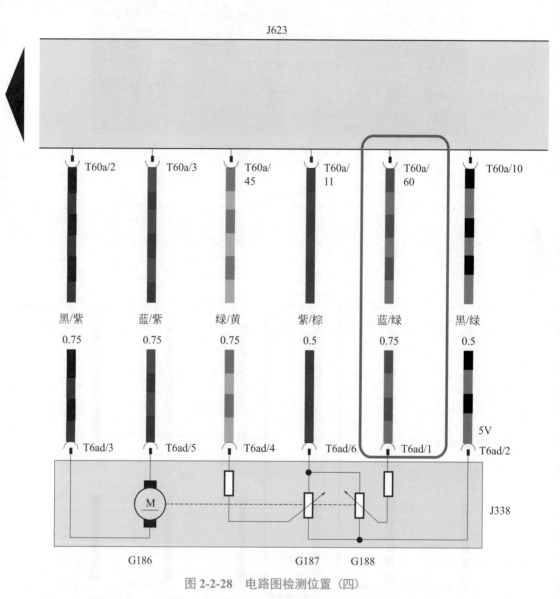

图 2-2-28　电路图检测位置（四）

测量值为 0.5Ω，正常值应小于 1Ω。

❺ 检查节气门搭铁线通断。将测量引线连接至节气门位置传感器线束插接器 6 号脚，黑色表笔连接至测量引线。红表笔连接发动机控制单元 A 插头 11 号脚（图 2-2-29）。

测量值为 0.9Ω，正常值应小于 1Ω（图 2-2-30）。

❻ 检查节气门驱动线路 1 通断。将测量引线连接至节气门位置传感器线束插接器 3 号脚，黑色表笔连接至测量引线。红表笔连接发动机控制单元 A 插头 2 号脚（图 2-2-31）。

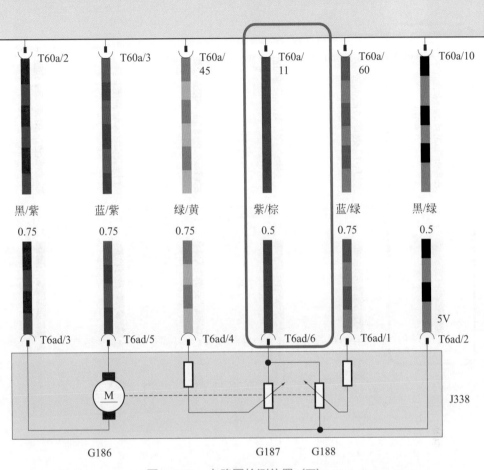

图 2-2-29　电路图检测位置（五）

正常值应小于1Ω

图 2-2-30　检查节气门搭铁线通断

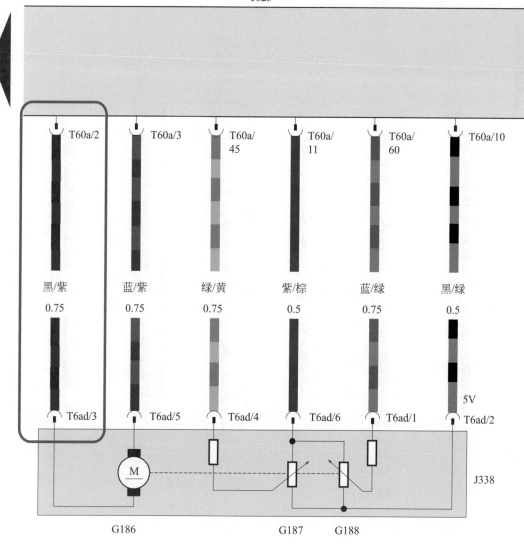

图 2-2-31   电路图检测位置（六）

测量值为 0.9Ω，正常值应小于 1Ω（图 2-2-32）。

图 2-2-32   检查节气门驱动线路 1 通断

⑦ 检查节气门驱动线路 2 通断。将测量引线连接至节气门位置传感器线束插接器 5 号脚,黑色表笔连接至测量引线。红表笔连接发动机控制单元 A 插头 3 号脚(图 2-2-33)。

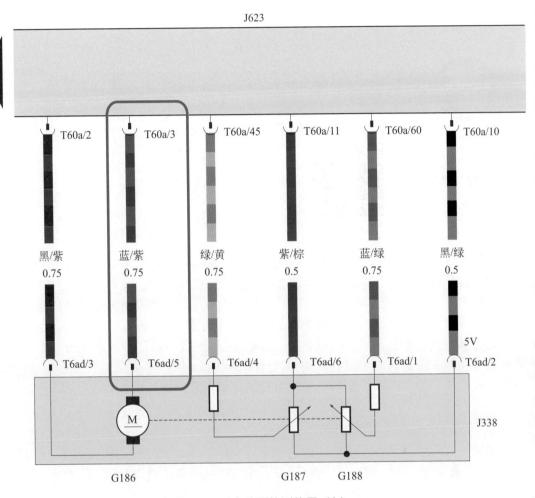

图 2-2-33　电路图检测位置(七)

测量值为 0.5Ω,正常值应小于 1Ω(图 2-2-34)。

图 2-2-34　检查节气门驱动线路 2 通断

经检测，节气门的供电和线路均正常，因此重点怀疑节气门故障，使用零件对调的方法对调节气门。对调节气门后对节气门进行基本设置，启动车辆，故障未出现，故障排除。

（5）解决措施　更换节气门总成。

第三节　曲轴位置传感器

 概述

扫码看视频

1. 功用

曲轴位置传感器（CKP 或 CPS-Crankshaft Position Sensor），又称为发动机转速传感器与曲轴转角传感器。其功用是采集曲轴转动角度和发动机转速信号，并输入电子控制单元（ECU），以便确定喷射顺序、喷射正时、点火顺序、点火正时，并根据信号监测到的曲轴转角波动的大小来判断发动机是否有失火现象。

无曲轴位置传感器信号，发动机 ECU 认为发动机没有运转，因此喷油器不能喷油。点火和喷油集中控制的电子控制发动机，还不能点火。所以，曲轴位置传感器是计算机控制点火系统、发动机电子控制系统最重要的传感器之一。

2. 安装位置

曲轴位置传感器又称发动机转速与曲轴转角传感器，安装在曲轴的前部、中部或飞轮上，是控制点火时刻、确认曲轴位置不可或缺的信号源（图 2-3-1）。

扫码看视频

(a) 外观图

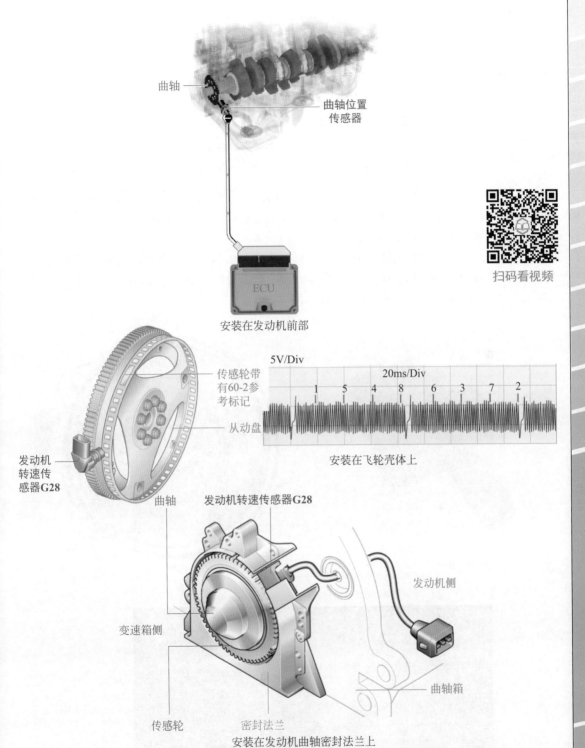

曲轴

曲轴位置传感器

扫码看视频

ECU

安装在发动机前部

传感轮带有60-2参考标记

从动盘

发动机转速传感器G28

5V/Div

20ms/Div

安装在飞轮壳体上

曲轴

发动机转速传感器G28

发动机侧

变速箱侧

传感轮

密封法兰

曲轴箱

安装在发动机曲轴密封法兰上

(b) 安装位置

图2-3-1 曲轴位置传感器

曲轴位置传感器根据其工作原理的不同，可分为磁脉冲式曲轴位置传感器、光电式曲轴位置传感器和霍尔式曲轴位置传感器三种。

 ## 二、磁脉冲式曲轴位置传感器

▶ 1. 丰田车系磁脉冲式曲轴位置传感器

（1）**结构**　丰田公司 TCCS 系统使用转子磁脉冲式曲轴位置传感器，安装在分电器内。

该传感器分上下两部分，上部分产生 G 信号，下部分产生 Ne 信号。两部分都是利用带轮齿的转子旋转，使信号发生器内的线圈磁通量变化，从而产生交变电势，经放大后，将该信号输入电子控制单元。

Ne 信号用来检测曲轴转角和发动机转速信号，它相当于轮齿式曲轴位置传感器的 1° 信号。它由固定在分电器内下半部等间隔 24 个齿轮的转子（即 Ne 正时转子）及固定在轮齿转子对面的感应线圈组合而成（图 2-3-2）。

(a) 外观图

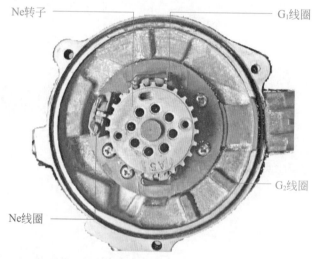

(b) 结构图

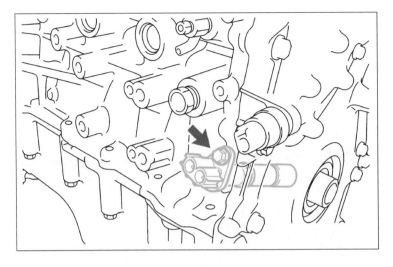

(c) 位置图

图 2-3-2　转子磁脉冲式曲轴位置传感器

（2）**工作原理**　轮齿随转子的转动而转动，与感应线圈凸缘（即磁头）的空气间隙变化，使感应线圈的磁场变化而产生感应电动势。轮齿靠近或远离磁头时，都会产生一次增减磁通量的变化。每一个轮齿通过磁头时，都会在感应线圈中产生一个完整的交流电压信号。

Ne 正时转子上有 24 个齿，转子转一圈，即曲轴转两圈（720°）时，感应线圈产生24 个交流信号，即 Ne 信号。Ne 信号如图 2-3-3 所示，它的一个周期的脉冲相当于 30°曲轴转角（720°÷24=30°）。更精确的转角测量是利用 30° 转角的时间，由 ECU 再均分30 等份，产生 1° 曲轴转角的信号。同时，检测发动机的转速，是由 ECU 依照 Ne 信号的两个脉冲，即 60° 曲轴转角所经过的时间为基准测量发动机的转速。

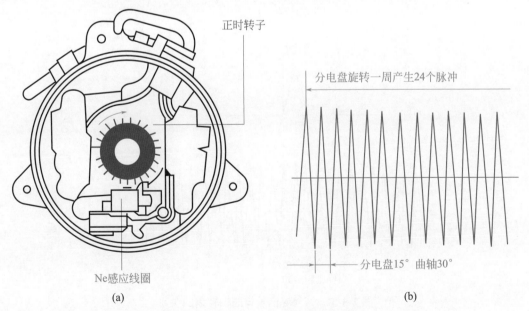

图 2-3-3　Ne 信号发生器结构与波形

G 信号用于识别气缸及检测活塞上止点位置，这相当于轮齿磁脉冲式曲轴位置传感器的 120° 信号。G 信号是位于 Ne 信号发生器上方的凸缘轮（即 G 正时转子）及其对面对称的两个感应线圈产生的，其结构如图 2-3-4 所示。G 信号的产生原理与 Ne 信号产生原理相同，G 信号也用于作为 Ne 信号计算曲轴转角的基准信号。

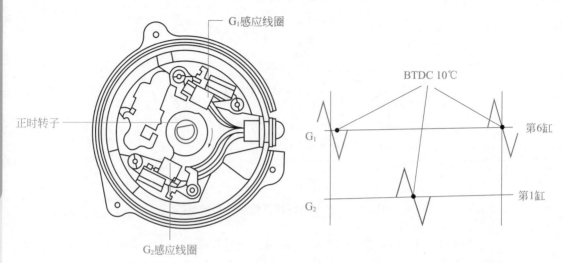

图 2-3-4　G 信号发生器结构与波形

G_1、G_2 信号分别用于检测六缸及一缸上止点位置，由于 G_1、G_2 信号发生器设置的关系，当产生 G_1、G_2 信号时，实际上活塞并不是正好在上止点，而是在上止点前 10° 的位置。曲轴位置传感器的 G_1、G_2 和 Ne 信号与曲轴转角的关系如图 2-3-5 所示。

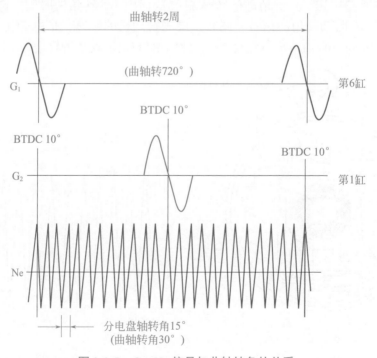

图 2-3-5　G、Ne 信号与曲轴转角的关系

（3）**连接电路** 曲轴位置传感器与 ECU 的连接电路如图 2-3-6 所示。

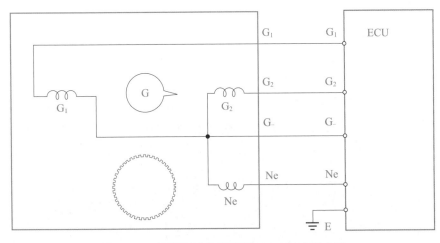

图 2-3-6　曲轴位置传感器与 ECU 的连接电路

（4）**检测**

❶ 曲轴位置传感器的电阻检测。关闭点火开关，拔下曲轴位置传感器连接器插头，用万用表的电阻挡测量曲轴位置传感器上各端子间电阻，其电阻值应符合表 2-3-1 中的规定。如果电阻值不在规定范围内，必须更换曲轴位置传感器。

表 2-3-1　曲轴位置传感器各端子间电阻

端子	测量条件	电阻值 /Ω	端子	测量条件	电阻值 /Ω
G_1-G_-	冷态	125 ～ 200	Ne-G_-	冷态	155 ～ 250
	热态	160 ～ 235		热态	190 ～ 290
G_2-G_-	冷态	125 ～ 200			
	热态	160 ～ 235			

❷ 检查曲轴位置传感器的输出信号。拔下曲轴位置传感器上的连接器，当发动机运转时，用万用表的电压挡检测曲轴位置传感器上 G_1-G_- 、G_2-G_- 、Ne-G_- 端子间是否有电压脉冲信号输出。如果没有电压脉冲信号输出，则应更换曲轴位置传感器。

❸ 检查感应线圈与正时转子的间隙。用厚薄规测量正时转子与感应线圈凸出部分的空气间隙，其标准间隙为 0.2 ～ 0.4mm，如图 2-3-7 所示。若间隙不在规定范围，则应调整或更换分电器总成。

2. 大众车系磁脉冲式曲轴位置传感器

大众轿车使用轮齿磁脉冲式曲轴位置传感器 G28，用它检测发动机曲轴转角和活塞

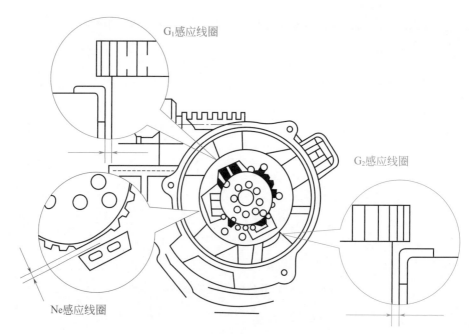

图 2-3-7　感应线圈与正时转子的间隙检查

上止点，并将检测信号及时输入发动机电子控制单元，用以控制点火时刻和喷油正时，同时也用于测量发动机的转速。

（1）**结构**　磁脉冲式传感器用螺钉固定在发动机缸体上，由传感器磁头、齿缺、信号转子和连接器插头组成，如图 2-3-8 所示。线圈即为信号线圈，永磁铁上带有一个磁头，磁头与信号转子相对安装，磁头与导磁板连接构成导磁回路。在信号转子的圆周上均匀制有 58 个凸齿、57 个小齿缺和一个大齿缺，大齿缺输出基准信号，对应 1 缸或 4 缸上止点前一定角度。大齿缺所占的弧度相当于两个凸齿和三个小齿缺所占的弧度。所以每个凸齿和小齿缺所占的曲轴转角均为 3°，所以大齿缺所占的曲轴转角为 15°。

（2）**原理**　当信号转子凸齿的中心线与磁头对正时，磁通量的变化率为零，在线圈中的感应电动势为零；而当信号转子的凸齿离开磁头时，磁通量减少，感应电动势为负值；而当信号转子的凸齿接近磁头时，凸齿与磁头间的气隙减小、磁通量增多，感应电动势为正值。可知，信号转子每转过一个凸齿，传感线圈中就产生一个交变电动势，即一个最大值和一个最小值，感应线圈即输出一个交变电压信号。信号转子上的大齿缺转过磁头时，输出一个宽脉冲信号，该信号对应 1 缸或 4 缸上止点前一定角度。ECU接收到宽脉冲信号时，再根据凸轮轴位置传感器输入的信号最终判定是 1 缸还是 4 缸在上止点前。信号转子上有 58 个凸齿，所以信号转子每转一周，传感器线圈就产生 58 个交变电压信号，并输入 ECU，作为计算曲轴转速和曲轴转角的依据。

在发动机运行中，当曲轴位置传感器出现故障时，会导致信号中断，发动机立即熄火，这时电子控制单元可以诊断到故障并进行存储。利用 V.A.G1551 或 V.A.G1552 故障诊断仪，通过故障诊断插座可以读取故障信息。对于曲轴位置传感器的检测，主要测量各端子间电阻、信号转子凸齿与磁头间间隙等。

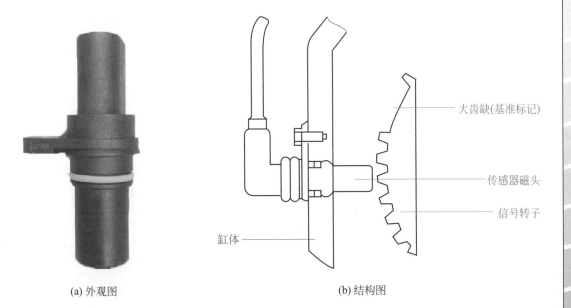

(a) 外观图   (b) 结构图

大齿缺(基准标记)

传感器磁头

信号转子

缸体

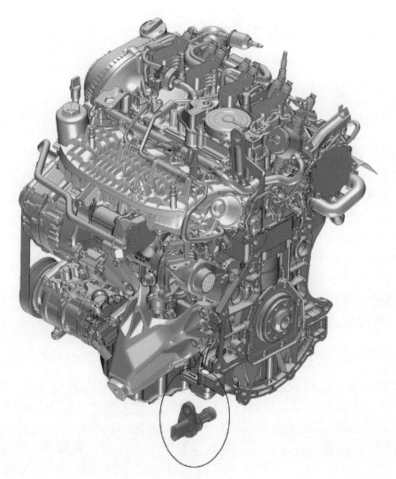

(c) 位置图

扫码看视频

图 2-3-8 大众车系轮齿磁脉冲式曲轴位置传感器

（3）**连接电路** 曲轴位置传感器与 ECU 的连接电路如图 2-3-9 所示。端子 1 为转速与转角正极，与 ECU 的 56 端子相连；端子 2 为转速与转角的负极，与 ECU 的 63 端子相连；端子 3 为屏蔽线端子，与 ECU 的 67 端子相连。

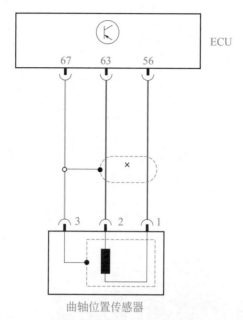

图 2-3-9　曲轴位置传感器与 ECU 的连接电路

（4）**检测**

❶ 检查曲轴位置传感器的电阻。关闭点火开关，拔下传感器连接器插头，按图 2-3-9 进行，检查传感器上端子 1 与端子 2 间电阻，应为 450 ～ 1000Ω。若电阻为无穷大，说明信号线圈存在断路，应更换传感器。检查传感器上端子 1 或端子 2 与屏蔽线端子 3 之间的电阻，阻值应为无穷大，如果电阻不是无穷大，则应更换传感器。

❷ 检查传感器与 ECU 之间的连接线束。分别检查端子 1 与 56，端子 2 与 63，端子 3 与 67 间的电阻值，应不超过 1.5Ω。如果电阻为无穷大，说明存在导线断路或接触不良，需进行维修。

❸ 检查信号转子与磁头间间隙。用厚薄规检查信号转子与磁头间间隙，标准值为0.2 ～ 0.4mm。若有变化，需进行调整。

3. 日产车系磁脉冲式曲轴位置传感器

（1）**结构** 日产车系的轮齿磁脉冲式曲轴位置传感器由轮齿式信号盘、磁头、线圈、脉冲成形电路、连接器等组成，如图 2-3-10 所示。它安装在曲轴前端的带轮之后。在带轮后端有一个带细齿的薄齿盘，即信号盘。信号盘和曲轴带轮一起安装在曲轴上，与曲轴一起旋转。在信号盘的外缘，沿圆周每隔 4° 加工一个齿，共 90 个齿。此外，每隔 120° 布置一个凸缘，共 3 个。安装在信号盘边沿的传感器盒是产生信号的发生器，在内部有三个绕有线圈的永磁铁磁头，其中磁头 A 和磁头 C 共同产生曲轴 1° 信号，磁头 B 产生 120° 信号。磁头 A 和磁头 C 对着信号盘的齿圈，磁头 A 相对于磁头 C 间隔 3°

曲轴转角位置。磁头 B 对着信号盘的 120° 凸缘。信号发生器内有信号形成与放大电路，外部有四孔连接器，1# 端子为 120° 信号输出，2# 端子为信号形成与放大电路的电源孔，3# 端子为 1° 信号输出线，4# 端子为接地线。通过连接器将曲轴位置传感器的感应信号输入电子控制单元。

(a) 外观图

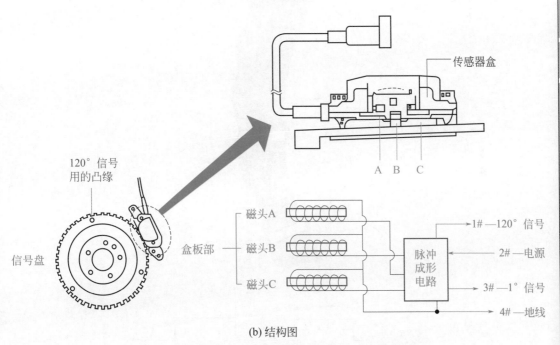

(b) 结构图

图 2-3-10　日产车系轮齿磁脉冲式曲轴位置传感器

（2）原理　发动机运转时，信号盘的齿和凸缘切割磁场的磁感线，使绕在磁铁上的感应线圈产生感应电动势，经滤波整形后，形成脉冲信号，如图 2-3-11 所示。曲轴每转一圈，在磁头 B 上产生 120° 脉冲信号，在磁头 A 和 C 上交替各产生 90 个脉冲信号。

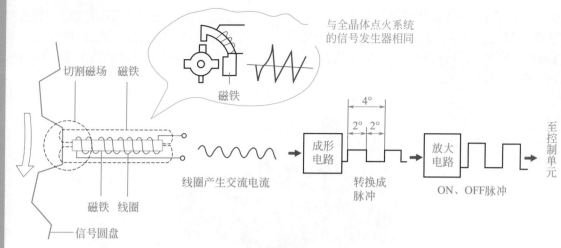

图 2-3-11　脉冲信号的产生

　　因为磁头 A 和 C 相隔 3°，而磁头 A 和 C 又都是每隔 4° 产生一个脉冲信号，所以磁头 A 和 C 产生的脉冲信号实际上存在 90° 相位差，将这两个信号送入信号形成与放大电路合成信号，即产生曲轴 1° 转角信号，如图 2-3-12 所示。

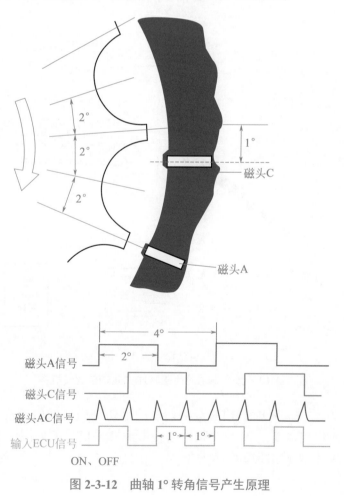

图 2-3-12　曲轴 1° 转角信号产生原理

产生 120° 信号的磁头 B 安装在上止点前 70° 的位置，如图 2-3-13 所示。该信号也叫作上止点前 70° 信号，即发动机在运转时，各缸上止点前 70° 均由磁头 B 产生一个脉冲信号。

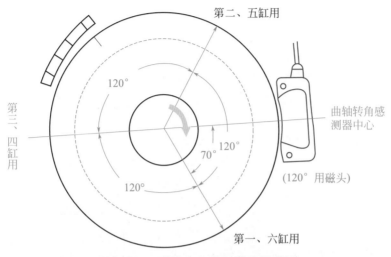

图 2-3-13　磁头 B 与曲轴的位置关系

4. 别克车系磁脉冲式曲轴位置传感器

别克车系有两种类型的曲轴位置传感器，分别为 24X 曲轴位置传感器和 7X 曲轴位置传感器。其中 7X 曲轴位置传感器属于磁脉冲式曲轴位置传感器，是利用电磁感应的原理制成的。它主要作用是测定发动机高速运转时曲轴的位置和发动机的转速。

（1）结构　7X 曲轴位置传感器的信号盘铸在曲轴上的一个特殊的轮上，有 7 个加工的切槽，其中 6 个槽以 60° 间隔均匀分布，第 7 个槽距离前一个槽为 10°，如图 2-3-14 所示。

(a) 外观图

图 2-3-14

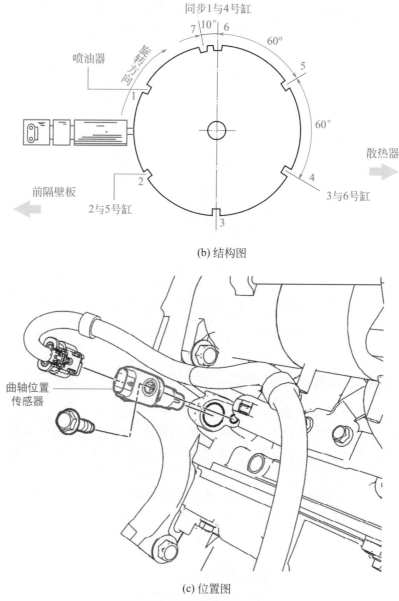

(b) 结构图

(c) 位置图

图 2-3-14　7X 曲轴位置传感器

（2）**原理**　当发动机转动时，7X 曲轴位置传感器的信号盘的齿和凸缘引起信号发生器中通过感应线圈的磁场发生变化，从而在感应线圈里产生交变的电动势，经滤波整形后，即变成脉冲信号，此脉冲信号输入 ECU 后，ECU 用其计算曲轴位置和发动机转速。

（3）**检测**

❶ 检测电阻值。　关闭点火开关，拔下 7X 曲轴位置传感器的 2 芯插头。用万用表电阻挡测量曲轴位置传感器的电阻值，应在 800 ～ 1000Ω 之间。

❷ 检测脉冲信号。将传感器拆下，用一根铁棒或一块磁铁迅速靠近或者离开传感器，同时用万用表测量两接线柱之间有无脉冲感应电压的产生。如没有感应电压或感应

电压很微弱，说明传感器有故障，应更换。

❸ 检测线束导通性。关闭点火开关。分别拔下点火控制模块上的 3 芯插头和 7X 曲轴位置传感器的 2 芯插头。用万用表电阻挡测量点火控制模块上 3 芯插头的 A 端子与传感器 2 芯插头的 A 端子之间的电阻值，如图 2-3-15（a）所示。用万用表电阻挡测量 ICM 上 3 芯插头的 C 端子与传感器 2 芯插头的 B 端子之间的电阻值，如图 2-3-15（b）所示。所测阻值均应小于 0.5Ω。

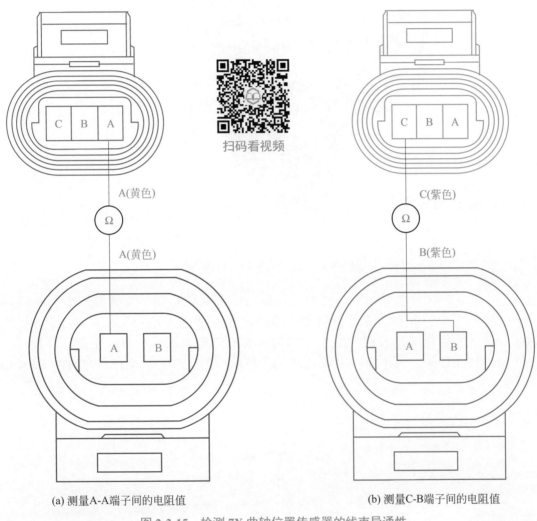

扫码看视频

(a) 测量A-A端子间的电阻值   (b) 测量C-B端子间的电阻值

图 2-3-15   检测 7X 曲轴位置传感器的线束导通性

 三、 光电式曲轴位置传感器

▶ 1. 结构

扫码看视频

光电式曲轴位置传感器一般安装在分电器内（无分电器则一般安装在凸轮轴左前部），由带缝隙、光孔的信号盘和信号发生器组成，如图 2-3-16 所示。

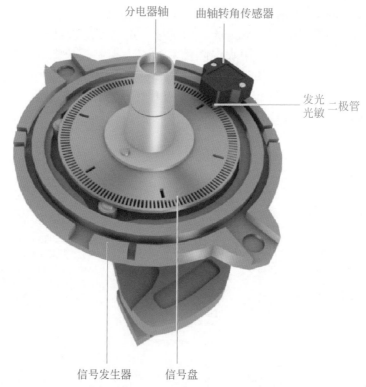

图 2-3-16　光电式曲轴位置传感器

　　信号盘安装在分电器轴上，和分电器轴一起随曲轴转动，其结构如图 2-3-17 所示。它的外围均匀分布着 360 条缝隙（即透光孔），用于产生 1° 信号。对于 6 缸发动机，在信号盘外围稍靠内的圆上，均匀分布着 6 个间隔 60° 的透光孔，分别产生120° 曲轴转角信号，其中有一个较宽的光孔是用于产生第 1 缸上止点对应的 120° 信号缝隙。

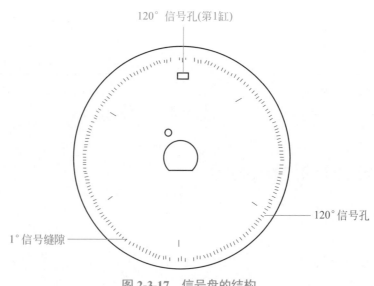

图 2-3-17　信号盘的结构

信号发生器安装在分电器壳体上，它由两只发光二极管、两只光电二极管和电子电路组成，如图 2-3-18 所示。两只发光二极管分别正对着两只光电二极管，信号盘在发光二极管和光电二极管之间。

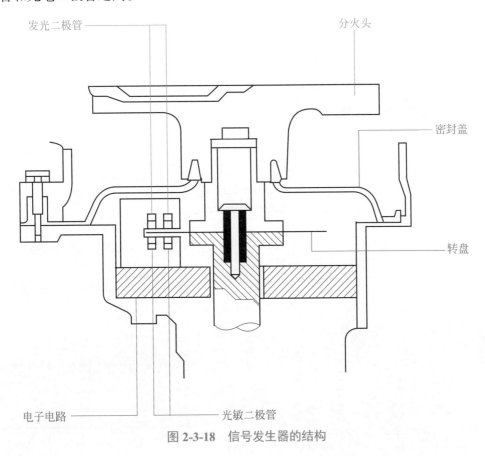

图 2-3-18　信号发生器的结构

2. 工作原理

光电式曲轴位置传感器是利用发动机曲轴运转带动分电器轴和信号盘转动，使发光二极管发出的光线通过信号盘上（边缘刻有小孔），产生交替变化的透光和遮光，从而使光电二极管导通与截止产生脉冲电压信号的原理制成的。

当信号发生器中的发光二极管的光束通过信号盘的小孔照射到与对面其正对的光电二极管上时，光电二极管感光导通产生电压信号；当发光二极管的光束被信号盘遮挡时，光电二极管截止，产生的电压为零，如图 2-3-19 所示。因为信号盘边缘刻有 360 个小孔，所以信号盘每旋转一圈将产生 360 个脉冲电压信号，其中一个脉冲信号代表曲轴 2° 角转角（分电器转一周曲轴转 2 周即曲轴转 720°），其中一个脉冲信号又由一个高电压信号（光电二极管导通时产生的）和一个零电压信号（光电二极管截止时产生的）组成，因此它们便分别代表曲轴 1° 转角。120° 转角产生的原理相同，由小孔里面的 6 个光孔产生，产生的信号表示活塞位于上止点位置时的曲轴位置。将光电二极管产生的脉冲电压信号经电子电路放大后，便向 ECU 输入曲轴转角的 1° 信号和 120° 信号。由于信号发生器安装位置的关系，120° 信号并不是指活塞上止点时曲轴位置，而是在活塞上止点前 70° 曲轴位置。

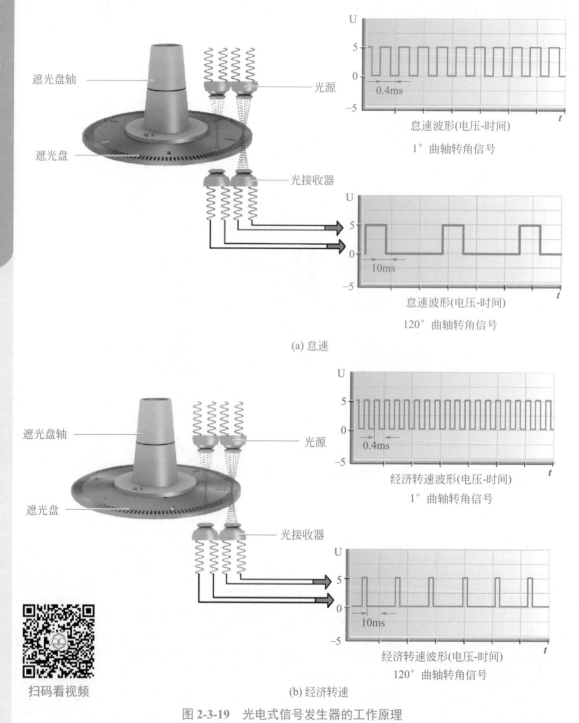

(a) 怠速

(b) 经济转速

图 2-3-19 光电式信号发生器的工作原理

扫码看视频

3. 连接电路

日产千里马轿车曲轴位置传感器与 ECU 的连接电路见图 2-3-20。

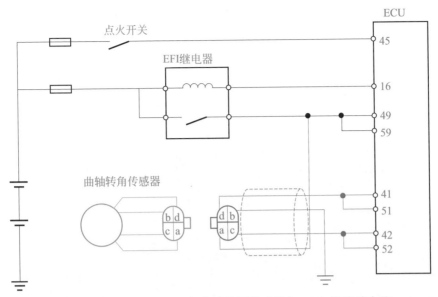

图 2-3-20　日产千里马轿车曲轴位置传感器与 ECU 的连接电路

4. 检测

这里以日产千里马轿车的曲轴位置传感器为例对曲轴位置传感器的检测方法进行介绍，电路图如图 2-3-20 所示。

（1）**检查电源电压**　接通点火开关，测量端子 a 与地线之间的电压，正常时应为蓄电池电压。如电压正常，应进一步检查输入信号。

（2）**检查 ECU 与传感器之间的导线导通情况**　关闭点火开关，拔下传感器接线器，拆下 ECU、SMJ 接线器，检查 ECU 接线器 49 号、59 号端子与端子 a 之间是否导通，正常时应导通，即所测阻值小于 1.5Ω。

（3）**检查输入信号**　启动发动机，用万用表或示波器检查 ECU 端子 41、51（120°信号端子）及端子 42、52（1°信号端子）的信号。正常时应有脉冲信号，如无脉冲信号或脉冲信号缺损，则需更换传感器。

（4）**检查 ECU 与传感器之间的导线和接线器的导通情况**　发动机熄火，拔下传感器和 ECU、SMJ 的接线器，检查 ECU 接线器端子 41、51 与端子 b，端子 42、52 与端子 c 间是否导通，正常时应导通。若导通正常，则应继续检查曲轴位置传感器，若不通，应修理或更换配线或接线器。

（5）**检查搭铁回路**　熄火，断开传感器和 ECU、SMJ 的连接器，检测 d 端子与搭铁间是否导通，正常时应导通，如不通，则应检测配线或接线器。

四、霍尔式曲轴位置传感器

霍尔式曲轴位置传感器是利用霍尔效应产生与曲轴转角相对应的电压脉冲信号的原理制成的。霍尔式曲轴位置传感器分为触发叶片型和触发轮齿型两种。

霍尔效应：把一块金属或半导体薄片垂直放在磁感应强度为 B 的磁场中，沿着垂直于磁场方向通过电流 I，会在薄片的另一对侧面间产生电动势 U_H（图 2-3-21）。所产生的电动势称为霍尔电动势，这种薄片（一般为半导体）称为霍尔片或霍尔元件。

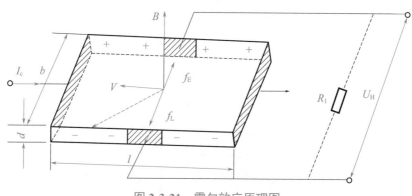

图 2-3-21　霍尔效应原理图

1. 触发叶片型霍尔式曲轴位置传感器

（1）**结构**　触发叶片型霍尔式曲轴位置传感器主要由触发叶轮、霍尔集成电路、磁轭（导磁钢片）和永磁铁组成，如图 2-3-22 所示。而集成电路又由霍尔元件、放大电路、稳压电路、温度补偿电路、信号变换电路和输出电路组成。触发叶轮安装在转子轴上，随转子轴一起转动，叶轮上制有叶片。当曲轴带动转子轴转动时，触发叶轮随其一起转动，叶片便在霍尔集成电路与永磁铁之间转动。

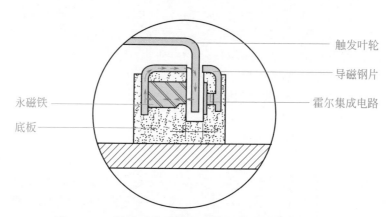

图 2-3-22　触发叶片型霍尔式曲轴位置传感器的结构

（2）**工作原理**　触发叶片型霍尔式曲轴位置传感器工作原理见图 2-3-23。

当曲轴转动并带动转子轴转动时，触发叶轮随转子轴一起转动，触发叶轮的叶片便从霍尔集成电路与永磁铁之间的气隙中转过。

当叶片进入气隙时，霍尔集成电路中的磁场被叶片旁路，如图 2-3-23（a）所示。此时霍尔元件产生的霍尔电压为零，集成电路输出级的三极管截止，传感器输出一个高电平信号电压 U_0。

当叶片离开气隙时，永磁铁的磁力线便经过霍尔集成电路和导磁钢片构成回路，如

图 2-3-23（b）所示。此时霍尔元件产生霍尔电压 U_H，霍尔集成电路输出级的三极管导通，传感器输出一个低电平电压信号 U_0。

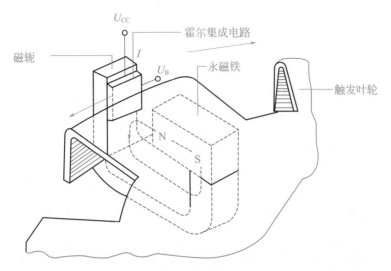

(a) 叶片进入气隙，磁场被旁路

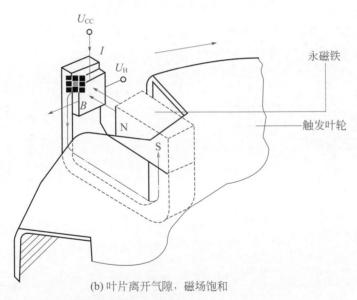

(b) 叶片离开气隙，磁场饱和

图 2-3-23　触发叶片型霍尔式曲轴位置传感器工作原理

ECU 便根据输入的脉冲信号计算出曲轴的转角及活塞上止点位置，从而对发动机的点火和喷油时刻进行控制。

2. 触发轮齿型霍尔式曲轴位置传感器

（1）结构　触发轮齿型霍尔式曲轴位置传感器一般都是由霍尔信号发生器和信号转子两个基本元件组成。但不同车系的触发轮齿型霍尔式曲轴位置传感器会略有差别，如图 2-3-24 所示是大众汽车上的触发轮齿型霍尔式曲轴位置传感器。

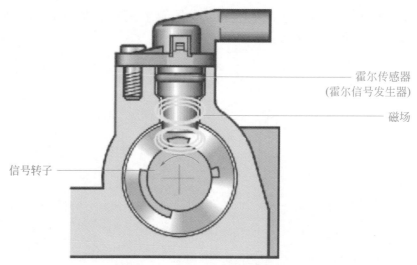

图 2-3-24 大众汽车上的触发轮齿型霍尔式曲轴位置传感器

（2）**工作原理** 为了更好地说明触发轮齿型霍尔式曲轴位置传感器的工作原理，此处以北京切诺基越野车的触发轮齿型霍尔式曲轴位置传感器为例对此类传感器的结构原理进行进一步的介绍。

北京切诺基越野车的触发轮齿型霍尔式曲轴位置传感器的结构如图 2-3-25 所示。4 缸发动机所用的曲轴位置传感器与 6 缸发动机所用的略有差异。

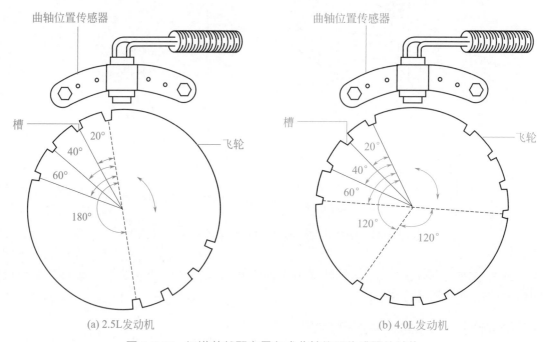

(a) 2.5L发动机   (b) 4.0L发动机

图 2-3-25 切诺基越野车霍尔式曲轴位置传感器的结构

在 4 缸 2.5L 发动机的飞轮上有 8 个槽，分为两组，4 个槽为一组，两组相隔 180°，每组中的每个槽相隔20°。在6缸4.0L发动机的飞轮上有12个槽,4个槽为一组,分为3组,每组相隔120°,每组中的每个槽也相隔20°。

当切诺基越野车飞轮的凹槽(飞轮为信号转子)通过传感器的信号发生器时,霍尔式传感器向外输出5V高电位;当飞轮凹槽间的金属凸齿与传感器信号发生器成一直线时,霍尔式传感器输出0.3V低电位。每当飞轮从一个凸齿转到另一个凸齿经过传感器信号发生器时,传感器便产生一个高低电位脉冲信号。当飞轮上的每组齿槽通过传感器信号发生器时,传感器将产生4个脉冲信号。4缸发动机飞轮每转一周传感器产生两组脉冲信号,6缸发动机飞轮每转一周传感器产生三组脉冲信号。ECU根据传感器输入的脉冲信号即可计算出曲轴的位置及发动机的转速。

与此同时传感器提供的每组脉冲信号可被ECU用来确定两缸活塞的位置。例如,在4缸发动机上,利用一组脉冲信号,可知1缸活塞和4缸活塞接近上止点,利用另一组脉冲信号,可知2缸活塞和3缸活塞接近上止点。同样,在6缸发动机上,利用一组脉冲信号,在同一时间内可知1与6,2与5,3与4缸活塞接近上止点。根据信号盘与霍尔式曲轴位置传感器的信号发生器的位置关系,ECU从接收每一组脉冲信号的第一个脉冲信号的上升沿开始,能确定有两缸的活塞正在向上止点运动,6缸发动机也一样。由于第4个脉冲信号的下降沿与活塞位于上止点前4°位置相对应,因此,ECU根据一组脉冲信号的第一个脉冲信号的下降沿,就能确定正在向上止点运动的两个活塞的位置,但不能确定是哪个缸的活塞,也不能对这两个缸的工作行程进行判断,所以还需要一个气缸判断信号,即还需要一个同步信号发生器。

(3)连接电路

切诺基越野车霍尔式曲轴位置传感器与ECU的连接电路如图2-3-26所示。

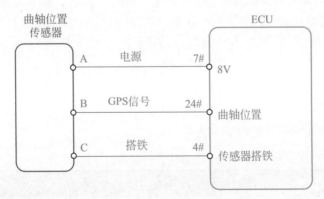

图2-3-26 切诺基越野车曲轴位置传感器与ECU的连接电路

(4)检测 这里以切诺基越野车霍尔式曲轴位置传感器为例介绍霍尔式曲轴位置传感器的检测方法。

切诺基越野车霍尔式曲轴位置传感器与线束插头为三端子插头,插头上有A、B、C三个端子,如图2-3-27所示。A端子为电源端子,连接ECU插座端子7#;B端子为信号输出端子,连接ECU插座端子24#;C端子为搭铁端子,连接ECU插座端子4#,如图2-3-27所示。

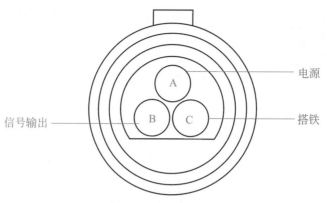

信号输出 —— B C —— 搭铁

A —— 电源

图 2-3-27　切诺基越野车霍尔式曲轴位置传感器接头端子

曲轴位置传感器的检测方法如下：

❶ 检测传感器电压。

a. 检测传感器电源电压。点火开关置于"ON"，用万用表电压挡测量 ECU 侧 7# 端子与 4# 端子间的电压，应为 8V。测量传感器接头端子"A"与"C"间的电压，其值也应为 8V。否则为电源线断路或接头接触不良。

b. 检测传感器输出信号电压。用万用表的电压挡对传感器的 A、B、C 三个端子间的电压进行测试。当点火开关置于"ON"时，A-C 端子间的电压值应为 8V；发电机转动时，B-C 端子间的电压值应在 0.3 ～ 5V 之间变化，且数值显示应呈脉冲性变化，最高电压为 5V，最低电压为 0.3V。若无脉冲电压或电压值不在此范围内，则应更换曲轴位置传感器。

❷ 检测传感器端子电阻。点火开关置于"OFF"位置，拔下曲轴位置传感器导线连接器，用万用表电阻挡测量端子 A-B 或 A-C 间的电阻值，此时万用表应显示∞（开路）。若指示有电阻，则应更换曲轴位置传感器。

五、 故障分析

曲轴位置传感器故障分析见表 2-3-2。

表 2-3-2　曲轴位置传感器故障分析

故障代码	检测条件	故障部位	故障方案
P0335	曲轴位置传感器"A"电路	1. 曲轴位置传感器电路断路或短路	检查相关线路，对故障线路进行修复或更换
		2. 曲轴位置传感器	更换曲轴位置传感器
		3. 曲轴位置信号盘	更换曲轴位置信号盘
		4.ECM	检查 ECM 及相关的线路，如 ECM 故障则更换总成；如线路故障则修复或更换线束

故障代码	检测条件	故障部位	故障方案
P0339	曲轴位置传感器"A"电路间歇性故障	1.曲轴位置传感器电路断路或短路	检查相关线路,对故障线路进行修复或更换
		2.曲轴位置传感器	更换曲轴位置传感器
		3.曲轴位置信号盘	更换曲轴位置信号盘
		4.ECM	检查ECM及相关的线路,如ECM故障则更换总成;如线路故障则修复或更换线束

六、 案例分析

1. 车辆信息

车型:2011 年大众帕萨特。
故障:车辆不能启动。
发动机:1.4L。
行驶里程:53234km。

扫码看视频

2. 故障排除

(1) 故障现象　车辆不能启动。
(2) 读取故障码　使用诊断仪读取故障码为:发动机转速传感器没有信号。
(3) 大众帕萨特曲轴位置传感器电路图(图 2-3-28)　查询大众帕萨特曲轴位置传感器电路图,如下:曲轴位置传感器(发动机转速传感器)G28,1 号插脚是电源线,2 号插脚是信号线,3 号插脚是搭铁线。
(4) 故障分析

❶ 检测发动机转速传感的电源电压。红色表笔连接至 V.A.G1598/42 测量盒 9 号脚(发动机控制单元 9 号脚)(图 2-3-29),黑色表笔连接至搭铁。

测量值为 5V,正常值为 5V(图 2-3-30)。

❷ 检测发动机转速传感器的信号电压。将红色表笔连接至 V.A.G1598/42 测量盒 54 号脚(发动机控制单元 54 号脚)(图 2-3-31),黑色表笔连接至搭铁。

启动发动机,测量值为 0V,正常范围:2 ~ 3V(图 2-3-32)。

通过测量结果得知,发动机转速传感器的信号电压存在异常。

接下来检查线路的通断,如果线路正常,则检查转速传感器。

❸ 检查搭铁线的通断(图 2-3-33)。将红色表笔连接发动机控制单元 6 号脚,黑色表笔连接发动机转速传感器插接器 3 号脚。测量值为 0.3Ω,正常。

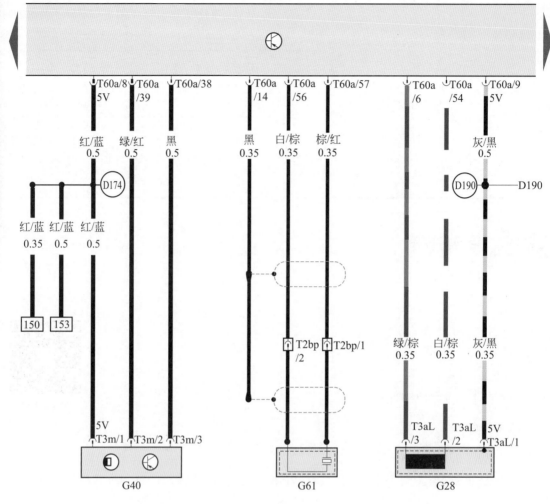

G28 — 发动机转速传感器，在发动机后部左侧近变速箱处

G40 — 霍尔传感器，在气缸盖罩顶部左侧

G61 — 爆震传感器，在发动机后部气缸体中间

J623 — 发动机控制单元，在发动机舱内蓄电池左侧

T2bp — 2针插头，黑色，爆震传感器插头

T3m — 3针插头，黑色，霍尔传感器插头

T3aL — 3针插头，黑色，发动机转速传感器插头

T60a — 60针插头，黑色，发动机控制单元插头

D174 — 连接线(5V)，在发动机预接线导线束中

D190 — 连接线(5V)，在发动机预接线导线束中

图 2-3-28   大众帕萨特发动机转速传感器电路图

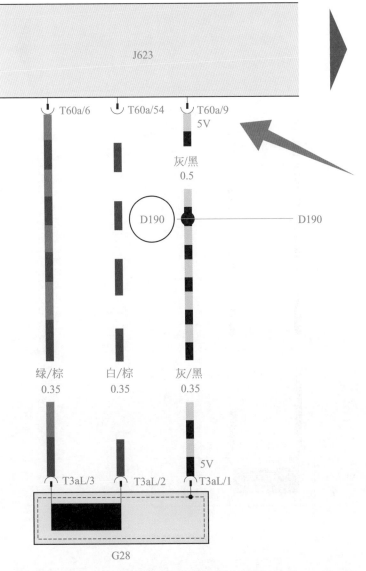

图 2-3-29　发动机转速传感器电路图（一）

图 2-3-30　检测发动机转速传感器的电源电压

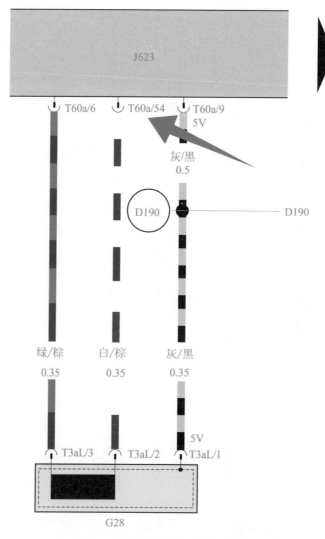

图 2-3-31　发动机转速传感器电路图（二）

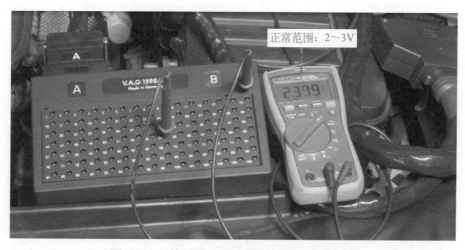

图 2-3-32　检测发动机转速传感器的信号电压

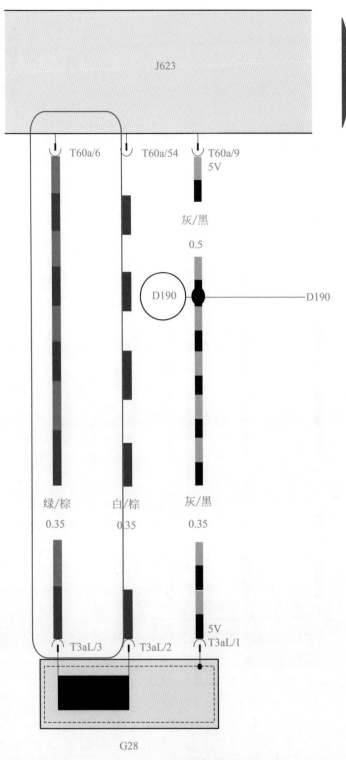

图 2-3-33 发动机转速传感器电路图（三）

❹ 检查电源线的通断（图 2-3-34）。将红色表笔连接发动机控制单元 9 号脚，黑色表笔连接发动机转速传感器插接器 1 号脚。测量值为 0.3Ω，正常。

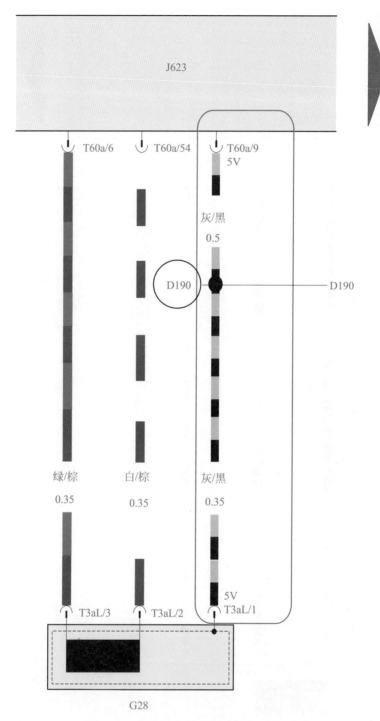

图 2-3-34　发动机转速传感器电路图（四）

❺ 检查信号线的通断（图 2-3-35）。将红色表笔连接发动机控制单元 54 号脚，黑色表笔连接发动机转速传感器插接器 2 号脚。测量值为 0.3Ω，正常。

线路正常，更换转速传感器试车，车辆可以正常启动，故障排除。

（5）**故障解决**　更换转速传感器。

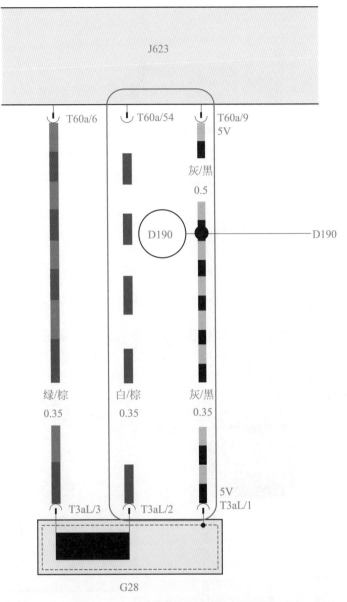

图 2-3-35　发动机转速传感器电路图（五）

扫码看视频

第四节　凸轮轴位置传感器

概述

　　凸轮轴位置传感器（CPS），又称为凸轮轴转角传感器、相位传感器、同步信号传感器、缸位传感器（CYP）、气缸识别传感器（CIS），有的车上还称为 1 缸上止点传感器 No.1TDC（图 2-4-1）。

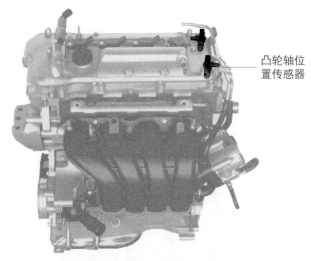

图 2-4-1　丰田卡罗拉发动机凸轮轴位置传感器的安装位置

　　凸轮轴位置传感器的作用主要是检测凸轮轴位置和转角，从而确定第一缸活塞的压缩上止点位置。在启动时，发动机 ECU 根据凸轮轴位置传感器和曲轴位置传感器提供的信号，识别出各个汽缸活塞的位置和冲程，控制燃油喷射顺序和点火顺序，进行准确的喷油和点火控制（图 2-4-2）。

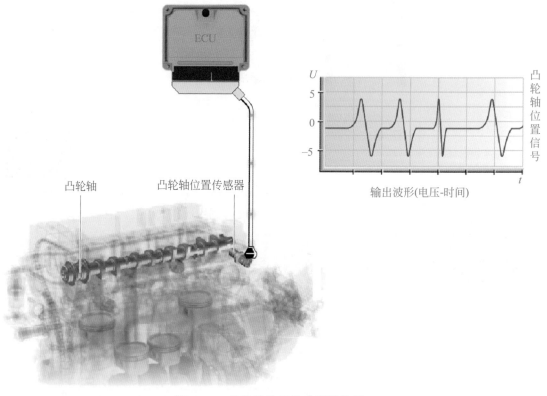

图 2-4-2　凸轮轴位置传感器的作用

按照工作原理不同，凸轮轴位置传感器可以分为磁电式凸轮轴位置传感器、光电式凸轮轴位置传感器、霍尔式凸轮轴位置传感器、磁阻元件式凸轮轴位置传感器。

 ## 二、磁电式凸轮轴位置传感器

1. 结构

丰田 K3-VE 发动机使用的是三销磁电式凸轮轴位置传感器（图 2-4-3），安装于发动机 1 号进气凸轮轴前端。因为该机型配备可变气门系统，所以凸轮轴位置传感器要进行气缸识别和检测 VVT-i 提前角的值两项功能。

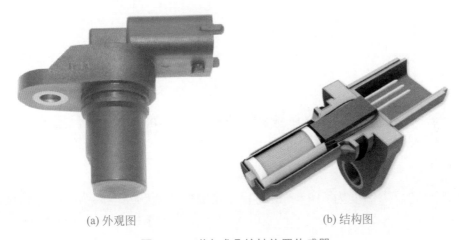

(a) 外观图   (b) 结构图

图 2-4-3　磁电式凸轮轴位置传感器

2. 工作原理

1 号进气凸轮轴的前端设置有三个正时销，分别代表 60°、180°、360° 曲轴转角。根据正时销的输出信号，ECU 进行实际凸轮轴位置的检测和气缸识别。凸轮轴转动时，正时销与凸轮转角传感器间气隙发生变化，从而改变通过凸轮转角传感器的磁通量，凸轮轴每转动一圈产生 3 个脉冲，输出波形如图 2-4-4 所示。根据曲轴位置传感器信号，1号凸轮轴相位被检测，根据这个相位，可变气门正时控制器发挥作用。

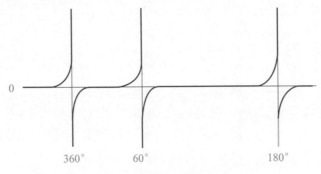

图 2-4-4　凸轮转角传感器输出波形

3. 连接电路

丰田 K3-VE 发动机凸轮轴位置传感器与 ECU 的连接电路见图 2-4-5。

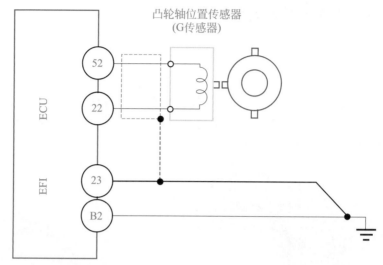

图 2-4-5　凸轮轴位置传感器与 ECU 的连接电路

4. 电阻检测

冷态时（传感器温度为 -10 ～ 50℃）凸轮轴位置传感器电阻为 835 ～ 1400Ω，热态时（传感器温度为 50 ～ 100℃）凸轮轴位置传感器电阻为 1060 ～ 1645Ω。

三、霍尔式凸轮轴位置传感器

1. 触发叶片型霍尔式凸轮轴位置传感器

（1）**结构**　触发叶片型霍尔式凸轮轴位置传感器安装在发动机进气凸轮的一端，其结构如图 2-4-6 所示。它主要由霍尔传感器和信号转子组成，被广泛使用于大众轿车上。

信号转子又叫作触发叶轮，安装在进气凸轮上，用螺栓和座圈固定。信号转子的隔板又叫作叶片。在隔板上有一个窗口，窗口对应产生的信号为低电平信号，隔板对应产生的信号为高电平信号。霍尔传感器主要由集成电路、永磁铁和导磁片组成。

（2）**工作原理**　霍尔元件与永磁铁之间有 1mm 的间隙，当信号转子随进气凸轮轴一同转动时，隔板和窗口从集成电路与永磁铁之间的间隙中转过。当信号转子的隔板进入间隙时，霍尔集成电路中的磁场被旁路，霍尔元件上没有磁力线穿过，霍尔电压为零，集成电路输出级三极管截止，传感器输出的信号电压为高电位，约 4.0V；当信号转子的隔板离开间隙时，永磁铁的磁力线经导磁片和霍尔元件集成电路构成回路，这时产生的霍尔电压约为 2.0V，集成电路输出级三极管导通，传感器输出的信号电压为 0.1V，为低电位。

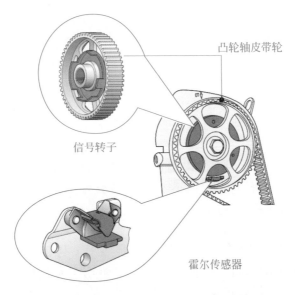

信号转子

凸轮轴皮带轮

霍尔传感器

扫码看视频

图 2-4-6 触发叶片型霍尔式凸轮轴位置传感器

发动机工作时，曲轴位置传感器和凸轮轴位置传感器产生的信号不断地输入 ECU。当 ECU 同时接收到曲轴位置传感器大齿缺对应的低电位信号（15°）和凸轮轴位置传感器窗口对应的低电位信号时，可以识别出 1 缸活塞在压缩上止点、4 缸活塞处于排气行程，并根据曲轴位置传感器小齿缺对应输出的信号控制点火提前角。由于凸轮轴位置传感器与曲轴位置传感器同时输出信号，凸轮轴位置传感器信号作为判缸信号，因此凸轮轴位置传感器也称作同步信号传感器。

（3）连接电路 霍尔式凸轮轴位置传感器与 ECU 的连接电路如图 2-4-7 所示。该传感器 G40 导线连接器有三个接线端子，1 为传感器电源正极端子；2 为传感器信号输出端子；3 为传感器电源负极端子。这三个端子分别与 ECU 的 62、76 和 67 端子相连。

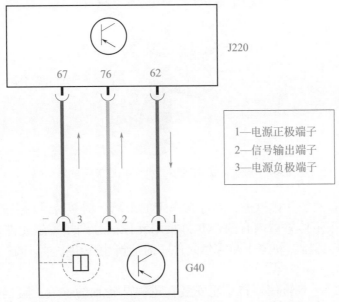

J220

67   76   62

1—电源正极端子
2—信号输出端子
3—电源负极端子

− 3   2   1

G40

图 2-4-7 霍尔式凸轮轴位置传感器与 ECU 的连接电路

（4）**检测**　当凸轮轴位置传感器出现故障时，ECU 可以检测到故障信息，使用故障诊断仪可以读取传感器的故障码。故障码显示出凸轮轴位置传感器有故障时，可以用万用表检查传感器电源电压和导线电阻进行故障的判定和排除。

❶ 检测传感器电源电压。断开点火开关，拔下传感器导线连接器插头，用万用表的正、负表笔分别与连接器 1 与 3 端子相连接，接通点火开关时，电压应为 4.5V 以上。若电压为零，说明线束存在断、短路，或 ECU 有故障。当断开点火开关后，应继续检查导线是否存在断路或短路。

❷ 检测导线电阻。用万用表的电阻挡检查传感器的 1 端子与 ECU 的 62 端子、传感器的 2 端子与 ECU 的 76 端子、传感器的 3 端子与 ECU 的 67 端子的电阻值，各导线间电阻值应不大于 1.5Ω。若电阻过大或为无穷大，则说明线束接触不良或导线断路，应进行维修或更换线束。

再用万用表电阻挡继续检查传感器连接器端子 1 与 2 和 3 端子间电阻，或检查 ECU 的 62 端子与 76 和 67 端子间电阻，测得的电阻均应为无穷大。若阻值不是无穷大，则说明导线存在短路，应进行更换。

2. 触发轮齿型霍尔式凸轮轴位置传感器

（1）**结构**　触发轮齿型霍尔式凸轮轴位置传感器由双轨信号转子轮和霍尔传感器组成，如图 2-4-8 所示。

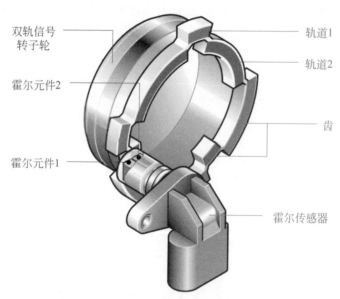

图 2-4-8　触发轮齿型霍尔式凸轮轴位置传感器结构

信号转子轮有两条并排轨道，并存在一定的距离。信号转子轮上的轨道 1 和轨道 2 交错分布着齿。霍尔传感器内有两个并排霍尔元件，分别是霍尔元件 1 和霍尔元件 2，被称为差分霍尔传感器。轨道 1 与霍尔元件 1 对应产生一组信号，同样，轨道 2 与霍尔元件 2 对应产生另一组信号。

（2）**工作原理**　双轨信号转子轮安装在进气凸轮轴的一端，随进气凸轮轴一起转动。发动机工作过程中，当双轨信号转子轮轨道 1 的齿转到霍尔元件 1 时，霍尔元件 1

产生一个高电平信号，霍尔元件 2 产生一个低电平信号，如图 2-4-9（a）所示。同理，当双轨信号转子轮轨道 2 的齿转到霍尔元件 2 时，霍尔元件 2 产生一个高电平信号，霍尔元件 1 产生一个低电平信号，如图 2-4-9（b）所示。因此霍尔传感器的两个霍尔元件总是产生不同的信号。ECU 通过比较两个信号，能够识别凸轮轴的位置及 1 缸活塞位置。

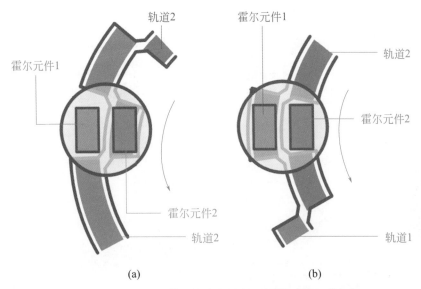

(a)　　　　　　　　　　　(b)

图 2-4-9　触发轮齿型霍尔式凸轮轴位置传感器工作原理

（3）连接电路　触发轮齿型霍尔式凸轮轴位置传感器与 ECU 连接电路见图 2-4-10。

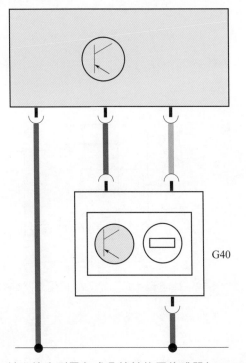

G40

图 2-4-10　触发轮齿型霍尔式凸轮轴位置传感器与 ECU 连接电路

扫码看视频

（4）检测 触发轮齿型霍尔式凸轮轴位置传感器的检测与触发叶片型霍尔式凸轮轴位置传感器的检测一样，这里就不再赘述。

四、磁阻元件式凸轮轴位置传感器

磁阻效应是指半导体材料的电阻值随与电流相同或垂直方向的磁场强弱而变化的现象。在一个长方形半导体元件的两端面通电，在无磁场时，电流电极间的电阻值取最小电流分布。当长方形元件处于磁场中时，由于两电极间的电流路径因磁场作用而加长，从而使电极间的电阻值增加。利用磁阻效应，可实现磁和电→电阻的转换。对于非铁磁性物质，外加磁场通常使电阻率增加，即产生正的磁阻效应，见图2-4-11。

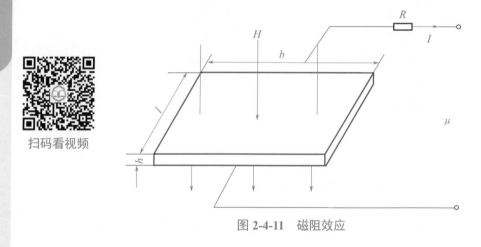

图 2-4-11 磁阻效应

1. 结构

磁阻元件式凸轮轴位置传感器由信号发生器、磁铁和用树脂封装的信号处理电路的集成电路模块组成（图2-4-12）。

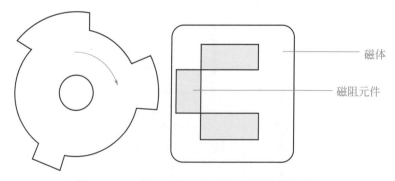

磁体

磁阻元件

图 2-4-12 磁阻元件式凸轮轴位置传感器结构

2. 工作原理

当传感器的磁头正对转子凹槽时，磁力线向两侧的叶片分布构成闭合磁路，此时磁阻元件电阻较小，通过磁阻元件的磁力线较少，磁场强度较弱，且磁力线与磁阻元件成一定角度，如图 2-4-13（a）所示，此时磁阻元件输出 5V 高电平信号；当磁阻传感器的磁头正对转子叶片时，磁力线通过正对的叶片构成闭合磁路，此时磁阻元件电阻较大，通过磁阻元件的磁力线较多，磁场强度较强，且磁力线与磁阻元件垂直，如图 2-4-13（b）所示，此时磁阻元件输出 0V 低电平信号。

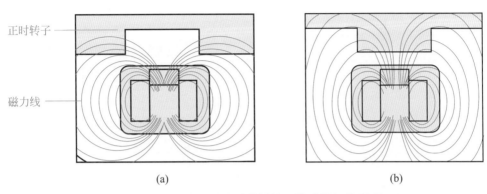

图 2-4-13　磁阻元件式凸轮轴位置传感器工作原理

随着转子的旋转，叶片的凸起与凹槽交替变化，引起通过磁阻元件的磁力线的强弱和角度发生改变。由于磁阻效应的作用，磁阻元件的电阻也发生变化，通过磁阻元件的电流也随之改变。这种电流的变化由信号放大电路、滤波电路和整形电路转换成二进制数字信号，并传给发动机 ECU。发动机 ECU 根据此信号判别进、排气凸轮轴位置。

3. 连接电路

丰田轿车上的磁阻元件式凸轮轴位置传感器与 ECU 的连接电路如图 2-4-14 所示。

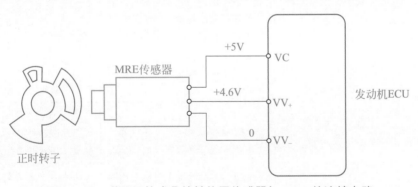

图 2-4-14　磁阻元件式凸轮轴位置传感器与 ECU 的连接电路

4. 检测

这里以丰田新皇冠车的磁阻元件式凸轮轴位置传感器检测为例介绍其检测方法。

（1）**工作电压的检测**　关闭点火开关，断开凸轮轴位置传感器，旋转点火开关至"ON"位置，用万用表检查 VC 端子与 VV_ 之间的电压，应为 5V。若没有 5V 电压，应分别检查 VC、VV_ 与 ECU 间线路的连接情况，若线路正常，则发动机 ECU 有故障。

（2）**参考电压的检测** 关闭点火开关，断开凸轮轴位置传感器，旋转点火开关至"ON"位置，用万用表检查 VV_+ 端子与 VV_- 之间的电压，应为4.6V。若没有4.6V电压，应检查 VV_+ 与 ECU 间线路的连接情况，若线路正常，则发动机 ECU 有故障。

（3）**波形检测** 在线路正常连接的情况下，使发动机运转，用示波器检测输出信号，其标准波形如图2-4-15所示。

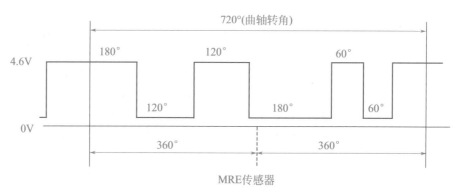

图2-4-15 磁阻元件式凸轮轴位置传感器输出标准波形

五、故障分析

凸轮轴位置传感器故障分析见表2-4-1。

表2-4-1 凸轮轴位置传感器故障分析

故障代码	检测项目	故障部位	故障方案
P0010	凸轮轴位置"A"执行器电路（B1）	1. 进气侧凸轮轴正时机油控制阀电路断路或短路	检查相关线路，对故障线路进行修复，如不能修复则更换线束
		2. 进气侧凸轮轴正时机油控制阀总成	更换进气侧凸轮轴正时机油控制阀总成
		3.ECM	检查 ECM 及相关的线路，如 ECM 故障则更换总成；如线路故障则修复或更换线束
P0011	凸轮轴位置"A"-正时过于提前或系统性能（B1）	1. 进气侧凸轮轴正时机油控制阀总成	更换进气侧凸轮轴正时机油控制阀总成
		2. 机油控制阀滤清器	更换机油控制阀滤清器
		3. 凸轮轴正时齿轮总成	更换凸轮轴正时齿轮总成
		4.ECM	检查 ECM 及相关的线路，如 ECM 故障则更换总成；如线路故障则修复或更换线束
		5. 气门正时	重新校对发动机正时链正时

故障代码	检测项目	故障部位	故障方案
P0012	凸轮轴位置"A"-正时过于滞后（B1）	1.进气侧凸轮轴正时机油控制阀总成	更换进气侧凸轮轴正时机油控制阀总成
		2.机油控制阀滤清器	更换机油控制阀滤清器
		3.凸轮轴正时齿轮总成	更换凸轮轴正时齿轮总成
		4.ECM	检查 ECM 及相关的线路，如 ECM 故障则更换总成；如线路故障则修复或更换线束
		5.气门正时	重新校对发动机正时链正时
P0013	凸轮轴位置"B"执行器电路（B1）	1.排气侧凸轮轴正时机油控制阀电路断路或短路	检查相关线路，对故障线路进行修复，如不能修复则更换线束
		2.排气侧凸轮轴正时机油控制阀总成	更换排气侧凸轮轴正时机油控制阀总成
		3.ECM	检查 ECM 及相关的线路，如 ECM 故障则更换总成；如线路故障则修复或更换线束
P0014	凸轮轴位置"B"-正时过于提前或系统性能（B1）	1.排气侧凸轮轴正时机油控制阀总成	更换排气侧凸轮轴正时机油控制阀总成
		2.机油控制阀滤清器	更换机油控制阀滤清器
		3.排气凸轮轴正时齿轮总成	更换排气凸轮轴正时齿轮总成
		4.ECM	检查 ECM 及相关的线路，如 ECM 故障则更换总成；如线路故障则修复或更换线束
		5.气门正时	重新校对发动机正时链正时
P0015	凸轮轴位置"A"-正时过于滞后（B1）	1.排气侧凸轮轴正时机油控制阀总成	更换排气侧凸轮轴正时机油控制阀总成
		2.机油控制阀滤清器	更换机油控制阀滤清器
		3.排气凸轮轴正时齿轮总成	更换排气凸轮轴正时齿轮总成
		4.ECM	检查 ECM 及相关的线路，如 ECM 故障则更换总成；如线路故障则修复或更换线束
		5.气门正时	重新校对发动机正时链正时

第二章 位置（行程和角度）传感器

99

故障代码	检测项目	故障部位	故障方案
P0016	曲轴位置-凸轮轴位置相关性（B1SA）	1. 机械系统（正时链条跳齿或链条拉长）	正时链条跳齿：重新对齐正时，检查产生跳齿的原因 链条拉长：更换正时链条
		2. 凸轮轴正时机油控制阀（进气凸轮轴）	更换凸轮轴正时机油控制阀（进气凸轮轴）
		3. 机油控制阀滤清器	更换机油控制阀滤清器
		4. 凸轮轴正时齿轮总成（进气凸轮轴）	更换凸轮轴正时齿轮总成（进气凸轮轴）
		5.ECM	检查ECM及相关的线路，如ECM故障则更换总成；如线路故障则修复或更换线束
P0017	曲轴位置-凸轮轴位置相关性（B1SB）	1. 机械系统（正时链条跳齿或链条拉长）	正时链条跳齿：重新对齐正时，检查产生跳齿的原因 链条拉长：更换正时链条
		2. 凸轮轴正时机油控制阀（排气凸轮轴）	更换凸轮轴正时机油控制阀（排气凸轮轴）
		3. 机油控制阀滤清器	更换机油控制阀滤清器
		4. 凸轮轴正时齿轮总成（排气凸轮轴）	更换凸轮轴正时齿轮总成（排气凸轮轴）
		5.ECM	检查ECM及相关的线路，如ECM故障则更换总成；如线路故障则修复或更换线束

六、案例分析

扫码看视频

1. 车辆信息

车型：2011年大众帕萨特。
故障：车辆不能启动。
发动机：1.4L。
行驶里程：87312km。

2. 故障排除

（1）故障现象　车辆不能启动。

（2）读取故障码　使用诊断仪读取故障码为：凸轮轴位置传感器、传感器信号过大。

（3）大众帕萨特凸轮轴位置传感器电路图（图2-4-16）凸轮轴位置传感器（G40）1号插脚为供电线，2号插脚为信号线，3号插接为搭铁线。

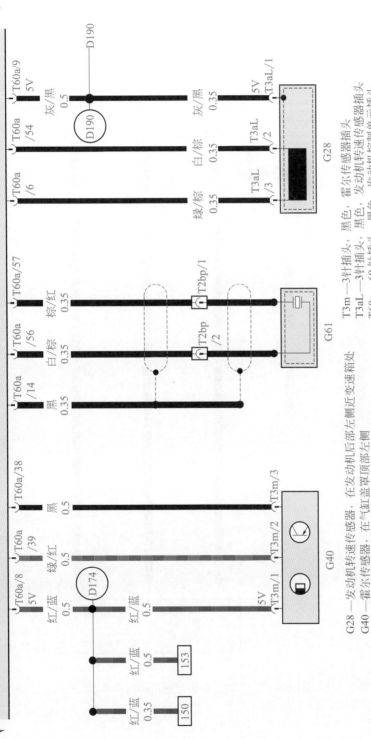

G28 —发动机转速传感器，在发动机后部左侧近变速箱处
G40 —霍尔传感器，在气缸盖罩顶部左侧
G61 —爆震传感器，在发动机后部气缸体中间
J623 —发动机控制单元，在发动机舱内蓄电池左侧
T2bp —2针插头，黑色，爆震传感器插头

T3m —3针插头、黑色，霍尔传感器插头
T3aL —3针插头、黑色，发动机转速传感器插头
T60a —60针插头、黑色，发动机控制单元插头
Ⓓ174 —连接线(5V)，在发动机预接线导线束中
Ⓓ190 —连接线(5V)，在发动机预接线导线束中

图 2-4-16 大众帕萨特凸轮轴位置传感器电路图

（4）故障诊断

❶ 检测凸轮轴位置传感器供电。红表笔连接发动机控制单元插接器 8 号脚，黑表笔连接车辆搭铁（图 2-4-17）。

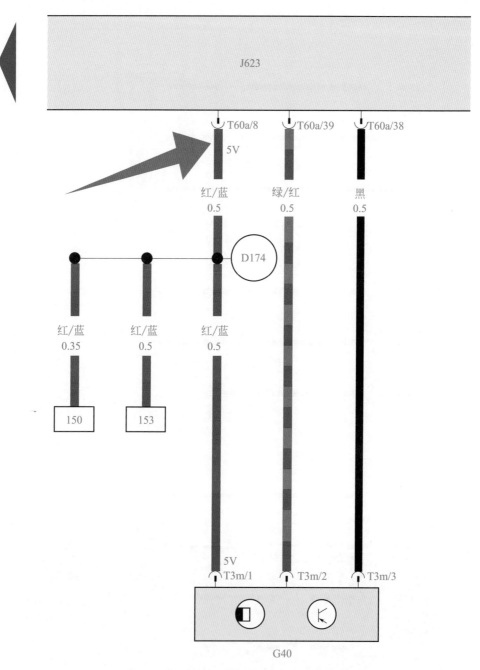

图 2-4-17　检测凸轮轴位置传感器供电

打开点火开关，测量值为 5V，正常值为 5V，测量结果为正常。

❷ 检测凸轮轴位置传感器信号电压。红表笔连接发动机控制单元插接器 39 号脚，黑表笔连接车辆搭铁（图 2-4-18）。

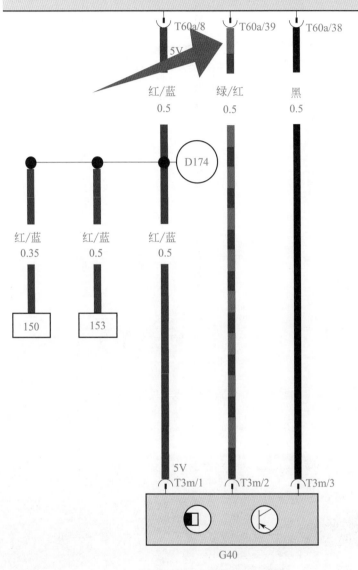

图 2-4-18 检测凸轮轴位置传感器信号电压

打开点火开关，测量值为 0V，正常值为 5V，测量结果为异常。

检查发现凸轮轴位置传感器信号电压为 0V，为异常。下一步检查线路的通断，线路没问题，则更换凸轮轴位置传感器试车。

❸ 检查凸轮轴位置传感器电源线的通断。拔下凸轮轴位置传感器线束插接器。

将测量引线连接至凸轮轴位置传感器线束插接器 1 号脚，红表笔连接 V.A.G1598/42 测量盒 8 号脚（发动机控制单元插接器 8 号脚），黑色表笔连接至测量引线（图 2-4-19）。

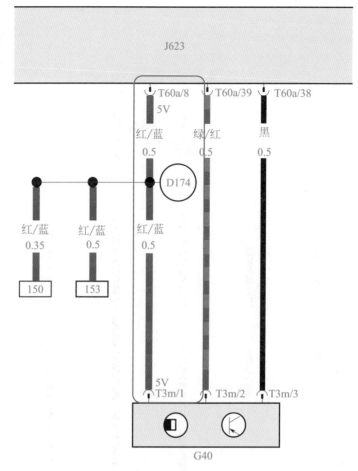

图 2-4-19　凸轮轴位置传感器电路图（一）

测量值为 0.6Ω，正常值应小于 1Ω（图 2-4-20）。

正常值应小于1Ω

图 2-4-20　检查凸轮轴位置传感器电源线的通断

❹ 检查凸轮轴位置传感器信号线的通断。将测量引线连接至凸轮轴位置传感器线束插接器 2 号脚，红表笔连接 V.A.G1598/42 测量盒 39 号脚（发动机控制单元插接器 39 号脚），黑色表笔连接至测量引线（图 2-4-21）。

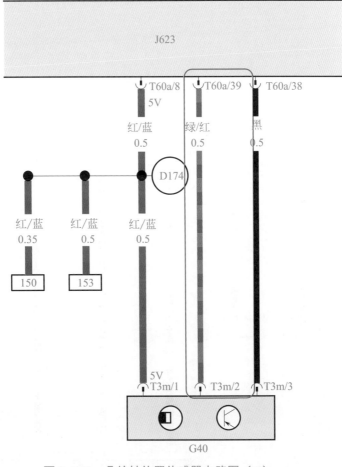

图 2-4-21 凸轮轴位置传感器电路图（二）

测量值为 0.9Ω，正常值应小于 1Ω（图 2-4-22）。

正常值应小于1Ω

图 2-4-22 检查凸轮轴位置传感器信号线的通断

❺ 检查凸轮轴位置传感器搭铁线的通断。将测量引线连接至凸轮轴位置传感器线束插接器 3 号脚，红表笔连接 V.A.G1598/42 测量盒 38 号脚（发动机控制单元插接器 38 号脚），黑色表笔连接至测量引线（图 2-4-23）。

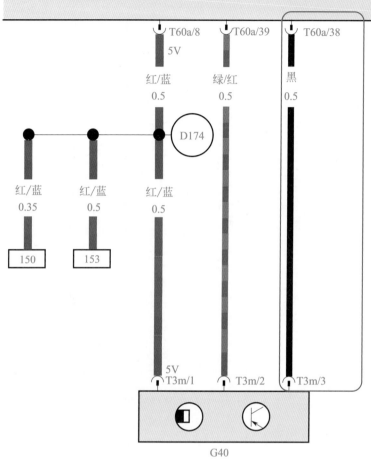

图 2-4-23 凸轮轴位置传感器电路图（三）

测量值为 0.9Ω，正常值应小于 1Ω（图 2-4-24）。

图 2-4-24 检查凸轮轴位置传感器搭铁线的通断

经检查，凸轮轴位置传感器电源电压、搭铁、线路不存在断路、短路，更换凸轮轴位置传感器试车，试车正常。删除故障码后交车。

（5）故障解决　更换凸轮轴位置传感器。

第五节　液（油）位传感器

一、概述

▶ 1. 作用

液位传感器是用来检测各种液体的高度位置，作为仪表指示、警告的输入信号。汽车上的液位传感器主要有发动机机油液位传感器、燃油油位传感器、制动液液位传感器、清洗液液位传感器等。

汽车上使用的液位传感器分模拟输出型和开关输出型两类。模拟输出型液位传感器主要用于检测燃油箱内油量并在仪表上指示，有浮子式、电热式、电容式液位传感器；开关输出型液位传感器用于测量制动液液位、清洗液液位、冷却液液位，在液位减少到一定值时，产生开关接通、闭合转换，用于仪表报警，这种传感器有热敏电阻式、浮子式和舌簧开关式三种。

▶ 2. 安装位置

液位传感器（图 2-5-1）安装于燃油箱（燃油液位传感器）、制动液罐（制动液液位传感器）、洗涤器（洗涤液液位传感器）、散热器储液罐（冷却液液位传感器）、油底壳（机油液位传感器）等处，以测量各种液体的储存量。

图 2-5-1　制动液液位传感器

二、浮子舌簧开关式液位传感器

1. 结构

浮子舌簧开关式液位传感器由树脂圆管制成的轴和可沿其上下移动的环状浮子组成，如图 2-5-2 所示。在管状轴内装有舌簧开关（强磁性材料制成的触点），浮子内嵌有永磁铁。舌簧开关内部是一对很薄的触点，随浮子位置不同，触点闭合或断开，可以判定液量多于规定值还是少于规定值。

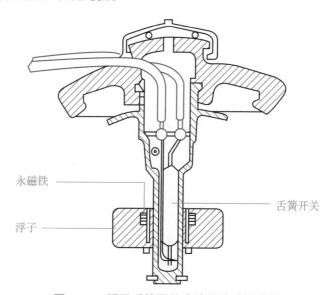

图 2-5-2　浮子舌簧开关式液位传感器结构

2. 工作原理

浮子舌簧开关式液位传感器电路及工作原理见图 2-5-3。

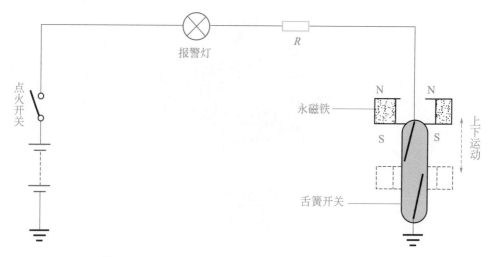

图 2-5-3　浮子舌簧开关式液位传感器电路及工作原理

当液位达到规定值时，浮子上升到规定值，没有磁力线穿过舌簧开关内的磁体，在舌簧本身的弹力作用下，舌簧开关的两触点打开，电路断开，报警灯熄灭。同时报警灯不亮表示液位在正常位置，符合要求。液位传感器舌簧开关的工作原理如图2-5-4所示。

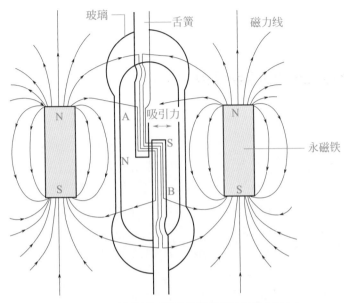

图 2-5-4　液位传感器舌簧开关的工作原理

3. 连接电路

浮子舌簧开关式液位传感器用于检测制动液液位时的报警系统电路如图 2-5-5 所示。

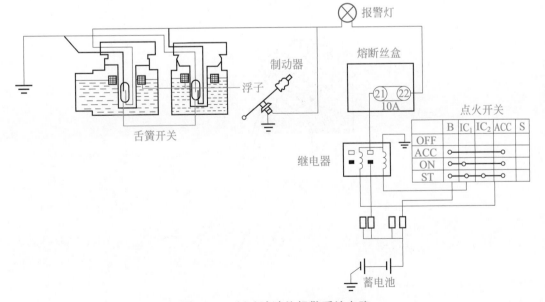

图 2-5-5　制动液液位报警系统电路

4.检测

浮子舌簧开关式液位传感器的常见故障是浮子损坏、舌簧开关弹性丧失不能工作。一般用万用表测量传感器的两接线端子电阻，当浮子上下移动时，确认开关是否随之通断变化。当浮子向下移动时，两端子电阻应为0Ω，说明导通；当浮子向上移动时，两端子电阻应为∞，说明不导通。若不符合这两点要求，则说明该液位传感器已损坏，应当更换。

三、浮子可变电阻式液位传感器

1.结构

浮子可变电阻式液位传感器由浮子、内装滑动电阻的电位器以及连接浮子和电位器的浮子臂组成，其结构如图2-5-6所示。这种液位传感器的浮子可以随液位上、下移动，通过浮子的移动带动与其相连的浮子臂在滑动电阻上滑动，从而改变搭铁与浮子间的电阻值，即改变回路的电阻值，控制回路中的电流大小，在仪表上显示液位高低。

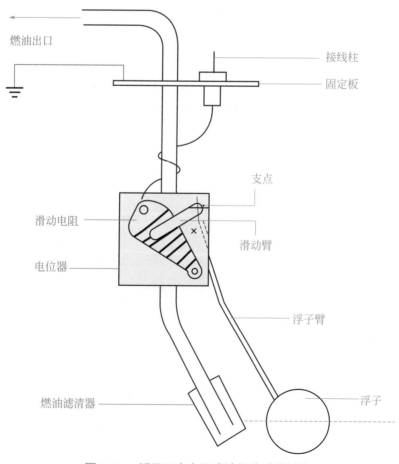

图 2-5-6　浮子可变电阻式液位传感器结构

2. 工作原理

这里以汽车汽油油量表所使用的浮子可变电阻式液位传感器为例介绍浮子可变电阻式液位传感器的工作原理，如图 2-5-7 所示。仪表与浮子可变电阻式液位传感器串联，当油箱满时，浮子升到最高位置，滑动臂滑向低电阻方向，此时通过回路中的电流增大，使双金属片弯曲增大，指针指向 F 侧；当油箱内油量较少时，浮子降到较低的位置，滑动臂滑向高电阻方向，汽油表电路中的电流减小，仪表内双金属片稍有弯曲，指针指向 E 侧。

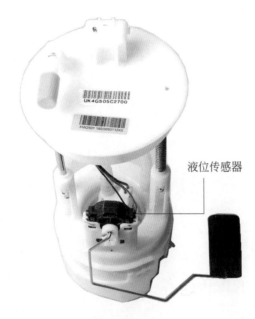

(a) 位置图

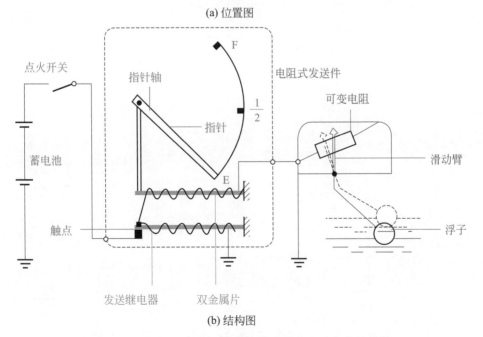

(b) 结构图

图 2-5-7　浮子可变电阻式液位传感器在汽油表中的应用

3. 检测

浮子可变电阻式液位传感器的检测方法如图 2-5-8 所示。用万用表测量浮子在不同位置时，传感器连接器插头 1、3 端子间的电阻。当 E 处电阻值大于 F 处电阻值，且从 E 到 F 的变化过程中电阻值连续变化时，说明传感器性能良好。

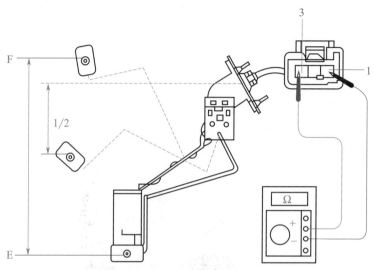

图 2-5-8　浮子可变电阻式液位传感器的检测

四、热敏电阻式液位传感器

1. 结构

热敏电阻式液位传感器用负温度系数的热敏电阻制成，它一般用在燃油报警系统中，如图 2-5-9 所示。

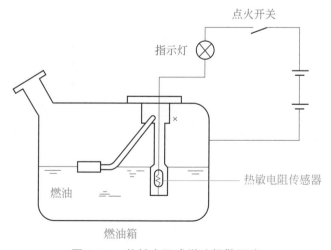

图 2-5-9　热敏电阻式燃油报警回路

2. 工作原理

当点火开关在"NO"位置时，回路接通，热敏电阻上有电流通过，在电流的作用下，热敏电阻本身会发热。当燃油液面较高时，因为热敏电阻置于汽油中，热敏电阻被燃油冷却，所以热敏电阻的温度不会升高；反之，当汽油量减少时，热敏电阻会慢慢暴露在空气中，其热量难以散发，所以热敏电阻的阻值会降低（它是负温度系数的热敏电阻）。当热敏电阻的阻值下降到一定值时，线路中流过的电流增大到可以使继电器触点闭合，从而使低油面报警灯发亮报警。

驾驶员根据指示灯的亮、灭可以知道燃油量的多少。

3. 检测

（1）测量电阻 从上至下改变浮筒位置，检测燃油端子与搭铁端子间的电阻，其电阻值应符合标准规定值（见表2-5-1）。

表 2-5-1 标准规定值

浮筒的位置 /mm		电阻值 /Ω
F	29.05±3	3±2.1
1/2	80.55±3	32.5±4.8
E	136.05±3	110±7.7

（2）检查报警灯 从燃油表上拔下连接插头，打开点火开关，把报警灯一端搭铁，这时指示灯应点亮。

（3）检查报警开关 取出燃油油量表的外壳，然后在报警端与搭铁端连接一个12V、3W的小灯泡作报警灯，当接上蓄电池时，如图2-5-10（a）所示，报警灯应点亮。当将液位传感器放入水中时，如图2-5-10（b）所示，报警灯应该熄灭。

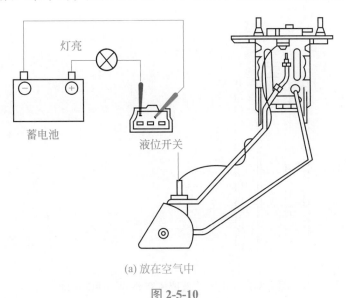

(a) 放在空气中

图 2-5-10

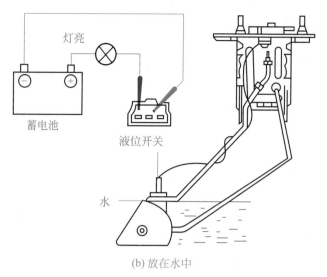

(b) 放在水中

图 2-5-10　热敏电阻式燃油液位传感器的检测

五、　电容式液位传感器

电容式液位传感器常用作燃油、机油和冷却液液位的测量。将电容式传感器放入燃油或冷却液中，随着燃油或冷却液液面高度 h 发生变化，电容电极间的电介质的不同引起了电容的变化，电容的变化引起了振荡周期的变化，通过计算振动频率，就能获知液面状态，如图 2-5-11 所示。

机油状态传感器是随时监控机油液位、机油品质、机油温度的传感器。下面以大众机油状态传感器为例，说明其构造和检测方法。

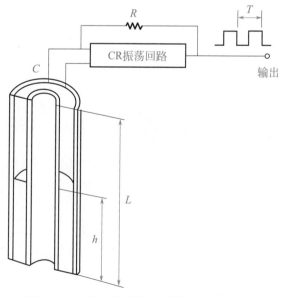

图 2-5-11　电容式液位传感器的构造示意图

1. 结构

机油状态传感器 G1，安装于发动机油底壳上，该传感器由两个重叠安装的筒形电容器组成，如图 2-5-12 所示。

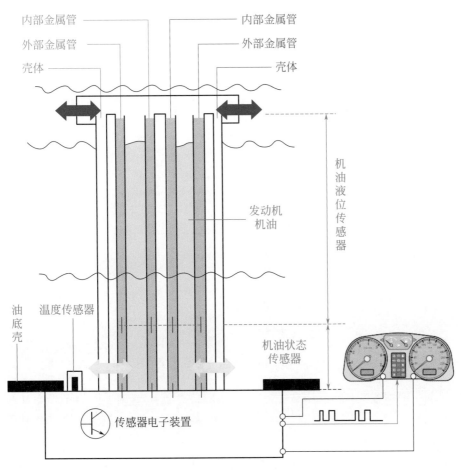

图 2-5-12　构造原理示意图

2. 工作原理

两根金属管作为电容器电极嵌套安装在电极之间，发动机机油作为电介质。机油状态通过下面的传感器测得，作为电介质的机油因磨损碎屑不断增加以及添加剂的分解而使介电常数发生变化，相应的电容值将在传感器内的电子装置中被处理成数字信号，并作为发动机机油状态信息被传送给仪表控制单元。机油液位传感器在状态传感器的上部，它测量机油液位这一部分的电容值，该电容值会随着机油液位的变化而发生变化，并由传感器电子装置处理成数字信号再传送到仪表控制单元。在机油状态传感器的底座上装有一个铂温度传感器，该传感器检测机油温度，并将检测到的温度信号传送到仪表控制单元，再输出到机油温度表显示。

只要在输出信号端连续测量，即可测得机油液位、温度和发动机机油状态信号的变化。

3. 检测

机油状态传感器 G_1 是一个三线式数字信号传感器，电路连接如图 2-5-13 所示。

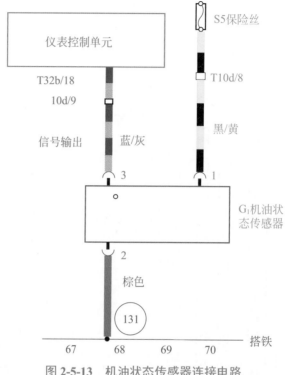

图 2-5-13　机油状态传感器连接电路

（1）**检测供给电源电压**　用数字式万用表对传感器 1 号端子进行工作电压检测。用数字万用表直流 20V 挡检测机油状态传感器 1 号端子，点火开关打开时，其电源端电压应是蓄电池电压。

（2）**检测搭铁线**　检测 2 号线与搭铁间电阻，正常值应为 0Ω，否则说明搭铁不正常。

（3）**检测信号线参考电压**　检测 3 号线信号电压应在 9.8 ～ 10.5V 范围内。在怠速时测量电压值应基本不变化。

（4）**查询故障码**　使用诊断仪可以查询故障代码，若机油液位传感器本身或线路出现问题，会出现故障代码 00562。

（5）**波形检测**　运用示波器对机油状态传感器输出端的信号进行波形分析，可以进一步确定该传感器信号特征。该信号是一个脉冲矩形方波信号。机油状态传感器波形如图 2-5-14 所示。

图 2-5-14　机油状态传感器波形

六、半导体型液位传感器

1. 连接电路

别克 G/GL/GS 系列轿车的传感器使用半导体型发动机冷却液液位传感器，其电路连接如图 2-5-15 所示。

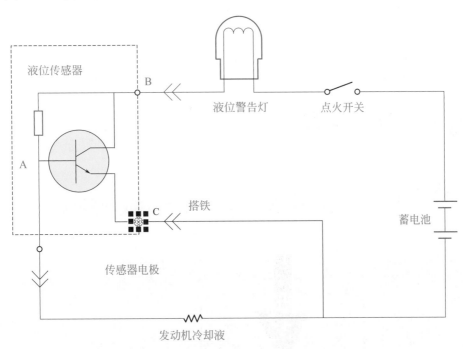

图 2-5-15　别克 G/GL/GS 系列轿车的半导体型发动机冷却液液位传感器

2. 工作原理

别克 G/GL/GS 系列轿车使用半导体型发动机冷却液液位传感器的电路工作原理见图 2-5-15。

当点火钥匙在 "RUN" 位置时，液位传感器的 B 端有蓄电池电压供给，传感器电极浸入发动机冷却液中，而发动机冷却液作为电介质被传感器电路视为电阻。发动机冷却液液位传感器的内部电路类似于三极管的工作原理，液位传感器的 B 端 "+" 电压不仅是发动机冷却液液位警告灯电路的一部分，同时也是液位传感器的内部电路的工作电压，C 端为搭铁端。

当发动机冷却液液位正常时，发动机冷却液导电能力相对较强，电阻较小，根据分压原理，基极电位（A 点电位）较低，三极管截止，液位传感器的内部电路将使 C 端处于开路状态，则液位警告灯不亮。反之，当发动机冷却液液位较低时，发动机冷却液电阻较大，根据分压原理，A 点电位较高，三极管导通，液位传感器的内部电路使液位传感器的 B 端和 C 端导通，则液位警告灯点亮。

汽车传感器从入门到精通

3. 检测

（1）**测量电压**　检测时，关闭点火开关，断开液位传感器接头，打开点火开关，首先检测 B 端是否有蓄电池电压，检查 C 端搭铁是否正常。如果不正常，应检查线路。

（2）**测量电阻**　检查发动机冷却液液位传感器 C 端与 A 端的线路是否有短路现象。用万用表电阻挡测量传感器的 B、C 端之间的电阻。在液位正常的情况下，传感器本体的 B、C 间不应导通，电阻为无穷大；拔出液位传感器，则 B、C 间应导通，电阻为零。检测时应注意表笔的正负极不要接反。

（3）**检查线路**　在发动机冷却液液位正常的情况下，发动机液位警告灯依旧点亮，此时应检查液位警告灯至液位传感器 B 端的线路是否有短路现象。

七、电极式液位传感器

1. 结构

电极式液位传感器主要由装在蓄电池盖板上作为电极的铅棒构成，如图 2-5-16 所示。

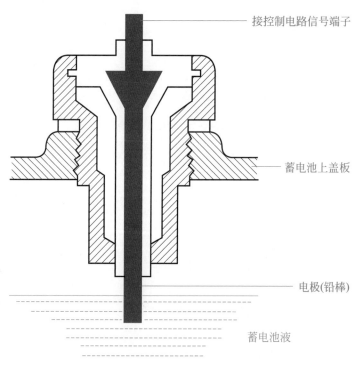

图 2-5-16　电极式液位传感器的构造

2. 工作原理

当把传感器的电极置于蓄电池电槽中时，其在该电槽中具有与蓄电池阴极板相同的

118

作用，该电极也将产生电动势。若使其电极长度与用液规定液面位置下限处吻合，则实际液面高于该位置时，铅棒起电极作用，它浸在蓄电池液中，作为正电极的铅棒与蓄电池负极将产生电压和电动势；低于该位置则不产生电动势。因此电极式液面高度传感器在蓄电池液位正常时可产生电压信号，异常时不产生电压信号。

当蓄电池液位正常，符合规定要求时，如图 2-5-17 所示，传感器即铅棒浸入蓄电池液中产生电动势，晶体管 VT_1 处于导通状态。蓄电池电流按图中箭头方向从正极经过点火开关、晶体管 VT_1 流向蓄电池负极。由于 A 点电位接近于零，晶体管 VT_2 处于截断状态，报警灯不亮。

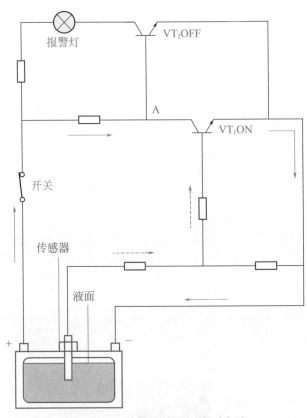

图 2-5-17　蓄电池液面正常时电路

当蓄电池液不足时，由于此时传感器未浸入蓄电池液中，不能产生电动势，晶体管 VT_1，处于 OFF 状态。同时，又由于 A 点电位升高，VT_2 得到正偏压而导通电流按箭头方向流过晶体管 VT_2 基极，从而使 VT_2 处于 ON 状态，报警灯亮，警告驾驶者蓄电池液不足，如图 2-5-18 所示。

3. 检测

电极式液位传感器是利用电极产生电动势来对液面进行监控，因此，若蓄电池液面报警灯点亮，首先检查蓄电池液面，若液面正常，可以用下述方法对传感器进行检测：拔掉传感器单线插头，将通向控制电路的线束侧接头与蓄电池正极直接相连，如果蓄电池液面报警灯熄灭，说明传感器故障。

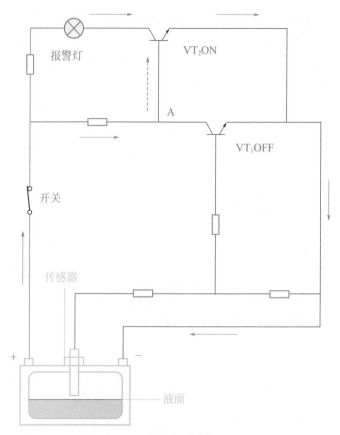

图 2-5-18　蓄电池液不足时电路

 第六节　转向盘转角传感器

 概述

扫码看视频

1. 转向盘转角传感器作用

转向盘转角传感器主要用于车辆稳定控制系统、电子助力转向系统和电子悬挂系统中，用于检测转向盘的中间位置、转动方向、转动角度和转动速度等转向信息，从而使相关控制单元实施不同的控制策略。

2. 转向盘转角传感器安装位置

早期的转向盘转角传感器主要安装在转向轴管上来检测转向轴的旋转角度，现在的转向盘转角传感器一般与时钟弹簧集成安装。转向盘转角传感器有光电式、滑动电阻式、磁感应式、霍尔式、各向异性磁阻式，应用最广泛的是光电式转向盘转角传感器。

二、 光电式转向盘转角传感器

1. 结构

光电式转向盘转角传感器的角度的测量是通过光栅原理来实现的。它由光源、编码盘、光学传感器和计数器组成，结构如图 2-6-1 所示。编码盘由两个环构成，一个是绝对环，一个是增量环。每个环由两个传感器进行扫描。

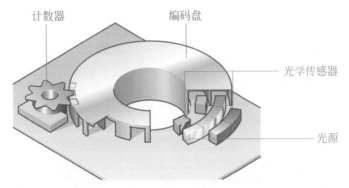

图 2-6-1　光电式转向盘转角传感器结构

2. 安装位置

光电式转向盘转角传感器一般安装在转向轴管上，如图 2-6-2 所示。

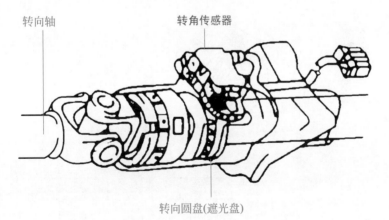

图 2-6-2　光电式转向盘转角传感器的安装位置

3. 应用

光电式转向盘转角传感器应用在汽车的电子控制悬架系统中，如图 2-6-3 所示。转向圆盘（遮光盘）安装在转向轴上，圆盘的圆周上均匀地开有很多小槽，圆盘随着转向主轴的旋转而旋转。加在圆盘两侧的是两组光电元件（发光二极管和光敏三极管），光电元件套在转向柱管上。

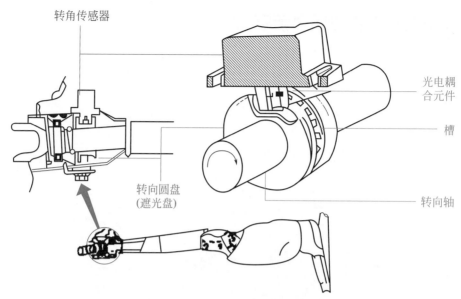

图 2-6-3　光电式转向盘转角传感器的应用

▶ 4. 工作原理

光电式转向盘转角传感器的工作原理如图 2-6-4 所示。

扫码看视频

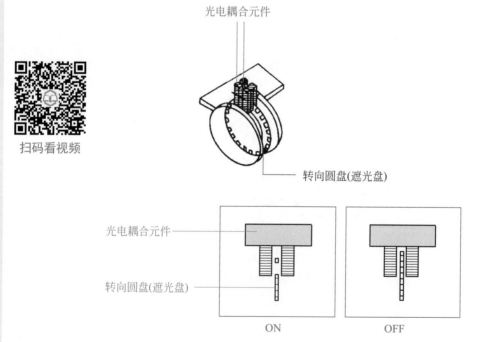

图 2-6-4　光电式转向盘转角传感器的工作原理

光电式转角传感器的工作原理是利用带有槽的转向圆盘的转动，使圆盘一侧的发光二极管发出的光线透过圆盘的小槽或被圆盘挡住，从而使圆盘另一侧的光敏三极管导通与截止，进而使电路导通与截止，产生 ON 或 OFF 电压信号。转角传感器根据光敏三极管的导通、截止速度，检测出转向器的速度，根据检测到的脉冲信号的相位差来判断转向盘的转动方向。其电路图见图 2-6-5。

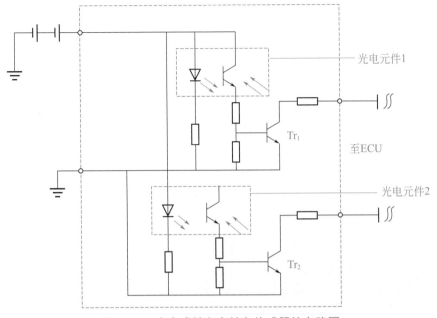

图 2-6-5　光电式转向盘转角传感器的电路图

在设计时使两个光电耦合元件（晶体管 Tr_1 和 Tr_2）之间的导通与截止的相位差定位在 90°，根据先导通的脉冲信号（波形下降）可以检测出转向器的旋转方向。如当汽车直线行驶时，信号 A 处于 OFF 状态（高电位）的中间位置。转向时，根据信号 A 下降沿处于信号 B 的状态，即可判断出转向的方向。信号 A 由 OFF 状态变为 ON 状态（低电位）时，如果信号 B 为 ON 状态，则为左转向；如果信号 B 为 OFF 状态，则为右转向（图 2-6-6）。

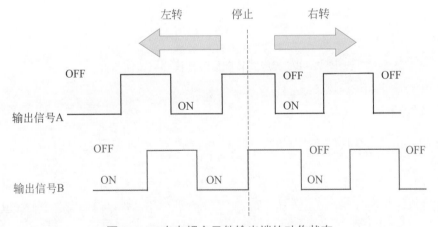

图 2-6-6　光电耦合元件输出端的动作状态

当光源被遮住，传感器输出电平为 "0"，如图 2-6-7（a）所示；当光透过缝隙照到传感器上，传感器输出电平为 "1"，如图 2-6-7（b）所示。

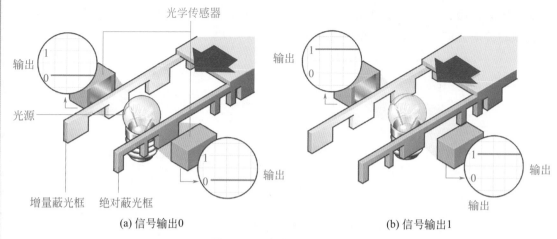

(a) 信号输出0　　　　　　　　　　　　　(b) 信号输出1

图 2-6-7　传感器信号输出

如果移动蔽光框，就会产生两个不同的电压，如图 2-6-8 所示。增量传感器传送一个均匀的信号，这是因为间隙是均匀分布的；绝对传感器传送一个不均匀信号，这是因为间隙是不均匀分布的。系统通过对比这两个信号，就可计算出蔽光框移动的距离，于是就确定了绝对部件运动的起始点。

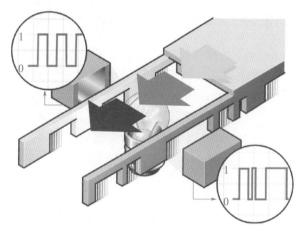

图 2-6-8　光电式转向盘转角传感器工作原理

5. 检测与诊断

在此以凌志 LS400 轿车用的光电式转角传感器为例介绍此类型传感器的检测与诊断方法：

（1）检测输出信号　打开点火开关，用跨接线 SST 连接诊断连接器上的 TS 与 E_1 端子，如图 2-6-9（a）所示，转动方向盘，若转角小于 45°，仪表板上的 NORM 灯亮，说明转向信号输出正常。

转角传感器信号是否输入悬架 ECU 的检查方法是：打开点火开关，慢慢转动方向盘，如图 2-6-9（b）所示，在转动的同时分别用万用表测量 ECU 的 SS_1、SS_2 端子与搭铁间的电压，应为 0 ～ 5V，否则说明转角传感器信号未输入悬架 ECU 或转角传感器信号出现故障。

（2）转向盘转角传感器输入信号故障的诊断与排除

❶ 诊断方法：拆下传感器连接器，打开点火开关，测量连接器 1 号端子和 2 号端子间的电压，如图 2-6-9（c）所示，正常值应为蓄电池电压，否则应检查悬架 ECU 的 IG 熔断丝是否良好，转角传感器与熔断丝盒之间的连线是否存在断、短路。

❷ 排除方法：拆下传感器连接器，在转角传感器 1 号、2 号端子间施加蓄电池电压，再慢慢转动方向盘时，用万用表测量传感器的 10 号、11 号与 2 号端子间的电阻，应符合标准值的大小，否则说明转角传感器有故障，应当更换。

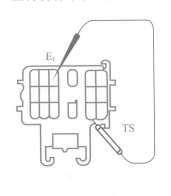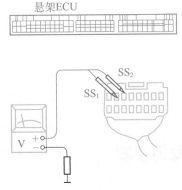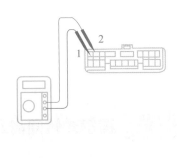

（a）诊断 TS 与 E_1 端子　　　　（b）测量 SS_1、SS_2 端子与搭铁间的电压　　　　（c）测量 1 号端子和 2 号端子间的电压

图 2-6-9　光电式转向盘转角传感器的检测

三、滑动电阻式转向盘转角传感器

　　滑动电阻式转向盘转角传感器与线性节气门位置传感器工作原理相同，在电阻器的两端供给 5V 直流电压，一个滑动接触点随着转向盘的转动在电阻器两端内运动，转向盘转动到两个端点位置时，滑动接触点刚好运动到电阻器两端。测量接触点和电阻器一端的电压即可求得转向盘的绝对转角位置。

　　还有的转向盘转角传感器采用双滑动电阻的两路输出电压信号，传感器由两个相差 90° 的精密电位滑环组成。除了用于判断转向盘的旋转方向外，这两路输出电压信号还可相互补充，实现出错诊断。

　　由于电阻分压式绝对值转角传感器是接触式传感器，因此在滑动触点和电阻器的相互运动过程中，二者会产生磨损，影响了传感器的使用寿命。

四、磁感应式转向盘转角传感器

　　磁感应式转向盘转角传感器由齿盘、永磁铁、两个感应线圈及信号处理电路等组成，如图 2-6-10 所示。

　　当齿盘随转向轴转动时，感应线圈就会产生交变的感应电动势，经信号处理电路放大、整流及整形后输出。控制器根据传感器输入的信号脉冲个数就可确定转向盘的转角。设置两个感应线圈的目的是为了控制器能够判断左右转向。

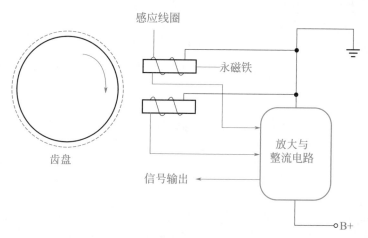

图 2-6-10　磁感应式转向盘转角传感器的组成与原理

五、霍尔式转向盘转角传感器

东风标致 307 使用了霍尔式转向盘转角传感器，霍尔式转向盘转角传感器是利用遮蔽转盘旋转时遮蔽或通过磁场，使霍尔元件产生或不产生霍尔电压的办法来计量转向角度的大小，其原理同使用遮蔽板的霍尔式曲轴位置传感器相似，其结构如图 2-6-11 所示。转向盘转角传感器插接器有四个端子：一个为 12V 供电端子，一个为搭铁端子，另两个端子分别是转向盘转动信号 S1 和 S2 的信号端子。

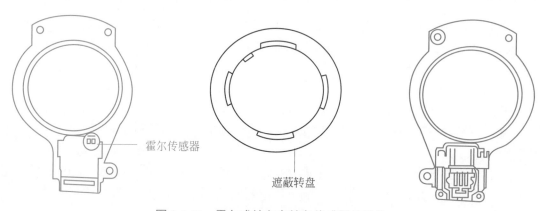

图 2-6-11　霍尔式转向盘转角传感器的结构

转向盘角度信息以两个方波信号（如图 2-6-12 所示）传给助力转向 GEP 控制单元，GEP 控制单元通过这两个信号确定转向盘转动的速度和方向。两个霍尔式传感器从相位上错开 90°±30°，能够确定转向盘的旋转方向。转向时，控制器可根据 S1 信号和 S2 信号的相对位置确定旋转方向，其检测方法也可参照光电式转向盘转角传感器来进行。

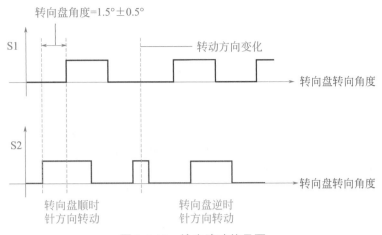

图 2-6-12　输出脉冲信号图

六、各向异性磁阻式转向盘转角传感器

磁性薄膜在平行于膜面的外磁场作用下达到饱和磁化时，薄膜的电阻率将随外磁场方向和电流方向的变化而变化，这种效应就是各向异性磁阻（Anisotropic Magneto Resistance，AMR）。

1.结构

别克荣御 ESP 系统中使用了各向异性磁阻式转向盘转角传感器（图 2-6-13），转向盘转角传感器位于转向盘下面。

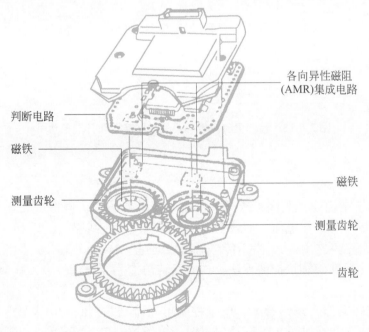

图 2-6-13　各向异性磁阻式转向盘转角传感器的构造

2. 工作原理

当驾驶员转动转向盘时，由键与转向盘连接的齿轮带动两个中心部分是磁铁的测敏齿轮转动。磁铁上方 AMR 传感器的电阻随着测量齿轮的转动而改变，电阻的变化反映了测量齿轮的位置，进而反映了转向盘角度的变化，即能产生一个可表示 ±760° 转向盘旋转角度的输出信号。传感器的模拟输出信号通过一个 A/D 转换器输入到微处理器中，结合两个测量齿轮转动后的位置可以求出总的转动角度。由于两个测量齿轮的齿数不同，它们的转动速度也不同，故产生不同相位的两个转角信号，电子控制单元利用这个信息计算出驾驶员所要求的方向。

这种传感器的一个特点是在发动机点火时刻就可以立即得到转向盘绝对转角位置，无需利用算法推断。传感器信号通过 CAN 总线输出。传感器框图如图 2-6-14 所示。

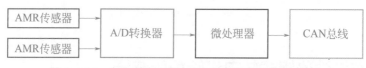

图 2-6-14　各向异性磁阻式转向盘转角传感器框图

3. 连接电路

别克荣御转向盘转角传感器的线路连接和各端子功用如图 2-6-15 所示。

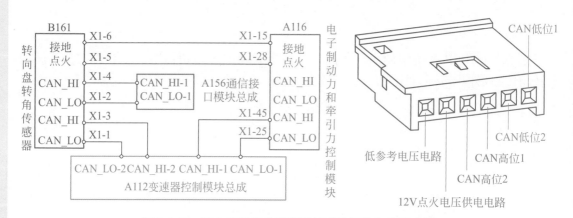

图 2-6-15　转向盘转角传感器的线路连接和各端子功用

4. 检测

（1）**检测供电电压**　关闭点火开关，脱开传感器插头，再将点火开关置于"ON"，使用万用表测量 5 与 6 端电压，应该为 12V，否则应检查线路。

（2）**解码器读取故障码**　由于传感器信号通过 CAN 总线输出，因此通过解码器的自诊断检测是比较准确和快捷的方法。转向盘转角传感器出现故障，则会显示故障代码 C0460。

（3）**校准转向盘转角传感器**　电子控制单元监测并判断转向盘转角传感器的输出信号，当车辆沿直线行驶了 15min 或以上时，电子控制单元将该行驶方向设定为正前方向。可使用 Tech2 进行转向盘转角传感器校准，初始化传感器的具体操作步骤是：

❶ 将转向盘置于车辆笔直向前的正中位置；

❷ 将 Tech2 连接到车辆上，并执行"Tech2 转向盘转角传感器校准程序"即可。

七、 故障分析

转向盘转角传感器故障分析见表 2-6-1。

表 2-6-1　转向盘转角传感器故障分析

故障代码	检测项目	故障部位	故障方案
C046000	转向盘转角传感器故障	转向盘转角传感器	更换转向盘转角传感器
		线路故障	检查相关线路，对故障线路进行修复或更换
		插接器虚接	处理虚接的插接器
C04604B	转向盘转角传感器校准未读入	转向盘转角传感器	更换转向盘转角传感器
		线路故障	检查相关线路，对故障线路进行修复或更换
		插接器虚接	处理虚接的插接器
C04605A	转向盘转角传感器信号不正确	转向盘转角传感器	更换转向盘转角传感器
		线路故障	检查相关线路，对故障线路进行修复或更换
		插接器虚接	处理虚接的插接器

第七节　加速踏板（油门）位置传感器

一、 概述

▶ 1. 加速踏板位置传感器的作用

加速踏板位置传感器，又称为油门位置传感器，简称 APPS（Accelerator Pedal Position Sensor）。它是随着智能电子节气门、柴油共轨系统而出现的一种新的位置检测装置。其功用是将驾驶员踩下油门的速度和移动量转换成电子信号输入发动机 ECU，ECU 根据此信号进行期望扭矩需求计算，结合其他运行条件，控制节气门伺服电机进行节气门开度的非线性调节。

➤ 2. 加速踏板位置传感器的安装位置

加速踏板位置传感器一般安装在加速踏板总成上，见图2-7-1。

常见的加速踏板位置传感器有三种，一种是电位器式加速踏板位置传感器，另一种是线性双霍尔式加速踏板位置传感器，第三种是电磁感应式加速踏板位置传感器。

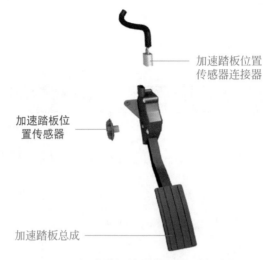

图 2-7-1　加速踏板位置传感器的安装位置

 三、电位器式加速踏板位置传感器

➤ 1. 结构

三菱V73发动机的加速踏板位置传感器为双电位器式加速踏板位置传感器，其结构如图2-7-2所示。

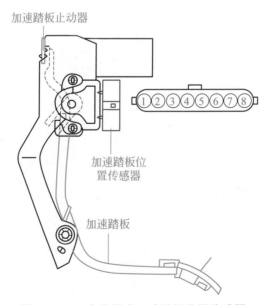

图 2-7-2　双电位器式加速踏板位置传感器

2. 连接电路

加速踏板位置传感器与 ECU 的连接电路如图 2-7-3 所示。

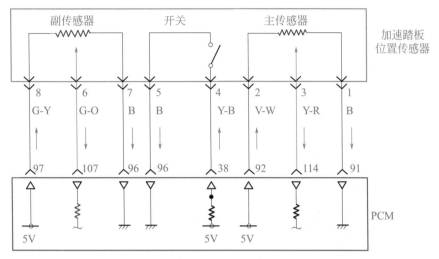

图 2-7-3　加速踏板位置传感器与 ECU 的连接电路

3. 检测

（1）**测量电压**　关闭点火开关，断开加速踏板位置传感器，打开点火开关，用万用表电压挡检测线束侧 2 与搭铁间电压、8 与搭铁间电压，应在 4.9 ～ 5.1V 范围内，4 与搭铁间电压应在 4V 以上。

（2）**测量电阻**　关闭点火开关，断开加速踏板位置传感器，用万用表电阻挡测量元件侧，端子间电阻值应符合表 2-7-1 规定。

表 2-7-1　标准电阻（一）

端子	电阻	
1-2	3.5 ～ 6.5kΩ	
7-8		
2-3	将加速踏板由怠速位置直至完全压下，其电阻值应随加速踏板的下压而平稳光滑地变化	
6-8		
5- 搭铁	2Ω 以下	
4-5	放松加速踏板	0
	压下加速踏板	∞

（3）**输出信号初始值检测**　关闭点火开关，连接加速踏板位置传感器，打开点火开关，用万用表电压挡检测线束侧 3 与搭铁、6 与搭铁间电压，其值应在 0.905 ～ 1.165V 之间。

三、双霍尔式加速踏板位置传感器

1. 结构

丰田 2010 年款凯美瑞（混合动力版）使用的双霍尔式加速踏板位置传感器如图 2-7-4 所示。

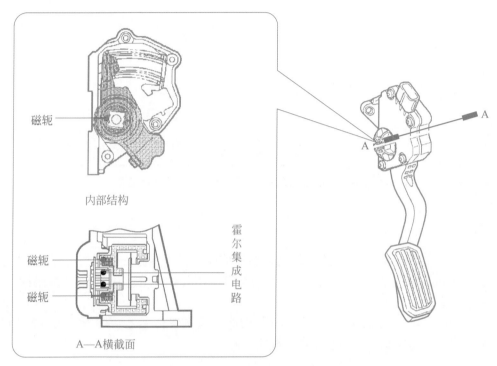

图 2-7-4　双霍尔式加速踏板位置传感器

2. 工作原理

双霍尔式加速踏板位置传感器与前述双霍尔式节气门位置传感器工作原理相同。

双霍尔式加速踏板位置传感器单元有两个传感器。一个用于检测加速踏板位置，另一个用作确认，以允许传感器检测自身的故障。从加速踏板位置传感器将电压输出至混合动力车辆控制 ECU 的端子 VPA1 和 VPA2。该电压根据加速踏板位置在 0～5V 之间变化。端子 VPA2 主要用于检测传感器自身的故障。混合动力车辆控制 ECU 判定当前加速踏板位置，并根据从端子 VPA1 和 VPA2 接收到的信号控制混合动力控制系统。

3. 连接电路

丰田 2010 年款凯美瑞（混合动力版）使用的双霍尔式加速踏板位置传感器与 ECU 连接电路如图 2-7-5 所示。

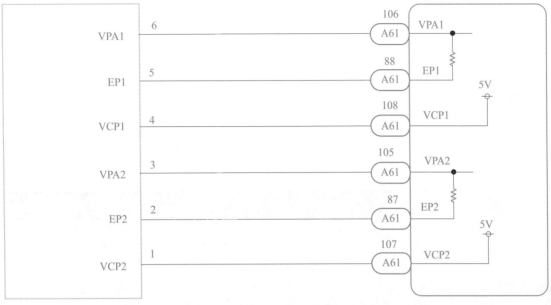

A17
加速踏板拉杆连接器

混合动力车辆控制ECU

图 2-7-5　双霍尔式加速踏板位置传感器与 ECU 连接电路

4. 检测

(1) 测量电压

1 断开加速踏板拉杆连接器 A17。

2 将点火开关置于 ON（IG）位置。

3 根据表 2-7-2 中的值测量电压。

扫码看视频

表 2-7-2　标准电压

端子	电压
VCP1（A17-4）-EP1（A17-5）	4.5 ～ 5.5V
VCP2（A17-1）-EP2（A17-2）	4.5 ～ 5.5V

(2) 测量电阻

1 断开加速踏板拉杆连接器 A17。

2 将点火开关置于 OFF 位置。

3 根据表 2-7-3 中的值测量电阻。

表 2-7-3　标准电阻（二）

端子	电阻
VPA1（A17-6）-EP1（A17-5）	37 ～ 41kΩ
VPA2（A17-3）-EP2（A17-2）	37 ～ 41kΩ

（3）诊断仪读取数据流

❶ 将点火开关置于 ON（IG）位置。

❷ 连接诊断仪，选择以下菜单项：Powertrain/Hybrid Control/Data List/Accel Pedal Pos 1#，Accel Pedal Pos 2#。

❸ 读取数据流，标准数据见表 2-7-4。

👆 说明：···

在检测仪上将 5V 描述为 100%。

表 2-7-4 标准数据

踏板状态	Accel Pedal Pos 1#	Accel Pedal Pos 2#
未踩下	（8%～28%）0.4～1.4V	（20%～44%）1.0～2.2V
完全踩下	（62%～92%）3.1～4.6V	（78%～100%）3.9～5.0V
未踩下 →完全踩下 →未踩下 （应缓慢操作加速踏板）	值逐步改变	值逐步改变

四、电磁感应式加速踏板位置传感器

1. 结构

在大众的某些柴油车上使用的是电磁感应式加速踏板位置传感器。加速踏板模块包括加速踏板、踏板限位块、用于转换移动方向的机械部件和两个加速踏板位置传感器，具体结构如图 2-7-6 所示。

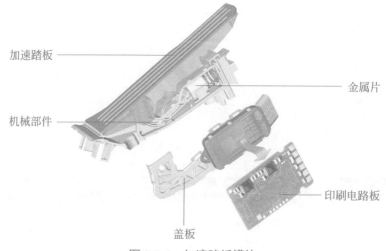

加速踏板

机械部件

金属片

印刷电路板

盖板

图 2-7-6 加速踏板模块

这些传感器是印刷电路板的一部分，分别由一个励磁线圈、三个接收线圈以及一个控制电子装置和一个分析电子装置组成。为安全起见两个传感器彼此独立工作。

加速踏板模块的机械部件将加速踏板的杠杆运动转换为金属片直线移动。当驾驶员踩下加速踏板时，金属片沿直线移动（靠近印刷电路板）（图 2-7-7）。

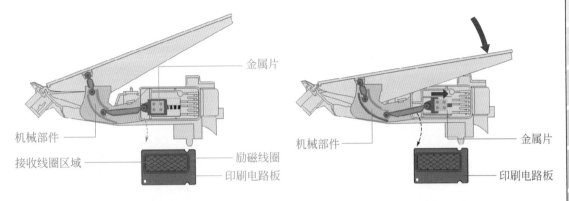

(a) 加速踏板未踩下　　　　　　　(b) 加速踏板已踩下

图 2-7-7　加速踏板模块的机械运动

2. 工作原理

发动机控制单元提供 5V 的电压给踏板电子装置产生高频交流电压，以便在励磁线圈上形成交变电磁场，如图 2-7-8 所示。这个交变电磁场作用在移动的金属片上。此时围绕该金属片形成另一个交变电磁场。这个取决于位置的交变电磁场作用在接收线圈上，并在此以感应方式形成相应的交流信号。

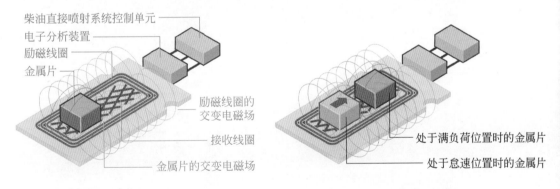

(a) 加速踏板未踩下　　　　　　　(b) 加速踏板已踩下

图 2-7-8　传感器内的电子元件工作原理

交流感应电压的高低主要取决于金属片的位置。位置不同，金属片与接收线圈之间的重叠程度不同。处于怠速位置时重叠程度最小，因此交流感应电压也最小。处于满负荷位置或自动变速箱的强制降挡位置时重叠程度最大，因此交流感应电压也最大。

电磁感应式加速踏板位置传感器输出特性如图 2-7-9 所示。

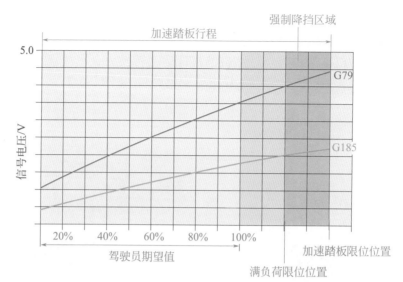

图 2-7-9　电磁感应式加速踏板位置传感器输出特性

五、故障分析

扫码看视频

加速踏板位置传感器故障分析见表 2-7-5。

表 2-7-5　加速踏板位置传感器故障分析

故障代码	检测项目	故障部位	故障方案
P2120	节气门 / 踏板位置传感器 / 开关 "D" 电路	1.加速踏板位置传感器	更换加速踏板总成
		2.ECM	检查 ECM 及相关的线路, 如 ECM 故障则更换总成; 如线路故障则修复或更换线束
P2121	节气门 / 踏板位置传感器 / 开关 "D" 电路范围 / 性能	1.加速踏板位置传感器	更换加速踏板总成
		2.ECM	检查 ECM 及相关的线路, 如 ECM 故障则更换总成; 如线路故障则修复或更换线束
P2122	节气门 / 踏板位置传感器 / 开关 "D" 电路低输入	1.加速踏板位置传感器	更换加速踏板总成
		2.传感器 1 电路断路	检查相关电路, 对故障线路进行修复或更换
		3.传感器 1 信号电路断路或对搭铁短路	检查相关电路, 对故障线路进行修复或更换
		4.ECM	检查 ECM 及相关的线路, 如 ECM 故障则更换总成; 如线路故障则修复或更换线束

故障代码	检测项目	故障部位	故障方案
P2123	节气门/踏板位置传感器/开关"D"电路高输入	1.加速踏板位置传感器	更换加速踏板总成
		2.传感器1搭铁电路断路	检查相关电路,对故障线路进行修复或更换
		3.ECM	检查ECM及相关的线路,如ECM故障则更换总成;如线路故障则修复或更换线束
P2125	节气门/踏板位置传感器/开关"E"电路	1.加速踏板位置传感器	更换加速踏板总成
		2.ECM	检查ECM及相关的线路,如ECM故障则更换总成;如线路故障则修复或更换线束
P2127	节气门/踏板位置传感器/开关"E"电路低输入	1.加速踏板位置传感器	更换加速踏板总成
		2.传感器2电路断路	检查相关电路,对故障线路进行修复或更换
		3.传感器2信号电路断路或对搭铁短路	检查相关电路,对故障线路进行修复或更换
		4.ECM	检查ECM及相关的线路,如ECM故障则更换总成;如线路故障则修复或更换线束
P2128	节气门/踏板位置传感器/开关"E"电路高输入	1.加速踏板位置传感器	更换加速踏板总成
		2.传感器2搭铁电路断路	检查相关电路,对故障线路进行修复或更换
		3.ECM	检查ECM及相关的线路,如ECM故障则更换总成;如线路故障则修复或更换线束

第八节 EGR(废气再循环)阀位置传感器

一、概述

1. EGR 阀位置传感器的作用

废气再循环(EGR)系统按照是否设置有反馈监测元件,可以分为开环控制 EGR

系统和闭环控制 EGR 系统。闭环控制 EGR 系统与开环控制 EGR 系统相比，只是在 EGR 阀上增设了一个 EGR 阀位置传感器作为反馈信号，用以监测 EGR 阀开度的大小，使 EGR 率保持在最佳值。EGR 阀位置传感器检测 EGR 阀阀杆的上下移动位置，发动机 ECU 以此确定阀门开度的大小。

2. EGR 阀位置传感器的安装位置

EGR 阀位置传感器安装在 EGR 阀的上部，见图 2-8-1。

图 2-8-1　EGR 阀位置传感器的安装位置

二、EGR 阀位置传感器的结构

EGR 阀位置传感器结构如图 2-8-2 所示。EGR 阀阀针与电位器的滑动触点臂相连，占空比控制的 EGR 阀随着占空比的变化，控制的真空吸力也不同，引起 EGR 阀阀门开启的大小也不一样，阀杆上升的位移也不同。

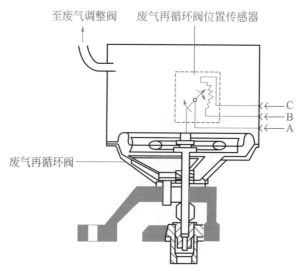

图 2-8-2　EGR 阀位置传感器结构

三、EGR阀位置传感器的工作原理

EGR阀阀杆上升，推动与之相连的滑动触点臂的位置发生变化，从而使滑动触点在滑动电阻上滑动，产生不同的电压信号，这个信号会传递到发动机控制ECU，发动机控制ECU以此监视EGR阀的位置，确保阀门对ECU的指令作出正确的响应，从而调整和修正EGR阀开启时刻和占空比，精确控制再循环量的大小，以减小排放、改善性能。本田、别克、丰田等车型都安装有EGR阀位置传感器。

四、EGR阀位置传感器与ECU的连接电路

这里以上海别克汽车EGR阀位置传感器为例，介绍其连接电路（图2-8-3）。

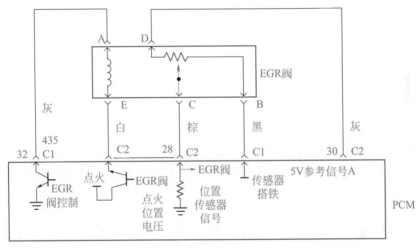

图2-8-3 上海别克汽车EGR阀位置传感器的连接电路

别克汽车废气再循环系统的废气再循环真空控制电磁阀和废气再循环阀位置传感器共用一个5针插头，灰色连接的端子A、白色连接的端子E分别和发动机控制单元PCM连接，采用正极驱动器和PCM中的搭铁电路控制，用于废气再循环真空控制电磁阀的驱动，另外3条为电位器式的废气再循环阀位置传感器所使用，它能够监视EGR阀的位置，确保阀门对PCM的指令作出正确的响应。电位器的D端子为5V参考电源、B端子为搭铁端子、C端子为信号输出端子。

五、EGR阀位置传感器的检测

1.测量电阻

关闭点火开关，拔掉EGR阀位置传感器线束插头，对传感器本体进行电阻测量：插座端子"B"与"D"之间的电阻应为4.92kΩ；插座端子"B"与"C"之间的电阻应随EGR阀开度的变化而变化。

2. 测量外部电压和信号电压

打开点火开关至"ON"位置，断开 EGR 阀位置传感器线束插头，用数字万用表电压挡检查 D 端子与搭铁端电压，应有 5V 参考电压，检查 B 端子与搭铁端电压，应为 0V。连接 EGR 阀位置传感器线束插头，测量 C 端子信号电压，在 EGR 阀全关时为 0.14～1.0V，用手动打开 EGR 阀，其信号电压随着 EGR 阀开度的变化而变化，全开时为 4.5～4.8V。如果测量结果不符合要求，则应更换 EGR 阀。

3. 解码器检测

连接解码器读取故障码，如果废气再循环（EGR）阀位置传感器有故障，可能会出现下述故障码。

（1）P0403：EGR 阀控制线路故障　　如果电路功能失效，驱动器向 PCM 发送信号，设置 DTC P0403（EGR 电磁阀控制电路不良）故障码。

（2）P0404：EGR 阀打开位置不正确　　在 EGR 阀打开时，PCM 将真实的 EGR 位置与要求的位置比较，如果真实位置小于要求位置 15%，将设置 DTC P0404（EGR 打开位置性能）的故障码。此故障一般为 EGR 枢轴或轴座积炭过多引起的。

（3）P0405：EGR 阀位置传感器信号电压低　　如果 PCM 检测到 EGR 阀位置传感器反馈的电压低于 0.14V，将设置 DTC P0405（EGR 阀位置传感器电压过低）的故障码。

（4）P1404：EGR 阀关闭不严　　如果 PCM 指令 EGR 阀关闭时真实的 EGR 阀位置仍指示 EGR 阀处于打开的位置，将设置 DTC P1404（EGR 阀卡滞）的故障码。

4. 检查输出波形

将示波器信号测量线探针插入传感器信号线中，启动发动机并加速，观察波形变化情况，如图 2-8-4 所示。当 EGR 阀打开时波形上升，这时废气排放；当 EGR 阀关闭时，波形下降，此时限制废气排出。汽车怠速时，EGR 阀是关闭的，不需要废气再循环；汽车正常加速时，EGR 阀开大；汽车减速时，EGR 阀也是关闭的。

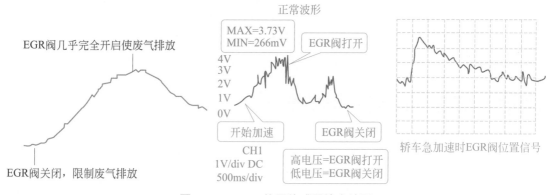

图 2-8-4　EGR 位置传感器输出波形

六、 故障分析

EGR 阀位置传感器故障分析见表 2-8-1。

表 2-8-1　EGR 阀位置传感器故障分析

故障现象	发动机怠速不稳 发动机怠速时会熄火 发动机低速时会抖动 尾气排放超标，氮氧化合物含量高
故障原因	发动机怠速不稳定甚至熄火的故障原因是： EGR 阀卡滞在开的位置 排放超标，氮氧化合物含量过高的故障原因是： EGR 阀卡滞在关的位置或者管道堵塞
诊断与排除	目前轿车发动机上应用较多的是由废气再循环阀（EGR）、三通电磁阀等组成废气再循环系统 1. 诊断废气再循环系统故障的具体步骤 ① 从节气门体上拆下真空软管并将真空泵接到真空软管上 ② 在发动机分别处于冷（发动机冷却液温度为 50℃ 或更低）、热（发动机冷却液温度 80 ~ 95℃ 或更高）状态下，检查 EGR 系统的工作状况，发动机冷态，怠速运转时施加的真空应该消失，发动机热态时，真空应能保持住 2. 检查 EGR 阀控制真空度的方法 在发动机冷却液温度为 80 ~ 95℃ 时，从节气门体的 EGR 真空接头上拆下真空软管，接上真空泵，启动发动机，加大油门使发动机转速增高后，检查 EGR 阀的控制真空度是否随发动机转速的升高而成正比例增加，如果真空度变化不合理，则说明节气门的通风孔可能堵塞，需要清理 3. 检修 EGR 阀的具体步骤 ① 拆下 EGR 阀，检在有无卡滞、积炭现象，如有则需要清洗 ② 将真空泵接到 EGR 阀上 ③ 向 EGR 阀通道吹气，检查 EGR 阀工作情况，当真空度不大于 7kPa 时，空气应吹不过去，当真空度不小于 23kPa 时，空气可以吹过去。注意，在安装 EGR 网时，要用新的密封垫并将紧固螺栓拧紧至 15 ~ 22N•m 的规定力矩 4. 检查 EGR-TVV（废气再循环温控真空阀）的具体步骤 ① 从 EGR-TVV 上拆下真空软管，并将真空泵接到 EGR-TVV 上 ② 抽真空，检查通过 EGR-TVV 真空的情况，正常情况下当发动机冷却液温度不高于 50℃ 时，真空度下降，当发动机冷却液温度不低于 80℃ 时保持真空 ③ 将发动机冷却液从散热器中排入合适的容器内，从旁通出水口上拆下 TVV 阀，并将 TVV 阀放入水中 ④ 当水温低于 35℃ 时，TVV 阀应该关闭，将空气吹入管口中，空气应不能流过 TVV 阀；当水温高于 54℃ 时，TVV 阀应该开启，将空气吹入管口中，空气应能自由流过 TVV 阀 ⑤ 在检修过程中，拆卸和安装 EGR-TVV 时，对塑料部位均不得使用扳手，安装 EGR-TVV 时，在螺纹部分要涂一层密封剂并将紧固螺栓拧紧至 20 ~ 40N•m 的规定力矩，并重新加注发动机冷却液，检查有无泄漏

第九节　怠速电机位置传感器

 怠速电机位置传感器的作用和安装位置

　　怠速电机位置传感器用于检测电机的实际位置，并向发动机 ECU 提供反馈信号，以判断电机是否正常工作。

二、怠速电机位置传感器的结构

　　三菱太空 4G63 发动机采用了双向直流可逆电机怠速控制系统（ISC 系统），双向直流可逆电机是采用 5V 电压的可逆式直流电机，直流 ISC 电机不是直接推动节气门打开，而是控制怠速旁通空气道的大小。该发动机的怠速电机位置传感器由两个霍尔效应传感器组成，其结构如图 2-9-1 所示。

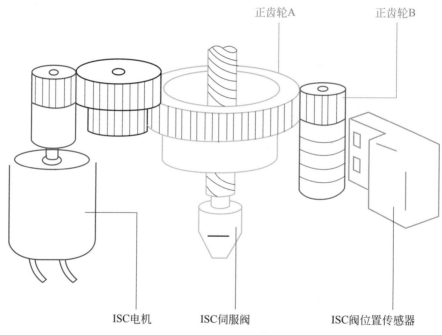

图 2-9-1　怠速电机位置传感器的结构

三、怠速电机位置传感器与 ECU 的连接电路

　　怠速电机位置传感器与 ECU 的连接电路见图 2-9-2。

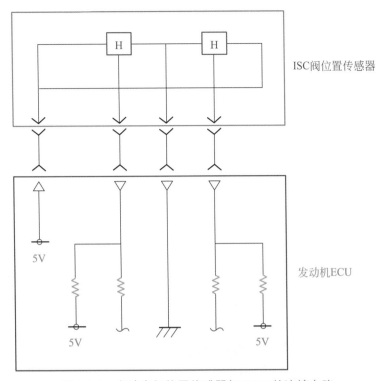

图 2-9-2　怠速电机位置传感器与 ECU 的连接电路

四、怠速电机位置传感器的工作原理

发动机 ECU 向两个霍尔效应传感器提供 5V 参考电压。当电机旋转时，正齿轮 B 上的磁体在齿轮传动下也旋转。这些磁体向 ISC 阀位置传感器提供脉冲。电磁脉冲由霍尔效应传感器接收，根据电机位置的变化将 5V 参考电压接地或不接地时，被转化为 5V 或 0V 脉冲信号，该信号被发动机 ECU 用于监测 ISC 阀位置。正齿轮 B 每旋转一周，每一个霍尔效应传感器产生 4 个 5V 方波输入脉冲，被输送至发动机 ECU。但由于两个霍尔效应传感器存在相位上的差异，第一个被触发的霍尔效应传感器使发动机 ECU 能够确定电机的方向。其输出脉冲信号如图 2-9-3 所示。

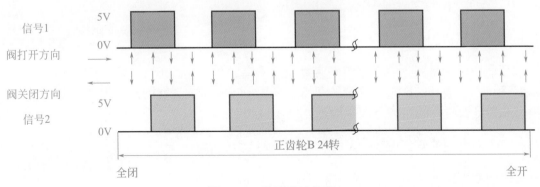

图 2-9-3　输出脉冲信号

正齿轮的运行范围为 24 转，可使伺服阀从全闭状态转变为全开状态。该 24 转运行范围可换算为 96 步运行范围（24 转 ×4 个脉冲/转）。所以，ISC 电机的运行范围为 0（全闭）～ 96 步（全开）。

五、 怠速电机位置传感器的检测

（1）**故障检测**　ISC 电机有故障会导致发动机怠速不稳，怠速过高、怠速过低、加速或减速熄火，开空调和开大灯、转向时发动机不提速等现象。

（2）**检测供电电源**　由于霍尔式传感器在工作时需要提供工作电压和参考电压，因此需要对传感器的工作电压和参考电压线路进行测量。

（3）**解码器检测**　使用三菱专用检测仪 MUT 可对阀位置传感器信号进行检测。检测工具的显示单位为步，并且在怠速的情况下应该随发动机负荷的变化而变化。

如果发动机 ECU 要求改变怠速电机的位置，而发动机 ECU 在电机位置传感器的反馈中并未检测到该变化，或者位置传感器未提供正确的反馈，那么发动机 ECU 将设置一个诊断故障码为"25"。电机或电机位置传感器所产生的故障均会导致出现这种情况。

当 ISC 电机位置传感器出现故障时，即使实际位置不是 0 步，而检测工具上也可能显示 0 步或者 120 步。

（4）**示波器检测**　可以使用示波器验证电机位置传感器输出波形，判断其工作是否正常。使用示波器检测，可以在点火开关打开、线路连接正常的情况下，将示波器探针从两个信号端分别拾取信号。信号输出波形应该是 5V 高电位和 0V 低电位交替出现，正齿轮 B 旋转一周，两个传感器都应有 4 个高电位脉冲出现。

第十节　超声波雷达

一、 超声波雷达的作用和安装位置

1. 超声波雷达的作用

超声波雷达是为查明汽车与障碍物间的距离和为监控汽车在停车、驶出和调车时的周围空间。车辆可依据它们测定的角度，利用三角几何关系就能确定汽车与障碍物间的距离和角度，检测的距离范围一般为 0.25 ～ 1.5m。

2. 超声波雷达的安装位置

超声波雷达一般安装在汽车尾部和前部，如图 2-10-1 所示。

(a) 前超声波雷达　　　　　　　　　　(b) 后超声波雷达

图 2-10-1　超声波雷达安装位置

二、超声波雷达的结构

超声波雷达由带组合插头的塑料壳体、超声波转换器（铅膜）、贴在转换器内侧的压电晶片、带有传感器和求值电路的印刷电路板组成，如图 2-10-2 所示。

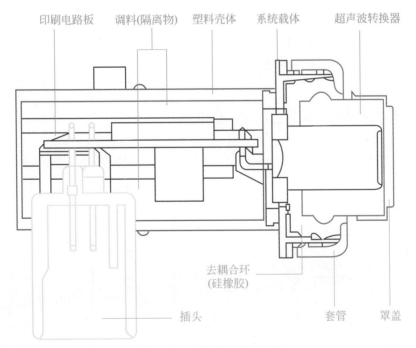

图 2-10-2　超声波雷达结构

三、超声波雷达的工作原理

超声波雷达是按声波 - 回声的三角几何原理工作的。超声波雷达接收来自控制单元发送的脉冲。用周期约为 300μs 的矩形脉冲激励铝膜振动和发送超声波，从障碍物反射回来的回波再次使在超声波往返中间暂时静止下来的铝膜振动（在衰减期约 900μs 时不能接收）。振动由作为模拟电信号发送器的压电陶瓷晶片发送，并由传感器放大，再转换成数字信号（图 2-10-3）。传感器对控制单元有优先权。检测的回声信号在"Low"时，即低于 0.5V 时，超声波雷达接通信号插头。如果在导线上有回声信号，就不会处理发送信号。在信号线上的开关阈值低于 1.5V，控制单元激发传感器以发送信号。

为使检测范围尽可能大，在水平范围的检测角要大些，而在垂直范围则不需要大的检测角，以免地面反射波引起的干扰。

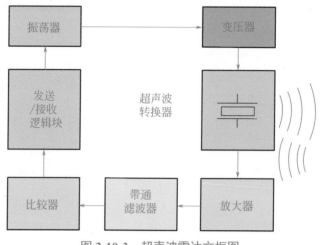

图 2-10-3　超声波雷达方框图

四、🚚 超声波雷达与 ECU 连接电路

以现代伊兰特倒车雷达系统为例，介绍倒车雷达系统线路图（图 2-10-4）。

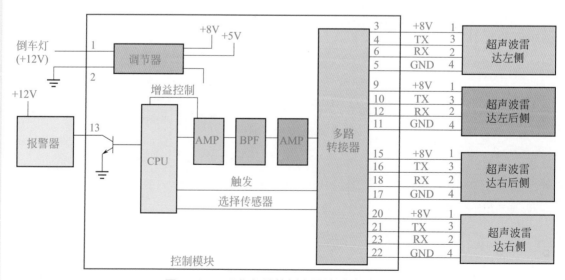

图 2-10-4　现代伊兰特倒车雷达系统线路图

五、超声波雷达的检测

（1）**电源检测**　打开点火开关，断开传感器接头，将车辆挂入倒挡，用万用表的电压挡测量控制模块侧的 1 脚与 4 脚，应该有 8V 电压，若没有，应检查控制模块是否从倒挡开关处取得 12V 工作电压。

（2）**故障诊断模式进行检测**　利用故障诊断模式检测系统出现的故障时，打开故障诊断模式会按下述所示方式反复循环提示故障位置，因此，利用故障诊断模式的提示音可以方便地判断出是哪一个传感器出故障。

❶ 左侧雷达故障时的警报（bi ～ bi ～ bi ～）。

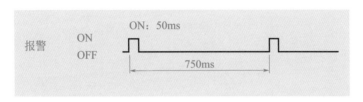

❷ 左后侧雷达故障时的警报（bibi ～ bibi ～ bibi ～）。

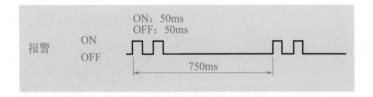

❸ 右侧雷达故障时的警报（bibibibi ～ bibibibi ～ bibibibi ～）。

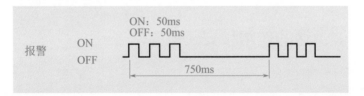

❹ 右后侧雷达故障时的警报（bibibibi ～ bibibibi ～ bibibibi ～）。

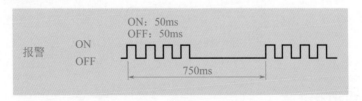

（3）**示波器检测**　利用示波器，可以对超声波雷达的发射端子 TX 和接收端子 RX 进行检测。用示波器检测时，注意要在线束连接完好的情况下，将车辆挂入倒车挡，利用背查法进行，其信号应与图 2-10-5 所示波形相符。

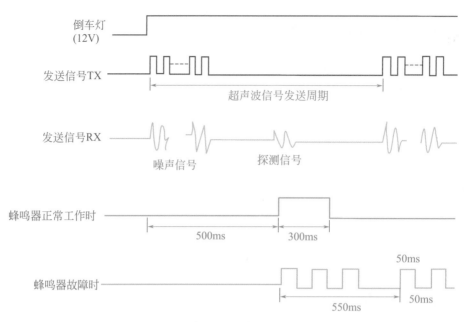

图 2-10-5　发射端子 TX 和接收端子 RX 的信号

（4）经验判断法检查　在汽车进入倒车工作状态下，用耳朵贴近超声波雷达表面，仔细听是否有轻微的嘀嗒声（可与正常的比较），如果响声正常，说明超声波雷达的电源正常，检查超声波雷达和控制器之间的信号连接是否正常。

第十一节　毫米波雷达

 毫米波雷达的作用和安装位置

▶ 1. 什么是毫米波雷达

毫米波是指波长介于 1～10mm 的电磁波，波长短、频段宽，比较容易实现窄波束，雷达分辨率高，不易受干扰。

目前各个国家对车载毫米波雷达分配的频段各有不同，但主要集中在 24GHz 和 77GHz，少数国家（如日本）采用 60GHz 频段。由于 77GHz 相对于 24GHz 的诸多优势，未来全球车载毫米波雷达的频段会趋同于 77GHz 频段（76～81GHz）（图 2-11-1）。

▶ 2. 毫米波雷达的作用

毫米波雷达是测量被测物体相对距离、相对速度、方位的高精度传感器，早期被应用于军事领域。随着雷达技术的发展与进步，毫米波雷达开始应用于汽车电子、无人机、智能交通等多个领域。

图 2-11-1　77GHz 的毫米波雷达

▶ 3. 毫米波雷达的安装位置

24GHz 的毫米波雷达测量距离较短（5 ～ 30m），主要应用于汽车后方（图 2-11-2）；77GHz 的毫米波雷达测量距离较长（0 ～ 200m），主要应用于汽车前方和两侧。毫米波雷达主要包括雷达射频前端、信号处理系统、后端算法三部分。

图 2-11-2　毫米波雷达安装位置

二、毫米波雷达的结构

毫米波雷达主要包括两块印制电路板（PCB）和其他的部件：

❶ 电源 PCB 提供毫米波雷达所有内部使用电压的专用集成电路（ASIC）芯片，芯片里面集成了一个安全控制器（具有看门狗功能和 CAN 接口）（图 2-11-3）。

❷ 雷达 PCB 主要包括一个双核浮点微控制器和一个雷达专用集成电路芯片，具有独立的前置放大器（可进行控制和自我诊断）、SiGe MMIC 的单元和 PLL 单元，具有四个混频器的 SiGe ASIC（MRX），用于接收信号。

备注：前端收发组件 MMIC（单片微波集成电路）是毫米波雷达的核心部分，负责毫米波信号的调制、发射、接收以及回波信号的解调。收发组件包含了放大器、振荡器、开关、混频器等多个电子元件。

图 2-11-3　毫米波雷达的电源 PCB

❸ 毫米波雷达 PCB 的背面是天线，用于发射和接收毫米波。如图 2-11-4 所示的微带阵列是在印刷电路板上铺上微带线，形成微带贴片天线。

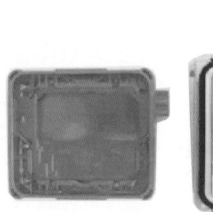

图 2-11-4　毫米波雷达天线和盖板

三、毫米波雷达的工作原理

以车载毫米波雷达为例，雷达通过天线向外发射毫米波，接收目标反射信号，经后方处理后快速准确地获取汽车车身周围的物理环境信息（如汽车与其他物体之间的相对距离、相对速度、角度、运动方向等），然后根据所探知的物体信息进行目标追踪和识别分类，进而结合车身动态信息进行数据融合，最终通过中央处理单元（ECU）进行智能处理。经合理决策后，ECU 以声、光及触觉等多种方式告知或警告驾驶员，或及时对汽车做出主动干预，从而保证驾驶过程的安全性和舒适性，减少事故发生概率（图 2-11-5）。

在汽车主动安全领域，毫米波雷达是核心部件之一，其中 77GHz 毫米波雷达是智能汽车上必不可少的关键部件，是能够在全天候场景下快速感知 0 ～ 200m 范围内周边环境物体距离、速度、方位角等信息的传感器件。

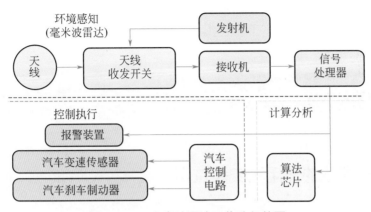

图 2-11-5　毫米波雷达工作路径简图

（1）**位置**　毫米波雷达通过发射天线发出相应波段的有指向性的毫米波，当毫米波遇到障碍目标后反射回来，通过接收天线接收反射回来的毫米波。根据毫米波的波段，通过公式计算毫米波在途中飞行的时间，再结合前车行驶速度和本车的行驶速度因素，就可以知道毫米波雷达（本车）和目标之间的相对距离了，同时也就知道目标的位置。

（2）**速度**　此外，根据多普勒效应，毫米波雷达的频率变化与本车和跟踪目标的相对速度是紧密相关的。根据反射回来的毫米波频率的变化，可以得知前方实时跟踪的障碍物目标和本车相比的相对运动速度。因此，表现出来就是，传感器发出安全距离报警时，若本车继续加速、前监测目标减速或前监测目标静止的情况下，毫米波反射回波的频率将会越来越高，反之则频率越来越低。

（3）**方位角**　关于被监测目标的方位角测量问题，毫米雷达的探测原理是：通过毫米波雷达的发射天线发射出的毫米波，遇到被监测物体后反射回来，由毫米波雷达并列的接收天线接收，通过收到同一监测目标反射回来的毫米波的相位差，就可以计算出被监测目标的方位角了。其原理如图 2-11-6 所示。

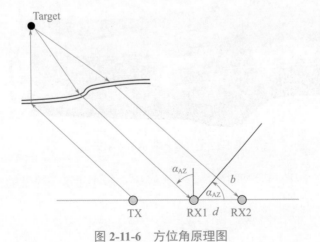

图 2-11-6　方位角原理图

方位角 α_{AZ} 是通过毫米波雷达接收天线 RX1 和接收天线 RX2 之间的几何距离 d，以及两根毫米波雷达天线所收到反射回波的相位差 b，然后通过三角函数计算得到方位角 α_{AZ} 的值，这样就可以知道被监测目标的方位角了。

位置、速度和方位角监测是毫米波雷达擅长之处，再结合毫米波雷达较强的抗干扰能力，可以全天候、全天时稳定工作，因此毫米波雷达被选为汽车核心传感技术。

第十二节　激光雷达

 一、激光雷达的作用和安装位置

▶ 1. 激光雷达的作用

激光雷达是以发射激光束来探测目标的位置、速度等特征量的雷达系统，犹如人类的眼睛，可以确定物体的位置、大小等。激光雷达由发射系统、接收系统及信号处理单元三部分组成。

▶ 2. 激光雷达的安装位置

激光雷达根据安装位置的不同，分类两大类。一类安装在车辆的四周，另一类安装在车辆的车顶（图 2-12-1、图 2-12-2）。

图 2-12-1　激光雷达安装在车顶

安装在无人车四周的激光雷达，其激光线束一般小于 8，常见的有单线激光雷达和四线激光雷达。

安装在无人车车顶的激光雷达，其激光线束一般不小于 16，常见的有 16/32/64 线激光雷达。

(a) 单线激光雷达　　　　　　　(b) 四线激光雷达

HDL-64E　　　　　　HDL-32E　　　　　　VLP-16

(c) 64/32/16线激光雷达

图 2-12-2　激光雷达的分类

 激光雷达的结构

　　激光雷达主要由激光器、接收器、信号处理单元和旋转机构这四大核心部件组成。

　　❶ 激光器：激光雷达中的激光发射机构。在工作过程中，它会以脉冲的方式点亮。以思岚科技的 RPLIDARA3 系列雷达来说，每秒钟，它会点亮和熄灭 16000 次。

　　❷ 接收器：激光器发射的激光照射到障碍物以后，通过障碍物的反射，反射光线会经由镜头组汇聚到接收器上。

　　❸ 信号处理单元：信号处理单元负责控制激光器的发射，以及对接收器收到的信号进行处理。根据这些信息计算出目标物体的距离信息。

　　❹ 旋转机构：以上 3 个组件构成了测量的核心部件。旋转机构负责将上述核心部件以稳定的转速旋转起来，从而实现对所在平面的扫描，并产生实时的平面图信息。

　　图 2-12-3 就是 Velodyne 64 线机械式激光雷达设计概要图，底部是机械旋转电机，保护壳内部是激光发射器和接收器，接收器上下共 2 个 32 组，发送器上下共 4 个 16 组，构成了 64 线激光束的发射和接收。Velodyne 64 线激光雷达能够以 5 ～ 20Hz 的频率做360° 旋转扫描。

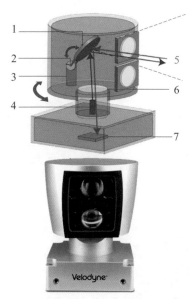

图 2-12-3　激光雷达

1—反射镜；2—MEMS 单元；3—伺服电机；4—激光源；5—障碍物；6—光学编码器；7—接收器

三、激光雷达应用举例（奥迪 A8）

1. 安装位置

全新奥迪 A8 保险杠处有一个圆弧状的 4 线束激光雷达，如图 2-12-4 所示。在外形不需旋转的前提下可以达到 145° 的水平视角和 80m 远的探测距离。其激光二极管每秒可发射近 10 万次红外线脉冲，控制系统会根据红外线脉冲的反射情况计算出前方物体的详细轮廓。

图 2-12-4　奥迪 A8 上激光雷达的安装位置

2. 结构与工作原理

奥迪 A8 激光雷达主要由二极管激光器、旋转镜、接收单元、加热前屏幕和 Flex Ray 总线的连接器等构成，如图 2-12-5 所示。

图 2-12-5　奥迪 A8 激光雷达结构与工作原理

激光雷达的二极管激光器发射出激光束，光束照射到其他物体表面后会反射回到接收单元。通过测量激光射束从发射到接收所需要花费的时间，就可以确定本车与相应物体之间的距离。

激光雷达与其他雷达的根本区别在于：辐射的传播特性。其他雷达发射出的是锥形雷达波来覆盖较大的空间，而激光扫描装置是将单个激光束集中到一个点上。要想探测较大空间，那么就必须向多个水平面水平发射很多"单束激光"。所使用的激光脉冲（脉冲宽度约为 4ns）的波长约为 905nm。这种辐射是人眼所不能看到的红外线，且由于强度很低，也就不会造成伤害（激光等级 1）。

激光雷达有一个可回转的反射镜（700r/min），该反射镜会把激光束以扇形散发出去。发射单元发出的激光碰到镜面上并被散发出去了，如图 2-12-6 所示。该反射镜是由一个电机来驱动。

例如，100m 远的物体反射回来的红外线激光脉冲，在发射后不到 0.7μs 就会到达激光扫描装置的接收二极管（接收单元）了。反射的激光脉冲碰到反光镜的下部并从这里到达光电二极管，光电二极管会把这个光学信息转换成电信号。

该激光雷达为 4 线束激光雷达，扇形的激光束在垂直方向分布在四个平面内，每个平面的辐射角为 0.8°，垂直方向总角约为 3.2°。其水平探测范围覆盖了约 145° 的角度，作用距离平均约为 80m，在车距为 10cm 时仍能对物体做出识别，水平分辨率为 0.25°，比毫米波雷达技术精准多了。

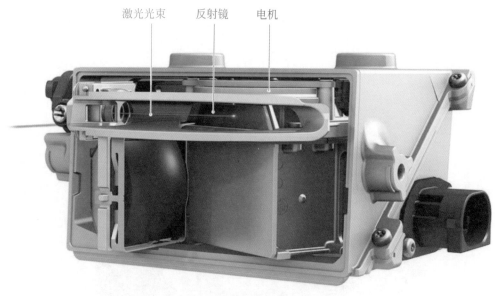

激光光束　　反射镜　　电机

图 2-12-6　发射激光光束

接收到的被反射回来的激光束（如图 2-12-7 所示）是这样的：约 145° 的总探测角度被细分成 10 个同等大小的扇形区。内部的软件运算规则可以识别出反射镜上的脏污或者损坏以及作用距离和调整不当这些情况。

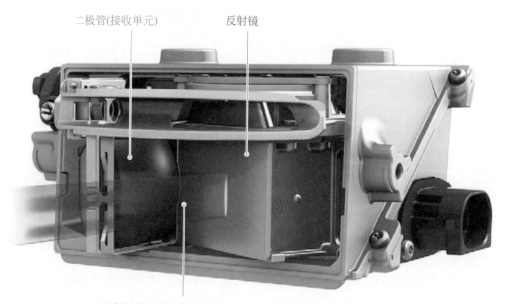

二极管(接收单元)　　　　反射镜

反射回的红外线激光脉冲

图 2-12-7　反射回来的激光束

除了作用距离这个信息外，Flex Ray 总线信息中还包括识别出的物体信息、其坐标连同相应的标准差、物体的速度以及相应物体可被识别并分类的概率。

激光雷达装置还配备有加热系统，以便清洁屏幕。如果激光雷达控制单元识别出屏幕水珠和雪花时，就会发送一个信息至供电控制单元 J519，J519 随后给屏幕加热丝供电加热屏幕，将屏幕表面的雨雪清除干净。

也有的激光雷达配备的是清洗系统，以便清洁镜头，如图 2-12-8 所示。伸缩式清洗喷嘴安装在该装置的两侧，相应的电动泵直接安装在清洗液罐上了，该泵为激光雷达的清洗喷嘴和后部摄像头的清洗喷嘴供液，根据泵电机的转动方向来清洗雷达或者后部摄像头。如果激光雷达控制单元识别出镜头脏污了，那么一个信息就会被送至供电控制单元 J519，J519 随后给前风挡玻璃清洗泵控制单元 J1100 下命令去执行这个清洗工作。

图 2-12-8　激光雷达清洗系统

3. 连接电路

奥迪 A8 激光雷达（激光车距控制单元 J1122）的连接电路如图 2-12-9 所示。

4. 维修与保养

奥迪 A8 车辆可通过车辆诊断仪用"车距调节 CD- 激光"这个诊断地址来调用激光雷达系统的通信，它通过 Flex Ray 总线的通道 B 来完成的。

由于激光扫描装置的安装位置是存在偏差的，因此需要来进行调整。在下述情况下需要调整激光扫描装置：

① 在拆、装以及更换了激光扫描装置后；

② 在松开并再次固定了前保险杠后；

③ 车轮定位发生改变的话（尤其是后轮前束）；

④ 在完成了自适应空气悬架基本设定（车辆高度自适应）后。

激光雷达系统的调整方法与 ACC 系统的调整方式是一样，使用的校准设备（如图 2-12-10 所示）也是一样的。调节样板是相同的，连将样板与车辆几何轴对齐的方式也是相同的。为此需要使用车轮定位装置。调节激光雷达使用了一种新的光靶（校准装置）。

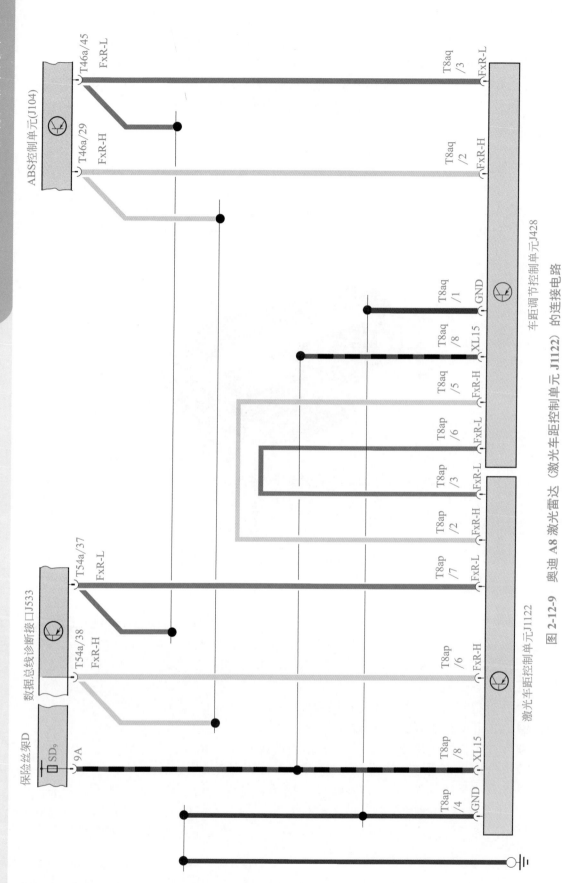

图2-12-9 奥迪A8激光雷达（激光车距控制单元J1122）的连接电路

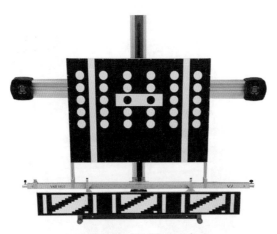

图 2-12-10　校准设备

在诊断仪引导下（功能"校准激光扫描装置"），激光雷达发出激光脉冲，激光束射到光靶上并被反射回来，通过分析接收到的反射信号，就可确定出激光雷达是否已对齐了车桥。如果需要进行调整，可通过改变调节螺栓（如图 2-12-11 所示）的转动方向和转动角度来实施调节。

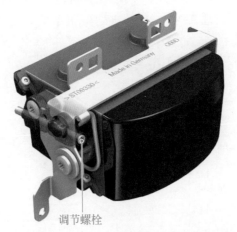

调节螺栓

图 2-12-11　调节螺栓的位置

第十三节　其他位置传感器

 制动踏板位置传感器

电子制动控制（ECB）系统中安装有制动踏板位置传感器，位于制动踏板上部，如图 2-13-1 所示。

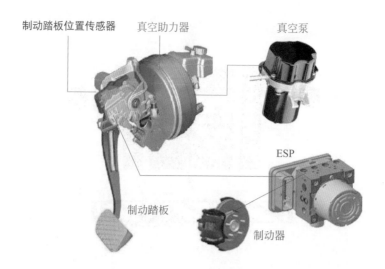

图 2-13-1　制动踏板位置传感器的安装位置

　　制动踏板位置传感器一般使用滑动电阻传感器，滑动触点跟随制动踏板的摆动而旋转，使输出电压发生变化，根据输出电压的大小和变化的速率，可以反映驾驶员所需求的制动强度和制动的速率。其工作原理与节气门位置传感器相似。

　　新型的制动踏板位置传感器采用两路滑动变阻电路，主传感器与副传感器输出反向，制动踏板位置传感器电路组成如图 2-13-2 所示。两个传感器共用一个电源和搭铁回路，中间的 SKS1 和 SKS2 为信号输出。

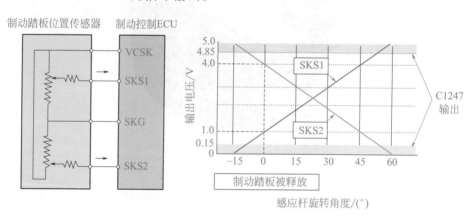

图 2-13-2　制动踏板位置传感器的电路组成和输出信号

二、制动行程传感器

　　制动行程传感器用于 BAS（制动辅助系统）。当驾驶员在紧急制动的情况下，BAS控制模块根据传感器的信号控制制动系统制动压力，增加制动行程，使之在紧急制动时更加安全。

　　制动踏板位置传感器和制动行程传感器主要有两点不同：一是安装位置的不同，制动踏板位置传感器安装于制动踏板处，制动行程传感器安装于制动总泵处的真空助力器内，用于感测膜片的运动；二是感测的运动部位不同，制动踏板位置传感器感测制动踏板的位置和运动，而制动行程传感器检测的是制动总泵的动作。

BAS 制动行程传感器 b1 可以感测膜片的运动，因此也称为膜片行程传感器，它使用滑动电阻式传感器，需要输入 5V 参考工作电压，滑动触点根据制动助力器膜片的移动而滑动，因此滑动电阻的输出信号就反映了制动总泵动作的幅度和速度（图 2-13-3）。

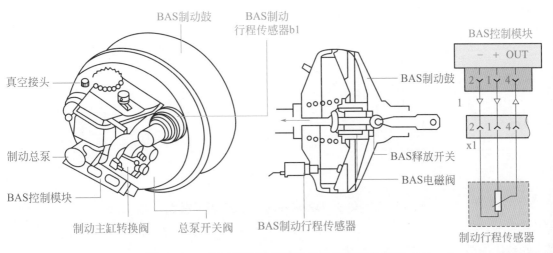

图 2-13-3　制动行程传感器的安装位置和电路图

三、乘员位置传感器

智能安全气囊系统区别于以前一般的安全气囊系统重要的一点，就在于智能安全气囊系统采用了乘员位置感知系统（OPDS）。

OPDS 系统由 OPDS 传感器和 OPDS 装置组成，其结构见图 2-13-4。在乘客座椅内暗藏了 7 个传感器，即 6 个高度传感器和 1 个位置传感器，这些传感器和 OPDS 装置一起隐藏在前排乘员座椅内部。OPDS 传感器中有座椅靠背内的 6 个传感器负责观察乘员的坐姿高度，来判断坐着的是儿童还是大人，靠背侧边的一个传感器则专门检查儿童是不是侧着头打瞌睡，判断儿童的头部是不是处于侧气囊展开的范围内。

OPDS 传感器的感测原理是检测放射电波因电介质的存在而发生输出电流增加或减少。在 OPDS 装置内有高频振荡回路，发射频率为 120kHz，并设有输出监视回路。高度传感器（天线）则

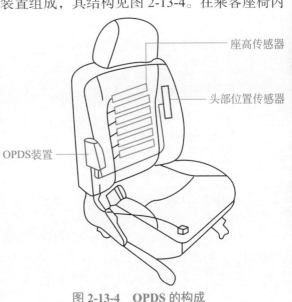

图 2-13-4　OPDS 的构成

位于前排乘员座椅的靠背中央，座椅和乘员都可以看成是特定的电介质，具有一定的导电体量。因为儿童的导电体量比大人少，所以乘坐儿童时，传感器的输出电流也会减少。另外，当乘员远离传感器时，虽然乘员本身没有变化，但是乘员的实际导电体量变少，因而传感器的输出电流也会减少。这样，OPDS 传感器就把乘员的导电体量转化成电信号。OPDS 装置根据输出电流的变化，判断出乘客的身高、坐姿和头部位置，从而知道乘员是大人还是儿童或幼儿，知道其头部是否处于侧气囊的引爆范围。OPDS 的感知原理简图如图 2-13-5 所示。

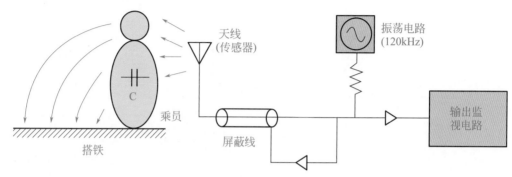

图 2-13-5　OPDS 传感器的感知原理简图

四、溢流环位置传感器

溢流环位置传感器用在电控柴油喷射装置上，用来检测溢流环的位置，实现电子控制喷油量。溢流环位置传感器的工作原理如图 2-13-6 所示，在线圈内部有铁芯，铁芯与被检测位置的部件一起动作，当铁芯上下移动时，线圈的电感发生变化，输出的信号也变化。根据输出信号的大小，即可检测出被测部件的位置。

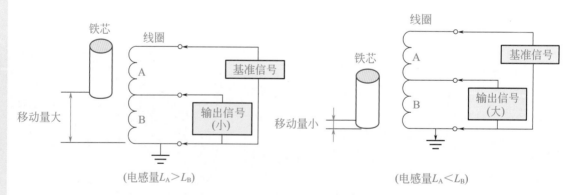

图 2-13-6　溢流环位置传感器的工作原理

为保证电子控制的精确性、准确性，根据位置传感器检测出溢流环的位置，即实际的喷油量，再反馈到 ECU 中。电子控制柴油喷射系统原理如图 2-13-7 所示。

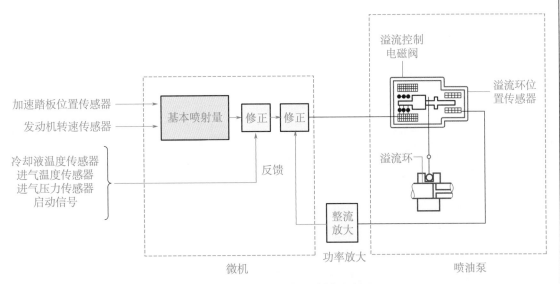

图 2-13-7　电子控制柴油喷射系统原理

五、方位传感器

1. 磁通量闸门式方位传感器

丰田轿车的导航系统中主要采用磁通量闸门式方位传感器。

磁通量闸门式方位传感器是利用地磁产生电信号进行检测的传感器，主要应用于车辆的导航系统以指示方向偏差。方位传感器方向指示的原理如图 2-13-8 所示，励磁线圈可在环状磁芯上产生方向、强度呈周期变化的交变磁场，若测定检测线圈 X、Y 的输出电压，就可知道如图 2-13-8（b）所示的方位了。

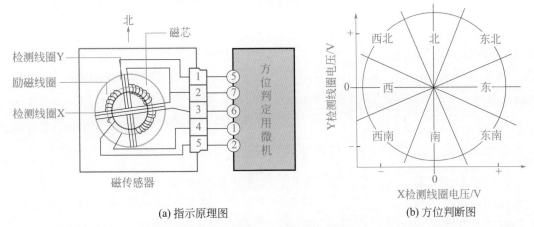

(a) 指示原理图　　　　　　　(b) 方位判断图

图 2-13-8　方位偏差指示原理

皇冠轿车导航系统的方位传感器安装在车顶上。导向系统由操纵部分、显示部分、地磁方位传感器和行驶距离传感器等组成，它通过电控单元完成显示功能、方位的距离计算和修正计算（图 2-13-9）。

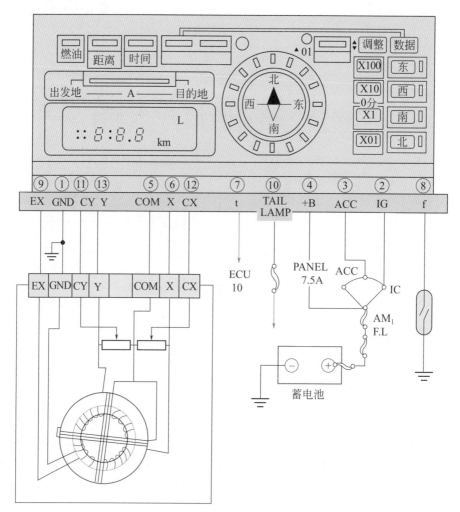

图 2-13-9　丰田皇冠轿车导向系统电路

导向系统的工作过程是：首先从地图上找出从出发地到目的地的东西方向距离 a，南北方向距离 b，输入到系统的操纵部分，同时也把到目的地的直线距离 L_0 输入到电控单元中。当车辆行驶后，无论车辆在哪个方向上移动，地磁方位传感器都能检测出绝对方向 θ_1，并将其显示在仪表盘上，而且通过电控单元计算距离目的地的方向 θ_2 和距离 L，并显示出来（图 2-13-10）。

◆ 2. 双线圈发电机型地磁矢量方位传感器的识别

日产轿车的导向系统使用双线圈发电机型地磁矢量方位传感器。

双线圈发电机型地磁矢量方位传感器的上、下线圈的相位相反，所以垂直方向的磁感应电动势互相抵消。若改用电动机转动线圈和铁芯，地磁的水平分量如图 2-13-11 所示，使铁芯中的磁通密度发生变化，从而建立磁场。图 2-13-11（a）所示的位置，磁场方向向内；图 2-13-11（b）所示位置，磁场强度为零；图 2-13-11（c）所示位置，磁场方向向外。所以，在地磁检测线圈中，产生一个正弦交变电压，其相位由地磁场的方位决定。此外，由光电断续器发出相位固定的脉冲信号，根据这两个输出信号的相位差，可以检测出地磁的方向，由此可检测出汽车的方位。

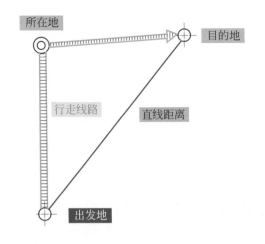

图 2-13-10　丰田皇冠轿车导向系统的工作原理

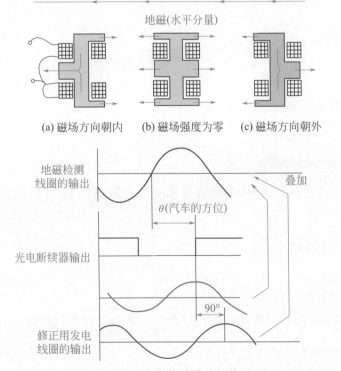

图 2-13-11　方位传感器的工作原理

六、 氮气惯性式方向传感器

本田汽车的惯性行驶系统，是采用氮气惯性式方向传感器，而不是利用电磁。这种传感器是利用氮气的惯性制成的。其结构如图 2-13-12 所示，密封在容器中的氮气，在压电振子一侧，使固定在汽车上的检测器的两根热线冷却程度不同，结果产生温度差，并以电位差的形式表现。由于两热线构成电桥电路，如图 2-13-12（b），因此可检测出 A、B 两点间电位差。其输出电压与汽车偏转率成正比。ECU 可以根据传感器输出的电压信号，判断出汽车的方向。

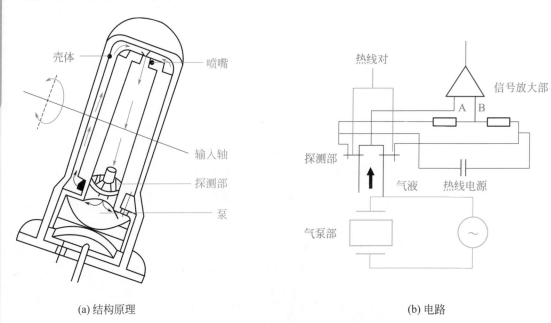

(a) 结构原理　　　　　　　　　　　　　　　　　(b) 电路

图 2-13-12　氮气惯性式方向传感器

七、 离合器位置传感器

▶ 1. 离合器位置传感器的安装位置

离合器位置传感器用卡子卡在离合器主缸上，如图 2-13-13 所示。借此可以识别是否踩下了离合器踏板。

▶ 2. 离合器位置传感器的作用

踩下离合器踏板时，车辆会进行以下操作：
❶ 定速巡航装置关闭；
❷ 喷油量短时降低并借此防止换挡过程中发动机转速迅速提高。

▶ 3. 离合器位置传感器的结构与工作原理

主缸通过一个卡口连接件固定在支撑座上。踩下离合器踏板时推杆推动主缸内的活塞。

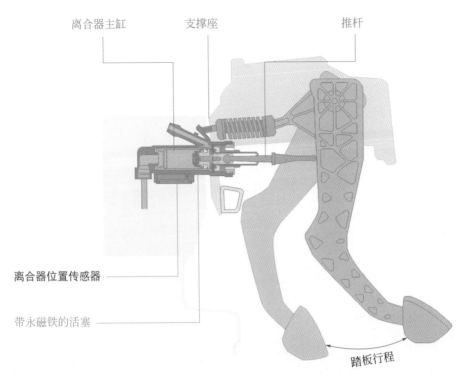

图 2-13-13　离合器位置传感器的安装位置

（1）**未踩下离合器踏板**　离合器踏板未踩下时推杆和活塞处于静止位置，如图 2-13-14 所示。离合器位置传感器内的电子分析装置将一个电压信号发送给发动机控制单元，有供电电压（蓄电池电压）时该电压为 2V。发动机控制单元凭此信号识别是否踩下了离合器踏板。

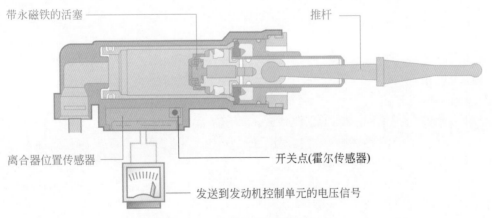

图 2-13-14　离合器踏板未踩下

（2）**踩下离合器踏板**　踩下离合器踏板时推杆与活塞一起向离合器位置传感器方向移动，如图 2-13-15 所示。活塞前端有一个永磁铁。只要永磁铁经过霍尔传感器的开关点，电子分析装置就会将一个 0～2V 的电压信号发送给发动机控制单元。发动机控制单元借此识别离合器踏板是否踩下。

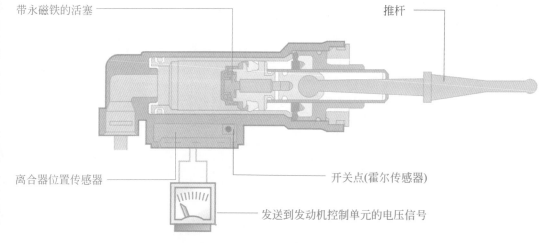

带永磁铁的活塞 推杆

离合器位置传感器 开关点(霍尔传感器)

发送到发动机控制单元的电压信号

图 2-13-15　踩下离合器踏板

八、车轴传感器

1. 车轴传感器的作用

车轴传感器可以很精确地检测车体的倾斜角度，照明距离自动调节（Automatische Leuchtweiten-regulierung，ALWR）系统凭此信号可以自动校正汽车前照灯的照明距离。在接入近光灯时，ALWR 可以适应汽车的倾斜，以保证驾驶员有足够的视野，对迎面车辆没有盲区。静态的照明距离自动调节可以适应由汽车负载引起的车身倾斜。动态的汽车照明距离自动调节可附加地适应由制动、加速引起的汽车俯仰运动。

2. 车轴传感器的结构和工作原理

安装在车体前、后的车轴传感器（转角传感器）可检测汽车的倾斜。通过与车轴或车轮悬挂装置相连接的传动杆上的转动杆可以检测汽车的跳动（图 2-13-16）。这样，前、后轴传感器间检测得的电压差可计算出汽车的俯仰情况。

车轴传感器是利用霍尔效应原理制成。霍尔传感器集成在转子上，转子处于均匀的磁场中。磁场在霍尔传感器中产生霍尔电压，该电压与磁通密度成正比。当环形磁铁随轴转动时，通过霍尔传感器的磁通密度发生变化。

汽车在受载和 / 或加速、制动引起的跳动传到车轴传感器的转动杆上，并将它转换成与转角成比例的电信号。

ECU 接收来自车轴传感器的电信号，并得到前、后轴间的电压差。在考虑了汽车行驶速度后可计算出伺服电机位置的设定值。当车辆等速行驶时动态照明距离自动调节保持在大阻尼状态，伺服电机的位置，即照明距离调节位置只是慢慢地与汽车俯仰状况相协调，以免遇到路面不平或凹坑冲击时不断校正照明距离。当车辆加速或制动时，照明距离自动调节马上进入动态工作方式，伺服电机位置在几毫秒内就与汽车俯仰相协调，然后又自动地回到大阻尼的慢速调节状态。

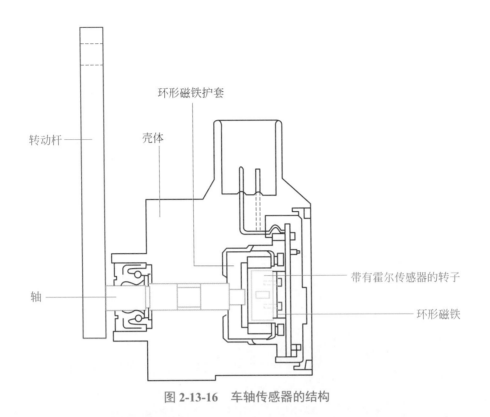

环形磁铁护套

转动杆

壳体

带有霍尔传感器的转子

轴

环形磁铁

图 2-13-16　车轴传感器的结构

九、转向轮角度传感器

1. 转向轮角度传感器的作用

转向轮角度传感器主要应用在电子稳定控制系统中，该系统的任务是在制动作用下将汽车保持在驾驶员设定的行驶道路上。在控制单元中将转向轮调整角度和给定的制动压力与汽车实际的转向和行驶速度进行比较，必要时制动车轮。这样不仅保证车轴与转向的偏差，还可防止不希望的过度转向，保证适度的不足转向。

电子稳定控制系统中的角度传感器主要有两个作用：一是用于检测转向轮角度；二是用于检测传感器测量的可信度或者在理想情况下还可自诊断。常用的转向轮角度传感器有电位器式、光代码式和磁电式三种。

2. 转向轮角度传感器的结构与工作原理

在 Bosch 电子稳定控制系统的电控单元配用的有两种测量绝对角度的电磁式角度传感器。它们可在任何时间，在整个角度范围内测出转向轮角度。

LWS1 型霍尔转向轮角度传感器有 14 个霍尔"栅栏"（传感器）检测角度和转向轮的转动，如图 2-13-17 所示。1 个霍尔栅栏（传感器）都像 1 个光栅；1 个霍尔传感器检测相邻磁铁的磁场。磁场由于被与转向柱一起转动的金属编码盘阻挡而大为减弱，甚至屏蔽。这样，9 个霍尔传感器得到转向轮角度的编码（数字）信息，剩下的 5 个霍尔传感器记录转向轮的转动。通过 4：1 的减速比，将该转动变为 360°，即 4 转变 1 转。

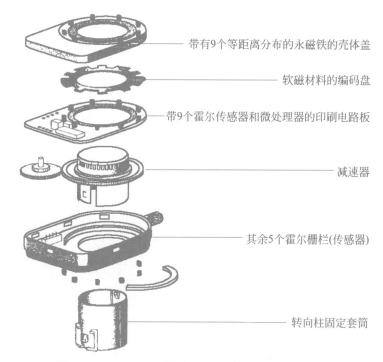

带有9个等距离分布的永磁铁的壳体盖

软磁材料的编码盘

带9个霍尔传感器和微处理器的印刷电路板

减速器

其余5个霍尔栅栏(传感器)

转向柱固定套筒

图 2-13-17　LWS1 型霍尔转向轮角度传感器的结构

从 LWS1 型转向轮角度传感器结构图可知，上面 9 个磁铁，根据转向轮转向位置，被放在它下面的软磁材料的编码盘逐个屏蔽。在印刷电路板上有霍尔传感器和微处理器。在微处理器中可检测传感器的可信度，并对检测的角度进行译码，并为 CAN 总线传输数据做准备。LWS1 型转向轮角度传感器的下半部分是减速器和 5 个"栅栏"（传感器）。LWS1 型转向轮角度传感器因为元件众多，需等距离安装磁铁及对准，而被 LWS3 型转向轮角度传感器代替。

为使成本更低廉，LWS4 型转向轮角度传感器代替了 LWS3，提高 ESP 系统的安全性。

十、车距传感器

1. 车距传感器的作用

车距传感器应用在 APC（自动车距控制）系统中。APC 系统是通过一个基于毫米波雷达技术的车距传感器进行距离测量的。系统同时测量与视野范围内几个物体的距离以及沿车辆纵向的相对车速。通过这些测量值，计算出每个物体与其视野范围中心线的角度偏差（方位角）。

2. 车距传感器安装位置

车距传感器安装在保险杠塑料盖板后面（图 2-13-18）。发出光束的透镜很容易辨认出来。

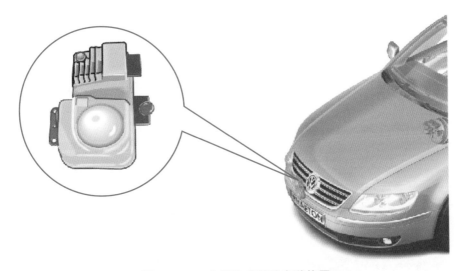

图 2-13-18　车距传感器的安装位置

3. 结构

车距传感器主要由透镜、校准镜、电子分析装置和收发单元等组成，如图 2-13-19 所示。

在车距传感器壳体内集成了计算效率非常高的处理器。它将进行以下附加计算：

1. 行车道预报；
2. 相关物体的选择；
3. 距离和定速巡航；
4. 发动机控制单元、制动助力器和组合仪表的启用；
5. 自诊断。

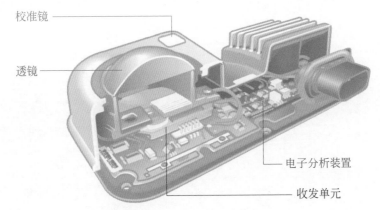

图 2-13-19　车距传感器的结构

4. 工作原理

车距传感器的视野范围可以比作大灯聚光灯的照亮区域。对于大灯而言，传感器的视野区域中心线必须与行驶方向精确对准。

车距传感器依靠电磁波工作，该波以光速 c 进行传播。频率为 f 的波运行一个周期需要一个波长 λ。它的发射频率为 $f=76.5\text{GHz}$，波长 $\lambda=3.92\text{mm}$。频率 f 为 $30\sim150\text{GHz}$ 的波称为毫米波。

（1）**车辆匀速行驶** 如果在车距传感器的探测区域内没有发现车辆，则车距传感器会发送信号给电控单元。电控单元会控制车辆保持期望车速行驶。

（2）**车辆减速行驶** 如果一辆带 APC 系统汽车（后车辆）的车距传感器探测到前方同一车道上有一辆行驶较慢的汽车（前车辆），车距传感器向 APC 系统控制单元输入信号。APC 系统控制单元会自动控制减小发动机的扭矩，并在必要时采取必要的制动，以此将两车车距调节到驾驶员预设的值，该值为受时间控制的值，如图 2-13-20 所示。

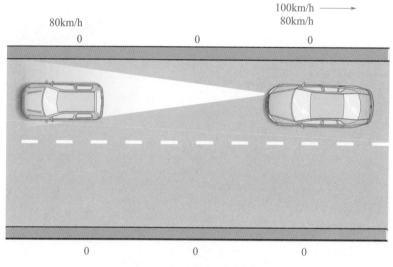

图 2-13-20　车辆减速行驶

当车距传感器检测到前方有慢车插入时，向 APC 系统控制单元发送信号。车辆通过减速作出反应，使本车速度与前车速度相当。如图 2-13-21 所示。

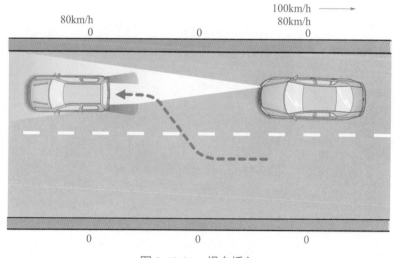

图 2-13-21　慢车插入

（3）**车辆加速或变道行驶** 当车距传感器检测到前方车辆加速或者变换行车道时，向 APC 系统控制单元发送信号，如图 2-13-22 所示。APC 控制单元根据此信号控制本车重新加速，恢复到预设车速。

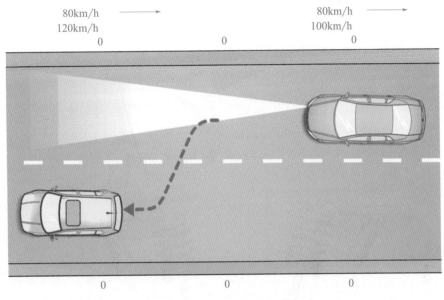

图 2-13-22 车辆加速或变道行驶

发动机偏心轴传感器

在宝马发动机 Valvetronic 系统中为了精确控制进气门的升程，需要对偏心轴旋转角度进行监测，这就需要用到发动机偏心轴传感器。

宝马 Valvetronic 系统现已发展到第Ⅳ代，打开进气门的方式没有改变，但从第Ⅲ代 Valvetronic 系统开始，对偏心轴旋转角度的监测从外部偏心轴位置传感器移到偏心轴电动机总成内，从检测偏心轴的旋转变为检测偏心轴电动机的旋转。

在目前的汽车售后市场上，第Ⅱ代 Valvetronic 系统采用的外置式偏心轴位置传感器比较普及，故障率也比较高，所以这里主要以第Ⅱ代 Valvetronic 系统（如图 2-13-23 所示）为例，介绍外置式偏心轴位置传感器的安装位置、结构、工作原理和信号波形，从而能够快速判断偏心轴位置传感器的好坏。

1. 外置式偏心轴位置传感器安装位置

外置式偏心轴位置传感器的安装位置如图 2-13-24 所示。

2. 外置式偏心轴位置传感器结构

如图 2-13-25 所示，在偏心轴末端安装了 1 个信号靶轮，为高磁性永磁铁材质，用于产生磁场。偏心轴位置传感器内部有磁阻效应元件，磁阻效应元件的电阻取决于磁力线的方向。

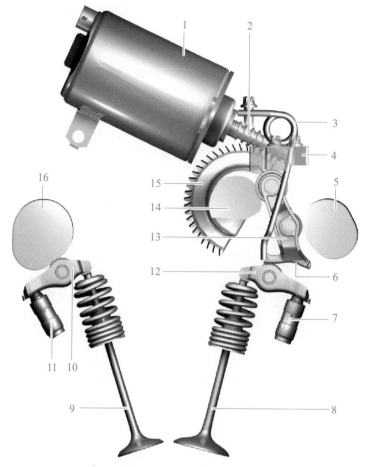

图 2-13-23　第Ⅱ代 **Valvetronic** 系统组成

1—伺服电机；2—蜗杆；3—扭转弹簧；4—固定架；5—进气凸轮轴；6—斜台；7，11—HVA；

8—进气门；9—排气门；10，12—滚子式气门压杆；13—中间推杆；14—偏心轴；

15—蜗轮；16—排气凸轮轴

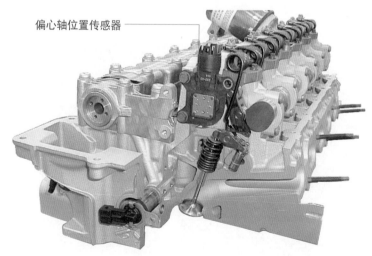

图 2-13-24　外置式偏心轴位置传感器的安装位置

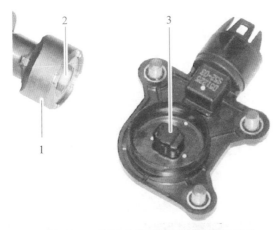

图 2-13-25　外置式偏心轴位置传感器结构
1—磁轮；2—固定螺栓；3—偏心轴位置传感器

3. 外置式偏心轴位置传感器工作原理

如图 2-13-26 所示，当偏心轴旋转时，穿过磁阻效应元件的磁力线方向会发生变化，由此产生的电阻变化便可反映偏心轴的位置变化。

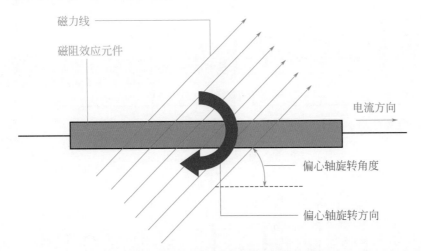

图 2-13-26　外置式偏心轴位置传感器工作原理

磁阻效应元件类似于霍尔效应元件，均是感应磁场的变化。不同在于，当磁场变化时，霍尔效应元件会产生电压的变化，而磁阻效应元件会产生电阻的变化。利用磁阻效应元件的传感器在车辆上广泛应用，用于监测转速或位置变化，如轮速传感器和非接触式的节气门位置传感器。

4. 外置式偏心轴位置传感器电气连接与信号波形

不同于其他传感器，偏心轴位置传感器与发动机控制单元之间传递的不是简单的电压或电流信号，而是一种串行数据，同时还使用了冗余设计，即用 2 套传感器同时监控偏心轴的旋转。

偏心轴位置传感器上共有 9 个端子（见表 2-13-1），其中端子 1 和端子 7 是相同类型信号，端子 3 和端子 9 是相同类型信号，端子 6 是 5V 电源，端子 8 是节拍时钟信号，端子 4 是屏蔽线，端子 5 是搭铁线。

表 2-13-1　偏心轴位置传感器电气连接端子及各端子的含义

端子号	含义
端子 1	角传感器 1 的触发信号（P-CS1S）线
端子 2	空位
端子 3	传感器 1 的数据信号（T-DAT1S）线
端子 4	屏蔽线
端子 5	搭铁线
端子 6	5V 电源线
端子 7	角传感器 2 的触发信号（P-CS2S）线
端子 8	传感器的节拍时钟信号（P-CLKS）线
端子 9	传感器 2 的数据信号（T-DAT2S）线

偏心轴位置传感器的控制电路如图 2-13-27 所示。

图 2-13-27　偏心轴位置传感器控制电路

用示波器同时测量偏心轴位置传感器端子 1 和端子 7 上的信号波形（图 2-13-28）可知，该信号是由 ECU 发送至偏心轴位置传感器的触发信号，占空比为 7%，周期为 1ms，幅值从 5V 拉低至 0V。

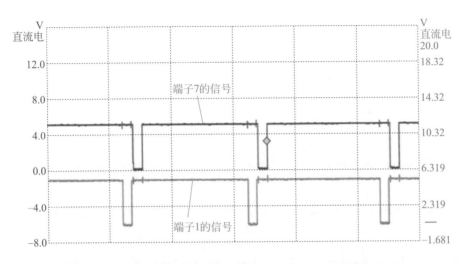

图 2-13-28　偏心轴位置传感器端子 1 和端子 7 上的信号波形

用示波器同时测量偏心轴位置传感器端子 3 和端子 9 上的信号波形（图 2-13-29）可知，该信号是由偏心轴位置传感器发送至 ECU 的串行数据信号。其中高电位和低电位形成了 0 和 1 之间的组合，将转角位置以数字信号的方式传递给 ECU。分析上述 2 组波形的组合波形（图 2-13-30）可知，偏心轴位置传感器只在触发信号内发送数据信号，且每 1ms 进行 1 次位置更新。

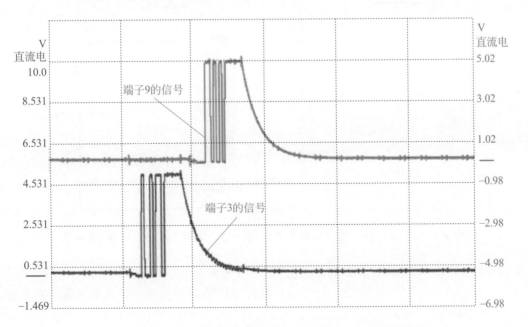

图 2-13-29　偏心轴位置传感器端子 3 和端子 9 上的信号波形

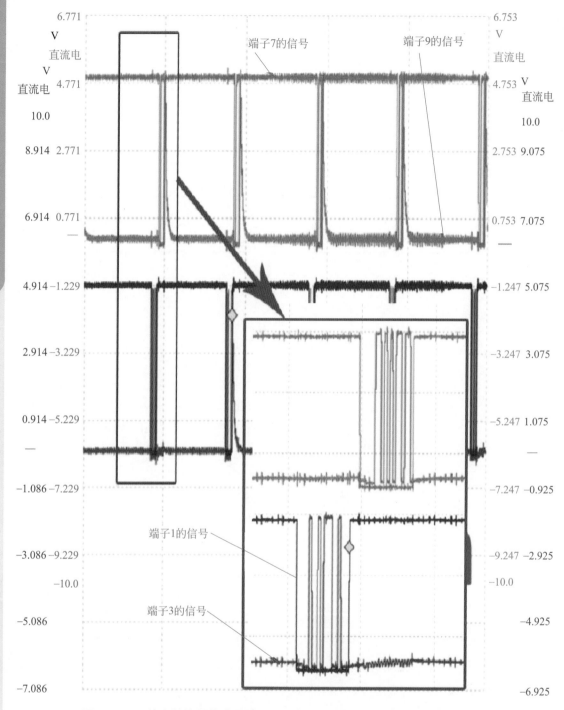

图 2-13-30　偏心轴位置传感器端子 1、端子 3、端子 7 和端子 9 的组合波形

　　再用示波器同时测量偏心轴位置传感器端子 8 上的信号波形（图 2-13-31）可知，节拍时钟信号的频率为 250kHz。分析偏心轴位置传感器端子 3、端子 8 和端子 9 的组合波形（图 2-13-32）可知，串行数据的振荡频率是由节拍时钟信号决定的，它为串行数据提供一个节拍器。

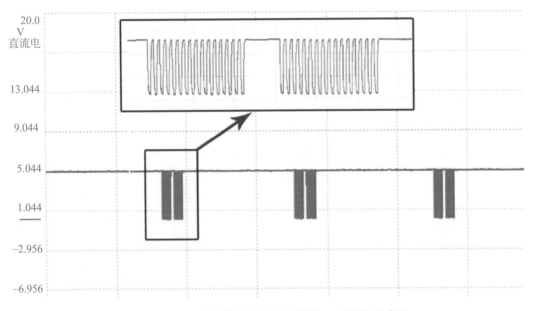

图 2-13-31　偏心轴位置传感器端子 8 上的信号波形

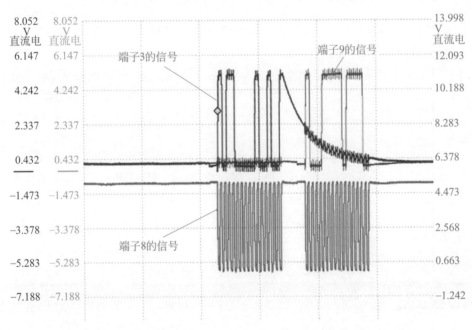

图 2-13-32　偏心轴位置传感器端子 3、端子 8 和端子 9 的组合波形

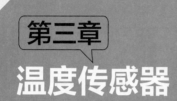

第三章
温度传感器

第一节 概述

温度传感器广泛应用于现代汽车发动机、自动变速器和空调等系统，用于测量发动机的冷却液温度、进气温度、自动变速器油温度、空调系统环境温度、室内温度等，是发动机燃油喷射、自动变速器换挡、离合器锁定、油压控制以及自动控制的重要信号。

汽车上的温度传感器因车型而异，检测的目的和范围也不大一样，那么其数量、使用的类型也有差异。目前温度传感器有绕组电阻式、热敏电阻式、扩散电阻式、半导体二极管式、金属测温电阻式和热电偶式等。实际应用在汽车上的温度传感器主要有热敏电阻式、金属测温电阻式、热电偶式三种类型。这三类温度传感器的特点见表 3-1-1。

表 3-1-1 典型温度传感器的特点

测量用部件	优点	缺点
热敏电阻	①可测量很小部位的温度 ②可缩短滞后时间 ③灵敏度高 ④不能忽略导线电阻造成的误差 ⑤最适于测量微小的温度差 ⑥测量机构简单且价格低廉 ⑦因信噪比较高，所以对系统性计量工程来说经济性好	①因电阻与温度间的非线性程度较严重，有时需要做三线性处理 ②有时需要互换用电阻 ③振动严重的场合可能会造成破坏

测量用部件	优点	缺点
热电偶	①可测量很小部位的温度 ②可缩短滞后时间 ③耐振动与冲击 ④适于测定温度差 ⑤测定范围宽	①需要标准触点 ②标准触点与补偿导线有误差 ③在常温下不注意修正时，难以得到较高的精度
金属测温电阻	①适于测量较大范围的平均温度 ②不需要标准触点等 ③与热电偶相比，常温下的精度较高	①难以缩短滞后时间 ②在振动严重的场所可能出现破损 ③受导线电阻的影响，需要修正

1. 热敏电阻式温度传感器

热敏电阻是用陶瓷半导体材料与其他的金属氧化物按适当的比例混合后高温烧结而制成的温度系数很大的电阻体。在工作范围内，按陶瓷半导体与温度的特性关系可分为三种：第一种，负温度系数热敏电阻（NTC），其电阻随温度升高而减少；第二种，正温度系数热敏电阻（PTC），其电阻随温度升高而按指数函数增加；第三种，临界温度系数热敏电阻（CRT），其电阻随温度升高而按指数函数减少。在汽车上常见的有前两种。

2. 热电偶式温度传感器

热电偶式温度传感器是根据热电效应（温差电动势效应）制成的，即将两种不同材料的金属黏合在一起。如图 3-1-1 所示，在 A、B 间产生温度差 ΔT_{AB} 时，两点间会出现一个电位差 ΔU_{AB}，即 A、B 两点间的电位差仅仅取决于其温度差的大小。测量时，将其中的一端置于恒温箱中，另一端置于被测物中，被测物温度变化造成电位差的变化。电位差 ΔU_{AB} 的变化实际上反映的是被测物温度的变化。

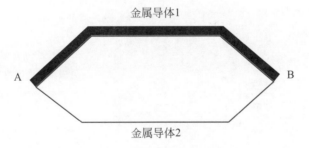

金属导体1

A

B

金属导体2

图 3-1-1　热电效应原理图

3. 金属测温电阻式温度传感器

金属测温电阻式温度传感器是以金属元件作为检测元件的传感器，要求材料的电阻温度系数、物理化学性能稳定且其自身的电阻率较大。金属铂和铜符合这一要求，成为较理想的、常用的热电阻材料。其中因为铂在很宽的温度范围内能保持良好的性能，所

第三章　温度传感器

以得到了广泛的应用；而铜虽然仅适用于 -50 ～ 150℃，但其测温精度高，稳定性好，且易加工，较为经济。

另外，还要提到的有热敏铁氧体式温度传感器和应用在老式化油器式发动机上的石蜡式以及双金属片式气体温度传感器。其中石蜡式温度传感器是利用石蜡的低温固态、高温液态、体积膨胀推动活塞运动，从而开、关阀门的原理制成的；双金属片式温度传感器则是利用线膨胀系数不同的两种金属黏合后，在高温时，由于两种金属的线膨胀系数不同，使得双金属片向膨胀量小一方弯曲的特性制成的可关闭阀门。

第二节　热敏电阻式温度传感器

一、冷却液温度传感器

▶ 1. 冷却液温度传感器的作用

冷却液温度传感器的主要作用是检测冷却液温度，并将温度信号转换为电信号输入给发动机 ECU，ECU 对发动机的喷油量和点火时刻进行修正。

▶ 2. 冷却液温度传感器的安装位置

冷却液温度传感器（即水温传感器）一般装在电喷发动机的缸体缸盖的水套及上出水管、节温器等处（图 3-2-1）。

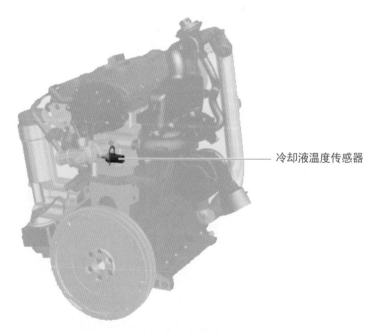

冷却液温度传感器

扫码看视频　　　　　　图 3-2-1　冷却液温度传感器的安装位置

3. 冷却液温度传感器的类型

冷却液温度传感主要有绕线电阻式、热敏电阻式、扩散电阻式、半导体晶体管式、金属测温电阻式、热电偶式等类型。应用最广泛的是热敏电阻式，因此在这里将做详细的介绍。

4. 冷却液温度传感器的结构

冷却液温度传感器有两端子式和单端子式两种，主要由热敏电阻、金属引线、接线插座和壳体组成。其结构如图 3-2-2 所示。

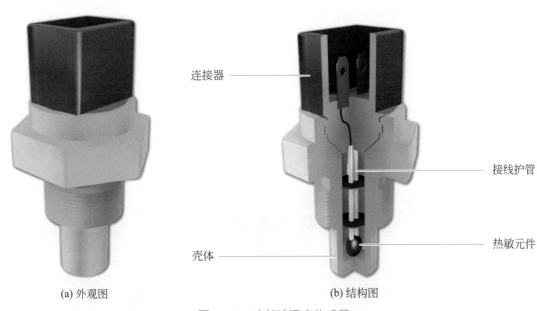

连接器

接线护管

热敏元件

壳体

(a) 外观图　　　　　　　　　　(b) 结构图

图 3-2-2　冷却液温度传感器

5. 冷却液温度传感器的工作原理

冷却液温度传感器采用负温度系数热敏电阻，其阻值随冷却液温度变化而发生相应变化。冷却液温度越低，电阻值越大，冷却液温度越高，电阻值越小。传感器输出端输出不同的电压信号至 ECU，ECU 根据电压信号的变化，对基本喷油量、点火提前角、怠速、尾气排放等控制进行修正（图 3-2-3）。

6. 冷却液温度传感器与 ECU 的连接电路

北京切诺基发动机管理系统所使用的冷却液温度传感器与 ECU 的连接电路如图 3-2-4 所示。

由图 3-2-4 可知，冷却液温度传感器的两根导线都和 ECU 相连接：一根为搭铁，另一根的对地电压随热敏电阻阻值的变化而变化。ECU 根据这一电压的变化测得发动机冷却水的温度，和其他传感器产生的信号一起，用来确定喷油脉冲宽度、点火时刻等。

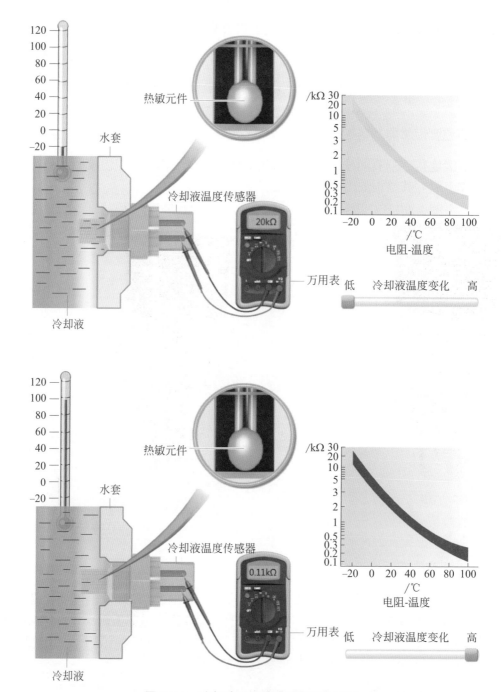

图 3-2-3　冷却液温度传感器的工作原理

从图 3-2-4 中可以看出，ECU 使 5V 的电压通过 1kΩ 电阻和晶体三极管串联再与 10kΩ 电阻并联的电路，然后经过传感器接地。在温度比较低时，传感器的热敏电阻的阻值较大，此时 ECU 使晶体三极管截止，5V 的电压仅仅通过 10kΩ 电阻及传感器后搭铁。由于传感器的热敏电阻的阻值与 10kΩ 电阻的阻值相差不大，这样传感器所测得的数值比较准确。而当温度达到一个特定值 51.6℃时，热敏电阻的阻值发生了很大的变化，此时其阻值相对 10kΩ 已经较小，测得的数值不准确。此时 ECU 使晶体管导通，这样 5V 电压就通过 1kΩ 电阻和晶体三极管串联后再与 10kΩ 电阻并联的电路,然后经过传感器搭铁。由于并联后的阻值与 1kΩ 相差不大,即与温度升高后的传感器的阻值相差也不大,这样即使温度升高后发生变化,也能使测量结果准确。

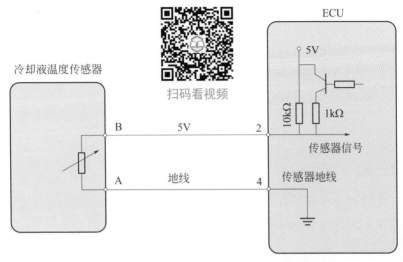

图 3-2-4　冷却液温度传感器与 ECU 的连接电路

7. 故障分析

冷却液温度传感器故障分析见表 3-2-1。

扫码看视频

表 3-2-1　冷却液温度传感器故障分析

故障代码	检测条件	故障部位	故障方案
P0115	发动机冷却液温度电路故障	1. 发动机冷却液温度传感器电路断路或短路	检查相关电路,修复故障线路或更换
		2. 发动机冷却液温度传感器	更换发动机冷却液温度传感器
		3. ECM	检查相关电路,修复故障线路或更换;如果是 ECM 故障,则更换总成
P0116	发动机冷却液温度电路范围 / 性能故障	1. 节温器	更换节温器
		2. 发动机冷却液温度传感器	更换发动机冷却液温度传感器
P0117	发动机冷却液温度电路低输入	1. 发动机冷却液温度传感器电路短路	检查相关电路,修复故障线路或更换
		2. 发动机冷却液温度传感器	更换发动机冷却液温度传感器
		3. ECM	检查相关电路,修复故障线路或更换;如果是 ECM 故障,则更换总成

二、进气温度传感器

▶ 1. 进气温度传感器的作用

因为进入发动机气缸内的空气质量大小与进气温度和进气压力有关，即当温度低时，空气密度大，相同体积气体的质量大；反之，进气温度升高时，相同体积气体的质量将减少。在采用空气流量传感器的燃油喷射系统中，空气流量传感器测定的空气质量为体积流量，因此需要进气温度传感器和大气压力传感器。ECU 便可根据进气温度传感器输入的进气温度和压力信号修正喷油量，使发动机自动适应外部环境和压力的变化。

▶ 2. 进气温度传感器的安装位置

进气温度传感器通常安装在空气滤清器之后的进气软管、空气流量传感器、节气门体或进气歧管上，如图 3-2-5 所示。有的还在空气流量传感器和谐振腔上各安装一个，以提高喷油器的控制精度。

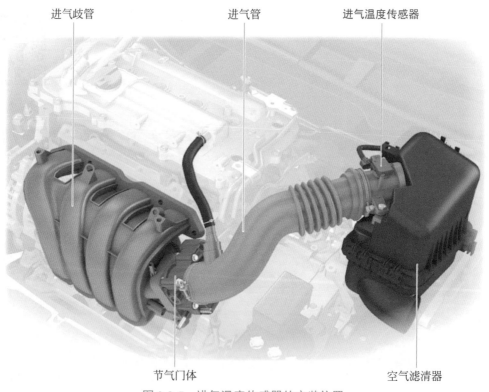

进气歧管　　　　　　进气管　　　　　　进气温度传感器

节气门体　　　　　　　　　　　　空气滤清器

图 3-2-5　进气温度传感器的安装位置

▶ 3. 进气温度传感器的结构

进气温度传感器主要由绝缘套、塑料外壳、防水插座、铜垫圈、热敏电阻等组成（图 3-2-6）。

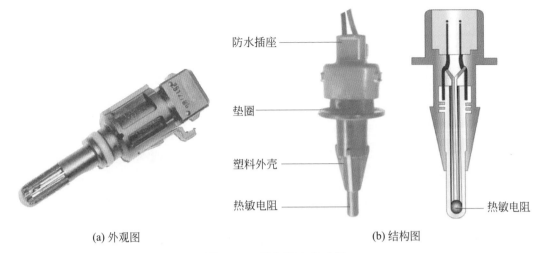

防水插座

垫圈

塑料外壳

热敏电阻

热敏电阻

(a) 外观图　　　　　　　　　　　　(b) 结构图

图 3-2-6　进气温度传感器

▶ 4. 进气温度传感器的工作原理

　　进气温度传感器也是由负温度系数的热敏电阻组成的，即温度升高时传感器的电阻明显减小。其用来检测发动机的进气温度，并将这种温度信号通过电路的连接以电信号的形式输入给 ECU，ECU 则根据输入的电信号对喷油量进行修正。进气温度传感器的工作特性曲线如图 3-2-7 所示。

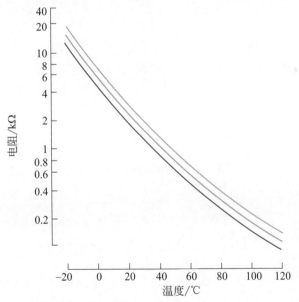

图 3-2-7　进气温度传感器的工作特性曲线

▶ 5. 进气温度传感器与 ECU 的连接电路

　　丰田汽车发动机管理系统中使用的进气温度传感器的接头端子与 ECU 的连接电路见图 3-2-8。

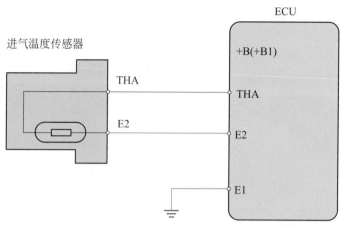

图 3-2-8　进气温度传感器的接头端子与 ECU 的连接电路

6. 进气温度传感器的检测

如果进气温度传感器出现故障，会使输入给 ECU 的进气温度电信号出现中断，使进入发动机气缸中的混合气过稀或过浓，燃烧情况变坏，出现热启动困难、废气排放量增大、工作不稳定的情况。同时若在行车中出现上述的情况，则应对进气温度传感器进行检测，具体方法如下：

（1）检测进气温度传感器的电阻

❶ 单体检测。关闭点火开关，拔下进气温度传感器连接器接头，拆下进气温度传感器。用电吹风机吹或用热水加热进气温度传感器，并用万用表电阻挡测量在不同温度下进气温度传感器的电阻值（图 3-2-9）。其电阻值随温度的变化应与冷却液温度传感器相似，如果电阻值不在规定范围内，则应更换进气温度传感器。

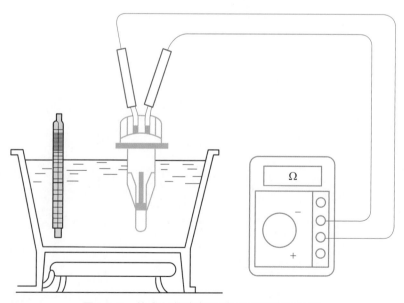

图 3-2-9　热水加热空气温度传感的电阻检测

❷ 就车检测。关闭点火开关，拔下进气温度传感器连接器接头，用高阻抗数字式万用表电阻挡检测传感器接头两端子间的电阻，阻值介于 0.2 ～ 20kΩ 之间。否则，如果电阻值的偏差过大，则说明传感器已失效或损坏，应更换传感器。

（2）测量进气温度传感器的电压　打开点火开关，用万用表的两端子分别连接进气温度传感器的信号线或 ECU 的信号线端子与地线端子（即 THA 与 E2），注意正负极，用其电压挡测量传感器的输出电压值。其大小应随进气温度的变化而变化，即温度低时电压高，温度高时电压低，测量结果应符合规定（如在 20℃时电压值应在 0.5 ～ 3.4V 间），否则应更换传感器。

（3）测量进气温度传感器与 ECU 之间的连接线束的电阻　用高阻抗万用表的电阻挡测量传感器的信号端子与 ECU 的信号端子之间的连接线束及传感器的地线端子与 ECU 的地线端子之间的电阻，此时线路应导通且电阻应小于 1.5Ω，否则说明线束短路或接线端子的接触不好，应继续检查或更换线束。

7. 故障分析

进气温度传感器故障分析见表 3-2-2。

表 3-2-2　进气温度传感器故障分析

故障代码	检测条件	故障部位	故障方案
P0110	进气温度电路故障	1. 进气温度传感器电路断路或短路	检查相关电路，修复故障线路或更换
		2. 进气温度传感器	更换进气温度传感器
		3. ECM	检查相关电路，修复故障线路或更换；如果是 ECM 故障，则更换总成
P0112	进气温度电路低输入	1. 进气温度传感器电路短路	检查相关电路，修复故障线路或更换
		2. 进气温度传感器	更换进气温度传感器
		3. ECM	检查相关电路，修复故障线路或更换；如果是 ECM 故障，则更换总成
P0113	进气温度电路高输入	1. 进气温度传感器电路断路	检查相关电路，修复故障线路或更换
		2. 进气温度传感器	更换进气温度传感器
		3. ECM	检查相关电路，修复故障线路或更换；如果是 ECM 故障，则更换总成

三、车内、外空气温度传感器

1. 车内、外空气温度传感器的作用

汽车车内、外空气温度传感器用于测量车内、外的空气温度，并把测得的温度信号

以电信号的形式输入给汽车空调控制系统 ECU，从而实现汽车空调控制系统对工作温度的控制，保持汽车内部温度恒定在设定的范围。

2. 车内、外空气温度传感器的安装位置

车外空气温度传感器一般安装在汽车的前部，而车内空气温度传感器有两个，一个安装在驾驶室内的仪表板下面，一个安装在后风窗玻璃下面（图 3-2-10）。

车内空气温度传感器（前）
车内空气温度传感器（后）
车外空气温度传感器

图 3-2-10　车内、车外空气温度传感器的安装位置

3. 车内、外空气温度传感器的结构与工作原理

车内、外空气温度传感器均由负温度系数的热敏电阻制成，即电阻值随空气温度的升高而明显减少。

（1）**车内空气温度传感器**　车内空气温度传感器将热敏电阻装在塑料壳内，利用抽风装置（利用空调组件内的气流工作或设有专用电机吸进空气）将车内空气从吸气孔处吸入塑料壳内来检测车内温度（图 3-2-11）。

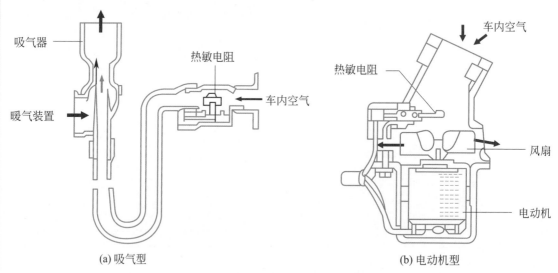

吸气器
热敏电阻
车内空气
暖气装置

车内空气
热敏电阻
风扇
电动机

(a) 吸气型　　　　　　　　(b) 电动机型

图 3-2-11　车内空气温度传感器的结构

（2）**车外空气温度传感器**　车外温度传感器用于检测车外环境的温度，且其阻值也随环境温度的变化而变化（图 3-2-12），并把这种变化信号输入给空调控制系统的ECU，使 ECU 启动空调压缩机运转，从而保持车内的温度在恒定的范围内。

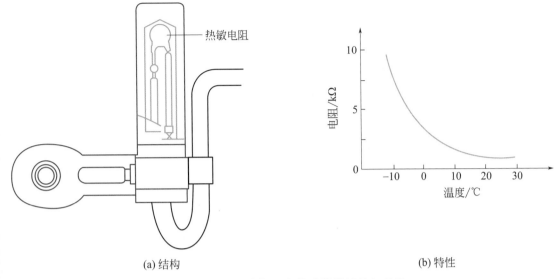

(a) 结构

(b) 特性

图 3-2-12　车外空气温度传感器的结构与特性

▶ 4. 车内、外空气温度传感器与 ECU 的连接电路

车内、外空气温度传感器与 ECU 的连接电路见图 3-2-13。

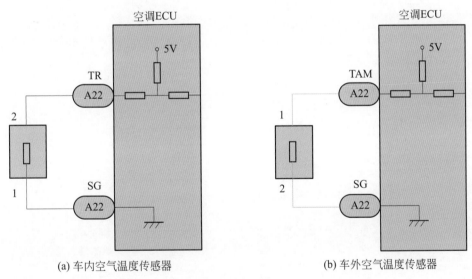

(a) 车内空气温度传感器

(b) 车外空气温度传感器

图 3-2-13　车内、外空气温度传感器与 ECU 的连接电路

▶ 5. 车内、外空气温度传感器的检测

当空调系统发生故障时，车内的温度不能保持恒定，若出现此状况，应对空调系统电路的各部分进行检测。检测时用万用表电压挡分别测量电路各部分的电压，如果发现传感器部分的电路短路或断路，则应继续检测，看传感器是否损坏，检测方法如下：

（1）**车内空气温度传感器检测**　关闭点火开关，拔下传感器的连接器插头，把万用表的两表笔连接在传感器的两端子上，并用吹风机吹热风，检查传感器电阻值的变化情况。车内温度传感器电阻随温度的变化规律应符合特性曲线变化规律，否则说明有损坏，应更换传感器（图3-2-14）。

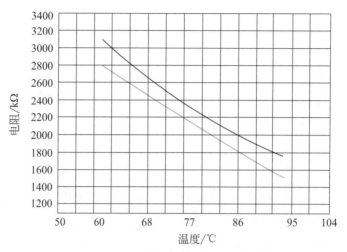

图 3-2-14　车内空气温度传感器特性曲线

（2）**车外空气温度传感器的检测**　拆下汽车散热器护栅，拔下传感器连接器插头，拆下传感器，放入热水中加热并用万用表的电阻挡测量两接线端子之间的电阻值，当温度升高时，其电阻值应明显下降。检测的电阻值应符合特性曲线变化规律，否则应更换传感器（图3-2-15）。

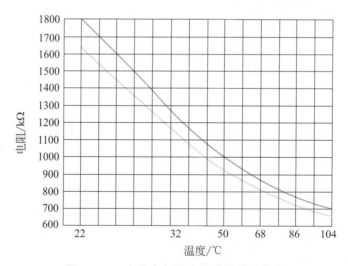

图 3-2-15　车外空气温度传感器特性曲线

6. 故障分析

车内、外空气温度传感器故障分析见表3-2-3。

表 3-2-3　车内、外空气温度传感器故障分析

故障代码	检测条件	故障部位	故障方案
B1411/11	车内温度传感器电路	1. 空调车内温度传感器	更换空调车内温度传感器
		2. 空调车内温度传感器和空调放大器之间的线束或连接器	检查相关的线路，修复或更换故障线路
		3. 空调放大器	更换空调放大器
B1412/12	环境温度传感器电路	1. 环境温度传感器	更换环境温度传感器
		2. 环境温度传感器和组合仪表之间的线束或连接器	检查相关的线路，修复或更换故障线路
		3. 组合仪表	更换组合仪表
		4. CAN 通信系统	检查相关的线路，修复或更换故障线路
		5. 空调放大器	更换空调放大器

四、蒸发器出口温度传感器

1. 蒸发器出口温度传感器的作用

蒸发器出口温度传感器用以检测蒸发器表面的温度变化，控制压缩机的工作状况。

2. 蒸发器出口温度传感器的安装位置

蒸发器出口温度传感器安装在汽车空调系统的蒸发器片上（图 3-2-16）。

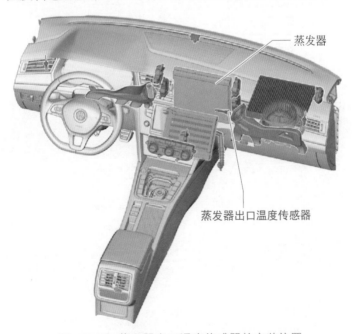

蒸发器

蒸发器出口温度传感器

图 3-2-16　蒸发器出口温度传感器的安装位置

3. 蒸发器出口温度传感器的工作原理

当空调系统工作时，蒸发器出口温度传感器检测蒸发器表面的温度信号，该信号转化为电信号输入给温度控制系统的 ECU。ECU 将输入的温度信号与设定的温度调节信号进行比较后，控制空调压缩机电磁离合器的通断，从而对压缩机的工作进行控制；同时还能利用此传感器检测到的温度信号，防止蒸发器出现冰堵现象。空调系统的原理框图见图 3-2-17。

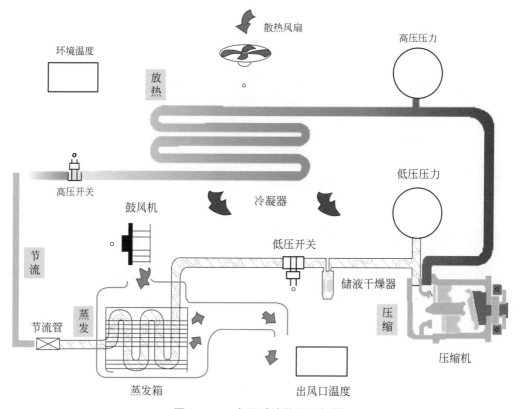

图 3-2-17　空调系统的原理框图

蒸发器出口温度传感器仍采用负温度系数的热敏电阻为检测元件，其工作温度为20 ~ 60℃，其特性曲线如图 3-2-18 所示。

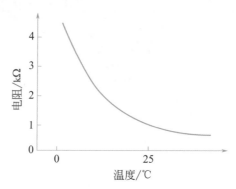

图 3-2-18　蒸发器出口温度传感器特性曲线

4. 蒸发器出口温度传感器与 ECU 的连接电路

蒸发器出口温度传感器与 ECU 的连接电路见图 3-2-19。

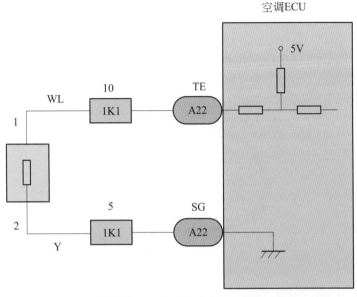

图 3-2-19　蒸发器出口温度传感器与 ECU 的连接电路

5. 蒸发器出口温度传感器的检测

如果空调系统发生了故障，且在蒸发器的制冷剂出口处即高压管路上出现了冰堵现象，同时压缩机不能正常工作，这可能是蒸发器出口温度传感器的连接电路出现断路或短路的故障所致。此时须对蒸发器出口温度传感器进行检测，具体方法如下：

❶ 检查蒸发器温度传感器和空调控制器总成之间的连接器及各导线的连接情况，检查空调控制器总成的状况。

❷ 断开点火系统，拆下蒸发器出口温度传感器，用万用表电阻挡测量传感器两接头端子之间在不同温度下的电阻值，应符合一定的标准参考值，且随温度的升高电阻值明显减小。如果不符合，则应更换出口温度传感器。

6. 故障分析

蒸发器出口温度传感器故障分析见表 3-2-4。

表 3-2-4　蒸发器出口温度传感器故障分析

故障代码	检测条件	故障部位	故障方案
B1413/13	蒸发器温度传感器电路	1. 空调线束	检查相关的线路，修复或更换故障线路
		2. 蒸发器温度传感器	更换蒸发器温度传感器
		3. 空调放大器	更换空调放大器

五、排气温度传感器

1. 排气温度传感器的作用

排气温度传感器（图 3-2-20）用以检测转化器内的排气温度，当排气温度过高时，此传感器将这种过高的温度信号以电信号的形式输入给 ECU。ECU 经过分析处理后启动异常高温报警系统，使排气温度报警指示灯点亮，从而向驾驶人员发出报警信号。

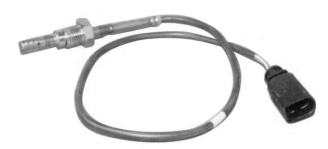

图 3-2-20　排气温度传感器

2. 排气温度传感器的安装位置

排气温度传感器安装在汽车排气装置的三元催化转化器上（图 3-2-21）。

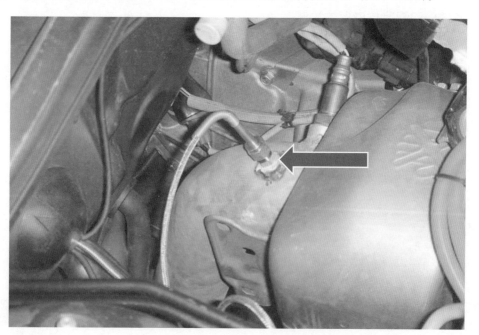

图 3-2-21　排气温度传感器的安装位置

3. 排气温度传感器的结构

汽车用排气温度传感器常见的是热敏电阻式。其结构如图 3-2-22 所示。

图 3-2-22 排气温度传感器（加热型氧化锆式氧传感器）的结构

4. 排气温度传感器的工作原理

排气温度报警系统电路见图 3-2-23。

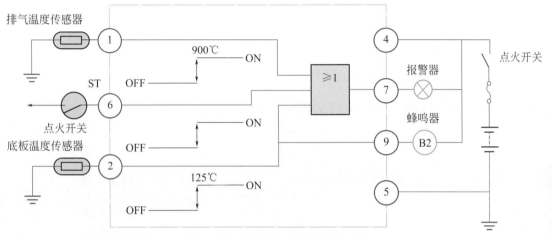

图 3-2-23 排气温度报警系统电路

从图 3-2-23 可知，启动发动机时，报警灯亮，这是制造厂为检查排气温度报警灯灯泡的灯丝是否良好而设置的功能。

在车辆行驶过程中，如果排气温度过高超过 900℃，则排气温度传感器的电阻值降到 0.43kΩ 以下，此时排气温度报警灯点亮；当车厢底板温度超过 125℃时，底板温度传感器的电阻超过 2kΩ，这时在排气温度报警灯点亮的同时蜂鸣器也发出响声；当排气温度在 900℃以下，底板温度也低于 125℃时，排气温度传感器的电阻值大于 0.43kΩ，底板温度传感器的电阻低于 2kΩ，这时排气温度报警灯不亮，蜂鸣器也无声响。

5. 排气温度传感器的检测

如果车辆在行驶过程中排气温度报警系统在排气温度及底板温度超过规定值时无法进行报警或报警灯不亮，蜂鸣器也无声响，则说明排气温度报警系统的电路出现故障。在这种情况下，车辆继续行驶会损坏催化转换器，进而会造成排气管堵塞，影响发动机的工作性能，使其工作不稳定，因此需要对相应部件进行检修。排气温度传感器由于经常承受低温怠速启动到高温负荷下的温度剧变，还要承受发动机及车身的振动，因此极易损坏，应先对其进行检测，方法如下：

（1）**就车检测**　打开点火开关，启动发动机，排气指示灯亮，启动后指示灯熄灭，则说明电路连接良好，传感器也良好。

（2）**单体检测**　断开点火开关，拆下排气温度传感器，用火焰加热其顶部约 40mm 的部分，至火焰呈暗红色时测量其电阻值，应在 0.4 ～ 20kΩ 之间。如果不在此范围内，则说明传感器已损坏，须更换传感器。

六、 EGR（废气再循环）系统监测温度传感器

▶ 1. EGR 系统监测温度传感器的作用

EGR 系统监测温度传感器用来监测 EGR 阀内再循环气体的温度变化情况并监测 EGR 阀的正常工作，从而控制排气歧管出来的部分废气再循环地进入进气歧管中，降低气缸的最高燃烧温度，并减少尾气中 NOx 的含量，从而减少对环境的污染。

▶ 2. EGR 系统监测温度传感器的安装位置

EGR 系统监测温度传感器安装在 EGR 阀的进气道上（图 3-2-24）。

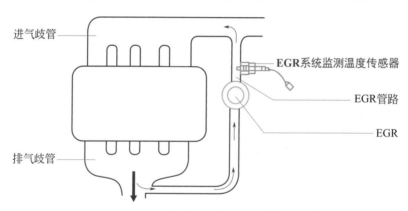

图 3-2-24　EGR 系统监测温度传感器的安装位置

▶ 3. EGR 系统监测温度传感器的结构

EGR 系统监测温度传感器也是采用负温度系数的热敏电阻为检测元件（图 3-2-25）。

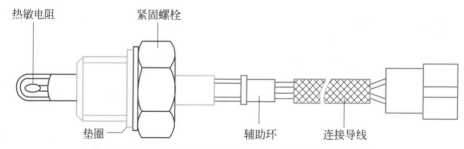

图 3-2-25　热敏电阻式 EGR 系统监测温度传感器结构

4. EGR 系统监测温度传感器的工作原理

EGR 阀在发动机中速运转及中等负荷时开启；在发动机低速运转，水温低于 60℃时 EGR 阀关闭以防止发动机怠速不稳；发动机在大负荷运转时 EGR 阀也关闭以保证发动机有足够的功率输出。因此 EGR 监测温度传感器检测的温度范围为 50 ～ 400℃。

5. EGR 系统监测温度传感器的检测

导致 EGR 系统停止工作的可能原因：EGR 系统监测温度传感器的连接电路短路或断路；EGR 控制系统发生故障；管路中的沉积物堵塞了管路；等。当 EGR 系统停止工作时，应对 EGR 监测温度传感器进行检测，检测方法如下：断开点火开关，拆下 EGR 系统监测温度传感器，并将其加热，其电阻值随温度的升高而降低，且应符合表 3-2-5 中列出的标准参考值，如果相差很大，则应对其进行更换。

表 3-2-5　EGR 系统监测温度传感器的温度特性

温度 /℃	50	100	200	400
初始电阻值 /kΩ	635±77	85.3±8.8	5.1±0.61	0.16±0.05

七、🚚 HV 蓄电池温度传感器

1. HV 蓄电池温度传感器的作用

HV 蓄电池温度传感器检测 HV 蓄电池内的温度。HV ECU 根据 HV 蓄电池温度信号控制电池冷却风扇。

2. HV 蓄电池温度传感器的安装位置

HV 蓄电池温度传感器一共有 4 个，见图 3-2-26。

HV蓄电池温度传感器
（电池组用）

图 3-2-26

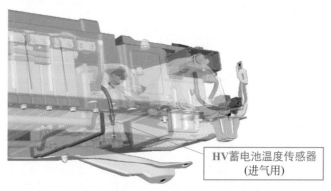

HV蓄电池温度传感器
（进气用）

图 3-2-26　HV 蓄电池温度传感器的安装位置

3. HV 蓄电池温度传感器的工作原理

　　HV 蓄电池温度传感器是运用负温度系数电阻制成的。内置于各蓄电池温度传感器中的热敏电阻的电阻会根据 HV 蓄电池温度的变化而变化（图 3-2-27）。HV 蓄电池温度越低，热敏电阻的电阻越大。反之，温度越高，电阻越小。蓄电池智能单元用蓄电池温度传感器检测 HV 蓄电池温度，并将检测值发送到混合动力车辆控制 ECU。混合动力车辆控制 ECU 根据此结果控制鼓风机风扇。HV 蓄电池温度高于预定标准时，鼓风机风扇启动。

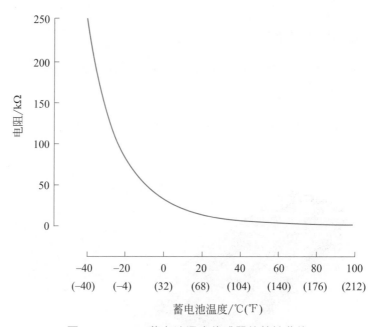

图 3-2-27　HV 蓄电池温度传感器的特性曲线

4. HV 蓄电池温度传感器与 ECU 的连接电路

　　HV 蓄电池温度传感器与 ECU 的连接电路如图 3-2-28 所示。

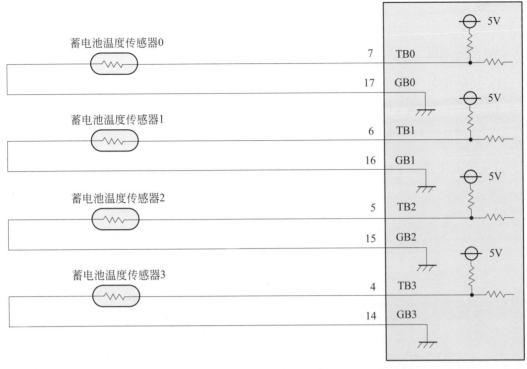

图 3-2-28　HV 蓄电池温度传感器与 ECU 的连接电路

5. 故障分析

HV 蓄电池温度传感器故障分析见表 3-2-6。

表 3-2-6　HV 蓄电池温度传感器故障分析

故障代码	检测条件	故障部位	故障方案
P0A9C-123	混合动力蓄电池温度传感器 "A" 范围／性能	1. HV 蓄电池（蓄电池温度传感器）	更换 HV 蓄电池（蓄电池温度传感器）
		2. 蓄电池智能单元	更换蓄电池智能单元
P0A9D-123	混合动力蓄电池温度传感器 "A" 电路低电位	1. HV 蓄电池（蓄电池温度传感器）	更换 HV 蓄电池（蓄电池温度传感器）
		2. 蓄电池智能单元	更换蓄电池智能单元
P0A9E-123	混合动力蓄电池温度传感器 "A" 电路高电位	1. HV 蓄电池（蓄电池温度传感器）	更换 HV 蓄电池（蓄电池温度传感器）
		2. 蓄电池智能单元	更换蓄电池智能单元

八、 HV 蓄电池进气温度传感器

1. HV 蓄电池进气温度传感器的作用

HV 蓄电池进气温度传感器探测从进气管进入的空气温度。HV ECU 根据进气温度传感器信号控制电池冷却风扇。

2. HV 蓄电池进气温度传感器的安装位置

进气温度传感器（HV 蓄电池）安装在 HV 蓄电池上（图 3-2-29）。

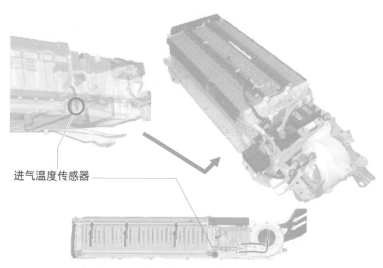

进气温度传感器

图 3-2-29　HV 蓄电池进气温度传感器安装位置

3. HV 蓄电池进气温度传感器的工作原理

HV 蓄电池进气温度传感器电阻随进气温度的变化而变化。HV 蓄电池进气温度传感器的特性与 HV 蓄电池温度传感器的特性相同（特性曲线参考 HV 蓄电池温度传感器的特性曲线）。蓄电池智能单元用来自进气温度传感器的信号控制蓄电池冷却鼓风机总成的气流量。

4. HV 蓄电池进气温度传感器与 ECU 的连接电路

HV 蓄电池进气温度传感器与 ECU 的连接电路见图 3-2-30。

图 3-2-30　HV 蓄电池进气温度传感器与 ECU 的连接电路

5. 故障分析

HV 蓄电池进气温度传感器故障分析见表 3-2-7。

表 3-2-7 HV 蓄电池进气温度传感器故障分析

故障代码	检测条件	故障部位	故障方案
P0AAE-123	混合动力蓄电池组空气温度传感器"A"电路低电位	1. HV 蓄电池（进气温度传感器）	更换 HV 蓄电池（进气温度传感器）
		2. 蓄电池智能单元	更换蓄电池智能单元
P0AAF-123	混合动力蓄电池组空气温度传感器"A"电路高电位	1. HV 蓄电池（进气温度传感器）	更换 HV 蓄电池（进气温度传感器）
		2. 蓄电池智能单元	更换蓄电池智能单元

九、辅助蓄电池温度传感器

1. 辅助蓄电池温度传感器的作用

辅助蓄电池温度传感器检测辅助蓄电池温度。HV ECU 根据辅助电池温度信号调节 DC-DC 转换器的输出电压。

2. 辅助蓄电池温度传感器的安装位置

辅助蓄电池温度传感器的安装位置见图 3-2-31。

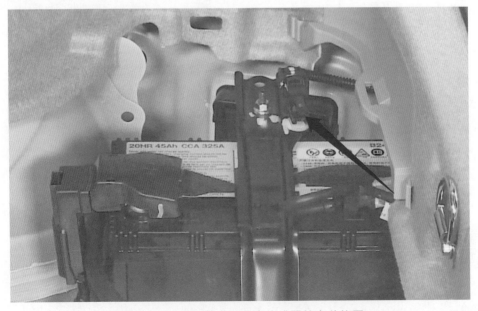

图 3-2-31 辅助蓄电池温度传感器的安装位置

3. 辅助蓄电池温度传感器的工作原理

辅助蓄电池温度传感器是运用负温度系数电阻制成的。内置于辅助蓄电池温度传感器的热敏电阻的电阻随辅助蓄电池温度的改变而改变（图3-2-32）。辅助蓄电池温度越低，热敏电阻的电阻就越大。反之，温度越高，电阻越小。

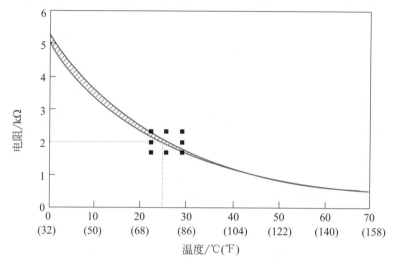

图 3-2-32　辅助蓄电池温度传感器的特性曲线

4. 辅助蓄电池温度传感器与 ECU 的连接电路

辅助蓄电池温度传感器与 ECU 的连接电路见图 3-2-33。

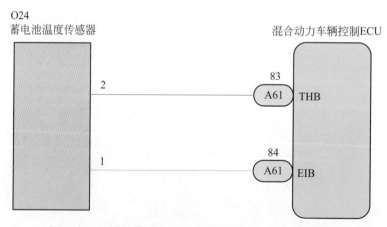

图 3-2-33　辅助蓄电池温度传感器与 ECU 的连接电路

由图 3-2-33 可知，辅助蓄电池温度传感器连接到混合动力车辆控制 ECU 上。混合动力车辆控制 ECU 的端子 THB 通过内部电阻器 R 向辅助蓄电池温度传感器施加 5V 的电压。也就是说电阻器 R 和辅助蓄电池温度传感器串联。端子 THB 的电压和电阻值随辅助蓄电池温度的变化而变化。辅助蓄电池温度高时，混合动力车辆控制 ECU 根据此信号减小充电电流以保护辅助蓄电池。

5. 辅助蓄电池温度传感器的检测

关闭点火开关，断开蓄电池温度传感器连接器，如图 3-2-34 所示。用万用表或检测仪连接传感器的两个端子，并测量两个端子间在不同温度下的电阻。电阻应符合规定标准值，见表 3-2-8。若不符，则须更换辅助电池温度传感器。

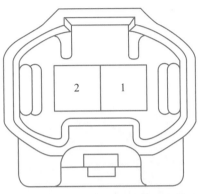

图 3-2-34　蓄电池温度传感器连接器

表 3-2-8　辅助蓄电池温度传感器与 ECU 连接电路的规定

检测仪连接	温度	规定状态
O24-2—O24-1	0℃（32°F）	5.0 ～ 5.3kΩ
	20℃（68°F）	2.1 ～ 2.3kΩ
	40℃（104°F）	1.1 ～ 1.3kΩ

6. 故障分析

辅助蓄电池温度传感器故障分析见表 3-2-9。

表 3-2-9　辅助蓄电池温度传感器故障分析

故障代码	检测条件	故障部位	故障方案
P0516-769	蓄电池温度传感器电路低电位	1. 辅助蓄电池（蓄电池温度传感器）	更换辅助蓄电池（蓄电池温度传感器）
		2. 线束或连接器	检查相关线路，修复或更换故障线路
		3. 混合动力车辆控制 ECU	更换混合动力车辆控制 ECU
P0517-770	蓄电池温度传感器电路高电位	1. 辅助蓄电池（蓄电池温度传感器）	更换辅助蓄电池（蓄电池温度传感器）
		2. 线束或连接器	检查相关线路，修复或更换故障线路
		3. 混合动力车辆控制 ECU	更换混合动力车辆控制 ECU

十、混合动力系统电机温度传感器

1. 混合动力系统电机温度传感器的作用

混合动力系统电机温度传感器用于检测 MG1 和 MG2 定子的温度。

2. 混合动力系统电机温度传感器的安装位置

混合动力系统电机温度传感器的安装位置见图 3-2-35。

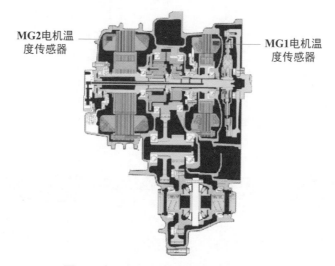

图 3-2-35　电机温度传感器的安装位置

3. 混合动力系统电机（MG2）温度传感器的工作原理

电机温度传感器是运用负温度系数电阻制成的。内置于电机温度传感器内的热敏电阻的电阻随 MG2 温度的变化而变化（图 3-2-36）。MG2 温度越低，热敏电阻的电阻就越大；反之，温度越高，电阻越小。

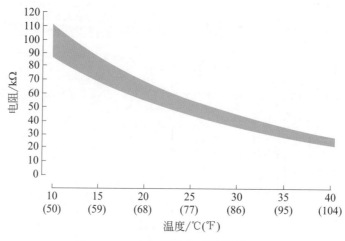

图 3-2-36　电机温度传感器特性曲线

4. 混合动力系统电机温度传感器与 ECU 的连接电路

混合动力系统电机温度传感器与 ECU 的连接电路见图 3-2-37。

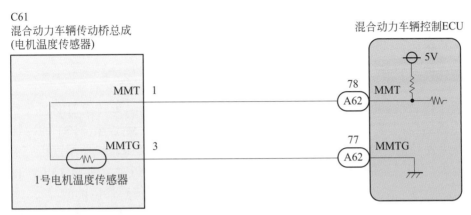

图 3-2-37 电机温度传感器与 ECU 的连接电路

5. 故障分析

电机温度传感器故障分析见表 3-2-10。

表 3-2-10 电机温度传感器故障分析

故障代码	检测条件	故障部位	故障方案
P0A2B-248	驱动电机"A"温度传感器电路范围/性能	混合动力车辆传动桥总成（电机温度传感器）	更换混合动力车辆传动桥总成（电机温度传感器）
P0A2B-250	驱动电机"A"温度传感器电路范围/性能	混合动力车辆传动桥总成（电机温度传感器）	更换混合动力车辆传动桥总成（电机温度传感器）
P0A2C-247	驱动电机"A"温度传感器电路低电位	1. 线束或连接器	检查相关线路和插接器，维修或更换故障线路
		2. 混合动力车辆控制 ECU	更换混合动力车辆控制 ECU
		3. 混合动力车辆传动桥总成（电机温度传感器）	更换混合动力车辆传动桥总成（电机温度传感器）
P0A2D-249	驱动电机"A"温度传感器电路高电位	1. 线束或连接器	检查相关线路和插接器，维修或更换故障线路
		2. 混合动力车辆控制 ECU	更换混合动力车辆控制 ECU
		3. 混合动力车辆传动桥总成（电机温度传感器）	更换混合动力车辆传动桥总成（电机温度传感器）

第三章 温度传感器

升压转换器温度传感器

1. 升压转换器温度传感器的作用

升压转换器温度传感器检测升压转换器的温度（上部及下部）。

2. 升压转换器温度传感器的工作原理

安装于带转换器的逆变器总成中的 MG ECU 使用内置于带转换器的逆变器总成中的温度传感器检测增压转换器的温度。逆变器冷却系统与 MG2 和 MG1 的冷却系统相同，独立于发动机冷却系统进行工作。MG ECU 使用来自增压转换器温度传感器的信号检查逆变器冷却系统的效果，特性曲线见图 3-2-38。如有必要，则 MG ECU 将限制逆变器输出以防逆变器过热。该 ECU 还检测增压转换器温度传感器内的故障。

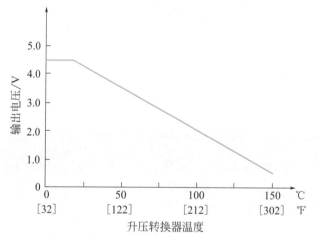

图 3-2-38 升压转换器温度传感器特性曲线

3. 升压转换器温度传感器与 ECU 的连接电路

升压转换器温度传感器与 ECU 的连接电路见图 3-2-39。

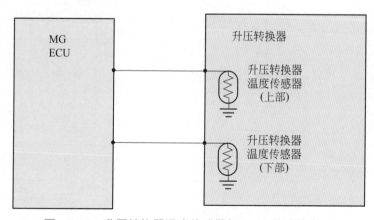

图 3-2-39 升压转换器温度传感器与 ECU 的连接电路

十三 环境温度传感器

1. 环境温度传感器的作用

环境温度传感器主要用来检测环境温度，并据此控制空调"AUTO"模式。

2. 环境温度传感器的安装位置

环境温度传感器安装在冷凝器前部见图 3-2-40。

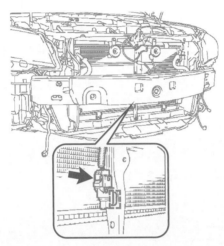

图 3-2-40　环境温度传感器的安装位置

3. 环境温度传感器工作原理

环境温度传感器与空调放大器连接，检测环境温度的波动，该信号用来控制车厢温度。环境温度传感器将信号传输至空调放大器总成。环境温度传感器的电阻随环境温度的变化而变化：温度下降时，电阻增大；温度上升时，电阻减小。其特性曲线如图 3-2-41 所示。

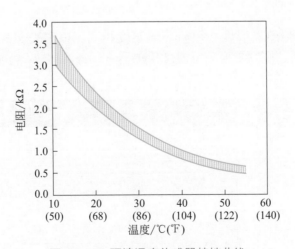

图 3-2-41　环境温度传感器特性曲线

4. 环境温度传感器与 ECU 的连接电路

环境温度传感器与 ECU 的连接电路见图 3-2-42。

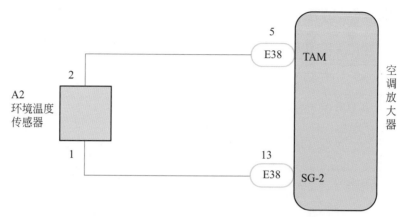

图 3-2-42 环境温度传感器与 ECU 的连接电路

5. 环境温度传感器的检测

❶ 拆下环境温度传感器，如图 3-2-43 所示。

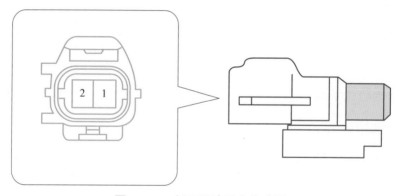

图 3-2-43 拆下环境温度传感器

❷ 在测量时，传感器温度必须与环境温度相同。根据表 3-2-11 中的值测量电阻，如果不符合标准电阻，则须更换环境温度传感器。

表 3-2-11 标准电阻

万用表或检测仪连接	条件	规定状态
A2-1—A2-2	10℃（50 ℉）	3.00 ～ 3.73kΩ
	15℃（59 ℉）	2.45 ～ 2.88kΩ
	20℃（68 ℉）	1.95 ～ 2.30kΩ
	25℃（77 ℉）	1.60 ～ 1.80kΩ
	30℃（86 ℉）	1.28 ～ 1.47kΩ
	35℃（95 ℉）	1.00 ～ 1.22kΩ

万用表或检测仪连接	条件	规定状态
A2-1—A2-2	40℃（104 ℉）	0.80 ～ 1.00kΩ
	45℃（113 ℉）	0.65 ～ 0.85kΩ
	50℃（122 ℉）	0.50 ～ 0.70kΩ
	55℃（131 ℉）	0.44 ～ 0.60kΩ
	60℃（140 ℉）	0.36 ～ 0.50kΩ

十三 液压油温度传感器

1. 液压油温度传感器的作用

液压油温度传感器用于检测液压油的温度。电控单元根据液压油温度信号进行换挡控制、油压控制和锁定离合器控制。

2. 液压油温度传感器的安装位置

液压油温度传感器安装在自动变速器油底壳内的液压阀体上（图 3-2-44）。

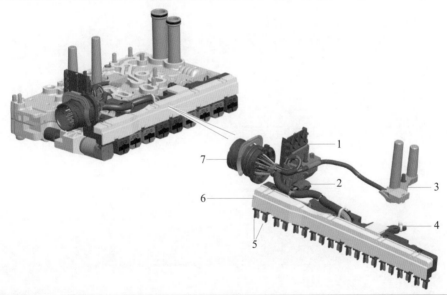

项目	说明	项目	说明
1	驻车传感器	2	压力传感器接头
3	速度传感器(变矩器和输出轴)	4	机油温度传感器
5	用于压力控制阀、电磁阀和驻车锁止控制电磁阀的接头针脚	6	接头板
7	变速器电气接头		

图 3-2-44　液压油温度传感器的安装位置

3. 液压油温度传感器工作原理

液压油温度传感器由负温度系数热敏电阻制成，温度越高，电阻越低，其特性曲线如图 3-2-45 所示。电控单元根据电阻变化检测出液压油温度，作为参考信号之一控制自动变速器的换挡过程。

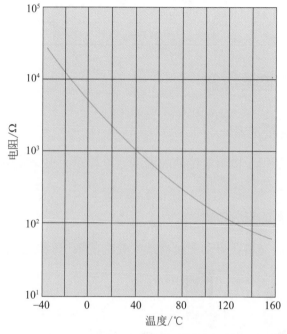

图 3-2-45 液压油温度传感器特性曲线

4. 液压油温度传感器与 ECU 的连接电路

环境温度传感器与 ECU 的连接电路如图 3-2-46 所示。

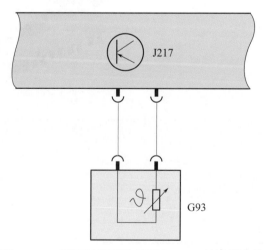

图 3-2-46 液压油温度传感器与 ECU 的连接电路

5. 液压油温度传感器的检测

当液压油温度传感器连接线路发生断、短路故障时，电控单元将无法获得液压油温度信号控制自动变速器换挡，使控制系统出现故障。当故障指示灯点亮时，通过人工方法或使用专用仪器可以读取故障码。

当确认液压油温度传感器出现故障时，可拆下传感器，放在烧杯中，加热杯中的水，测量不同温度下的电阻值，其值应符合厂家规定标准值。若其电阻值与规定值不符，则须更换液压油温度传感器。

十四 燃油温度传感器

1. 燃油温度传感器的作用

燃油温度传感器向 ECU 提供燃油温度信号。ECU 将根据燃油的温度变化调节供给单体式喷油器的脉宽调制信号。因为燃油随着温度升高而膨胀，将会导致发动机功率降低。温度不同，燃油密度也不相同，另外，此信号也用来控制燃油冷却泵开关接合。

2. 燃油温度传感器的安装位置

不同的燃油控制系统，燃油温度传感器的安装位置是有所差异的，但一般都安装在高压油路上（图 3-2-47）。

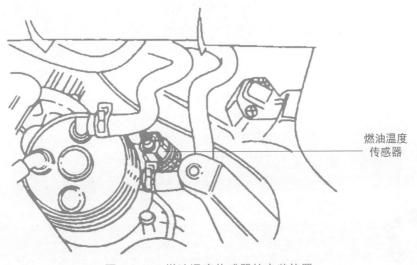

燃油温度
传感器

图 3-2-47 燃油温度传感器的安装位置

3. 燃油温度传感器的工作原理

燃油温度传感器是负温度系数热敏电阻，燃油温度升高时，传感器电阻值下降（图 3-2-48）。

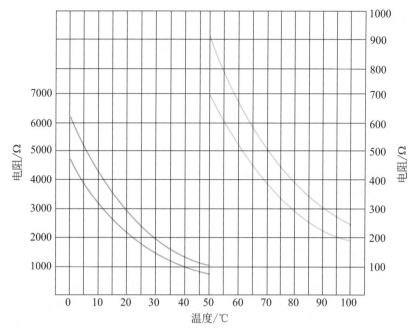

图 3-2-48 燃油温度传感器的温度与电阻之间的关系

4. 燃油温度传感器与 ECU 的连接电路

燃油温度传感器与 ECU 的连接电路见图 3-2-49。

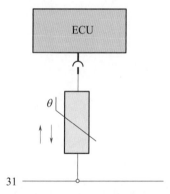

图 3-2-49 燃油温度传感器与 ECU 的连接电路

第三节 热敏铁氧体温度传感器

一、 热敏铁氧体温度传感器的作用

热敏铁氧体温度传感器主要是依据冷却液温度信号来控制散热器的冷却风扇工作。

二、热敏铁氧体温度传感器的安装位置

热敏铁氧体温度传感器常安装在散热器冷却水的循环通路上。

三、热敏铁氧体温度传感器的结构

热敏铁氧体温度传感器主要由永磁铁、舌簧开关、热敏铁氧体等组成，其结构如图 3-3-1 所示。

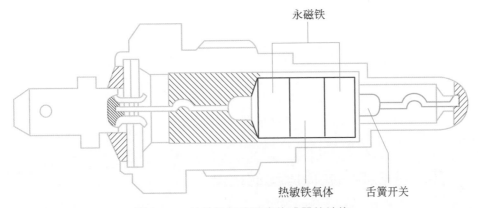

图 3-3-1　热敏铁氧体温度传感器的结构

四、热敏铁氧体温度传感器的工作原理

热敏铁氧体是强磁性材料，当超过某温度时，铁氧体的磁导率急剧下降，即具有从强磁性体向常磁性体（弱磁性体）急速转变的性质。这种急变温度称为居里温度。利用居里特性就可以使舌簧开关接通或关闭电路。

当其被磁化时，磁力线通过舌簧开关的触点产生吸引力，使触点闭合，舌簧开关闭合，如图 3-3-2（a）所示；当不被磁化时，磁力线平行通过舌簧开关的触点，产生排斥力，使触点张开，舌簧开关断开，如图 3-3-2（b）所示。

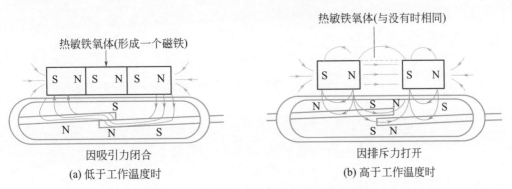

图 3-3-2　热敏铁氧体温度传感器的工作原理

五、 热敏铁氧体温度传感器的连接电路

在散热器的冷却系统中，当冷却液的温度较高时，热敏铁氧体温度传感器闭合使得冷却风扇的继电器接通，使冷却风扇开始工作；当冷却液的温度较低时，热敏铁氧体温度传感器断开使得冷却风扇的继电器断开，使冷却风扇停止工作。其电路如图 3-3-3 所示。热敏铁氧体的规定温度为 0 ~ 130℃。

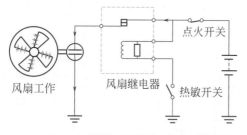 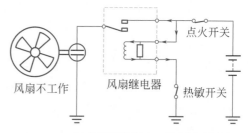

(a) 热敏开关断开、风扇开始运转   (b) 热敏开关闭合、风扇停止运转

图 3-3-3　散热器的冷却系统工作电路

六、 热敏铁氧体温度传感器的检测

当散热器冷却风扇在发动机的冷却液温度高于规定温度时仍不运转，则说明散热器冷却风扇的工作电路出现故障。若发现热敏铁氧体温度传感器处短路或断路，则应对热敏铁氧体温度传感器进行检测，检测方法如下：

❶ 将温度传感器拆下，置于玻璃烧杯中并加水进行加热，并用万用表连接好，万用表调至电阻挡。

❷ 在加热的同时，万用表检查传感器的电阻。当水温低于规定温度时（不同的车型规定温度是不同的，应参照具体车型的参考值），热敏铁氧体温度传感器舌簧开关闭合，传感器导通，万用表指示 0Ω。

❸ 在冷却液温度高于规定值时，热敏铁氧体温度传感器舌簧开关断开，传感器不导通，万用表指示电阻∞。否则，说明热敏铁氧体温度传感器已经损坏，应当更换。

04

第四章
空气流量传感器

第一节　概述

一、空气流量计的作用

　　空气流量传感器又称空气流量计，其作用是检测发动机进气量的大小，并将进气量信息通过电路的连接转化为电信号输入给 ECU，以供 ECU 确定喷油量和点火时间。空气流量传感器获得的进气量信号是 ECU 进行喷油控制的主要依据，若其损坏或其电路连接出现故障，则会使发动机的进气量测量不准确，使进入气缸的混合气过浓或过稀，从而导致 ECU 无法对喷油量进行准确的控制，导致发动机运转不正常，排放超标。

二、空气流量计的安装位置

　　空气流量计一般安装在进气管上，如图 4-1-1 所示。

三、空气流量计的种类

　　空气流量计可分为体积式和质量式，其中体积式的又分为叶片式、卡门涡街式和量芯式；质量式的分为热线式和热膜式。其相关特性比较见表 4-1-1。

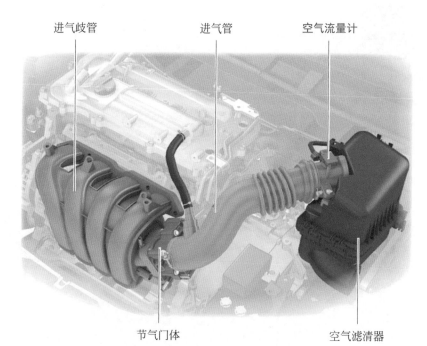

图 4-1-1　空气流量计的安装位置

表 4-1-1　各类空气流量计特性对比

项目	叶片式	卡门涡街式	量芯式	热线式	热膜式
响应特性	良	良	良	良	良
怠速稳定性	良	良	良	良	良
废气再循环适应性	良	良	良	良	良
发动机性能随时间的变化	优	优	优	优	优
海拔高度修正	有	有	有	有	有
进气温度修正	有	有	有	无	无
安装性	良	良	良	无	无
成本	较高	较高	较高	较高	较高

第二节　叶片式空气流量传感器

一、叶片式空气流量传感器的结构

叶片式空气流量传感器又称翼片式或活门式空气流量传感器。它是运用力矩平衡原理和电位器原理制成的机械式传感器，已生产使用多年，具有结构简单、价格便宜、可靠性高的优点，得到广泛的运用。它主要由叶片部分、电位器部分和接线端子三部分组成（图4-2-1）。

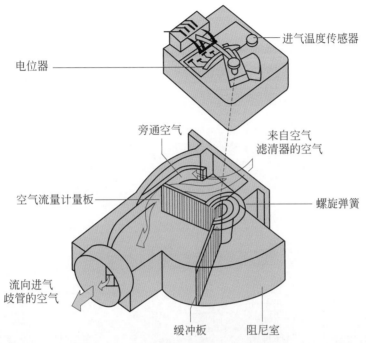

电位器
进气温度传感器
旁通空气
来自空气滤清器的空气
空气流量计量板
螺旋弹簧
流向进气歧管的空气
缓冲板
阻尼室

图 4-2-1　叶片式空气流量传感器的结构

1. 叶片部分

　　叶片式空气流量计的叶片部分包括测量叶片和缓冲叶片，两者铸成一体，如图4-2-2所示。测量叶片在主空气道内旋转；缓冲叶片在缓冲室内偏转，对叶片起阻尼作用，当发动机吸入的空气量急剧变化和气流脉动时，减小叶片的脉动。

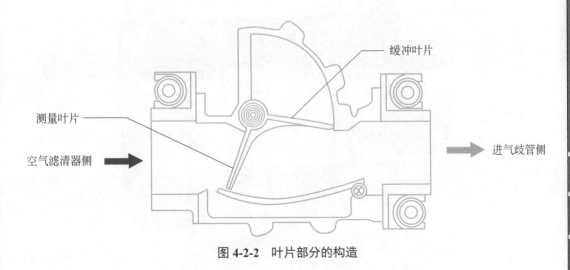

缓冲叶片
测量叶片
空气滤清器侧
进气歧管侧

图 4-2-2　叶片部分的构造

叶片转轴的下端与空气流量计的壳体相连，上端通过螺旋回位弹簧固定在电位器的调整齿圈上。发动机工作时，空气经过滤清器后进入流量计推动测量叶片，使其旋转开启，开启的角度由进气量的推力大小和回位弹簧的弹力作用决定。进气气流随节气门开度增大而增大，进气气流对叶片的推力随之增大。当此推力大于回位弹簧的弹力时，叶片开启，且开启的角度随节气门开度的增大而增大。

在空气流量计主空气道下方设有空气旁通通道，在旁通通道的一侧设有可改变空气量的 CO 调整螺钉，用于调整发动机怠速时混合气的空燃比。通过对旁通通道面积进行调整，从而使空气流量传感器的输出与目标值保持一致。

2. 电位器部分

电位器位于空气流量传感器上壳体上方，主要由平衡配重、滑臂、回位弹簧、调整齿圈和印刷电路板等组成（图 4-2-3）。

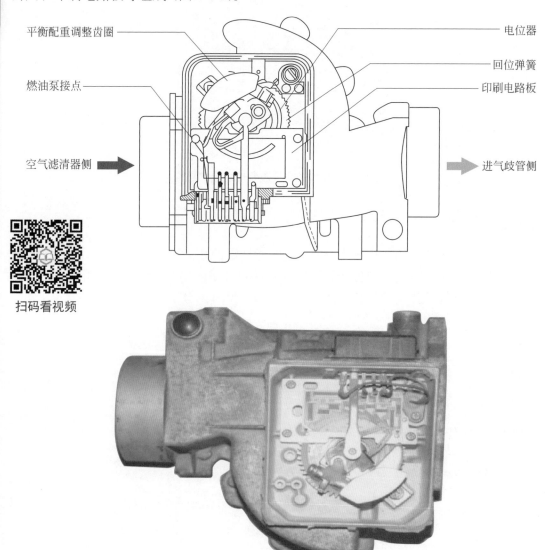

扫码看视频

图 4-2-3　叶片式空气流量计电位器部分的构造

3. 接线插头部分

叶片式空气流量传感器的接线插头共有 7 个接线端子，如图 4-2-4 所示（以日产和丰田为例），在插头护套上一般标有接线端子名称。

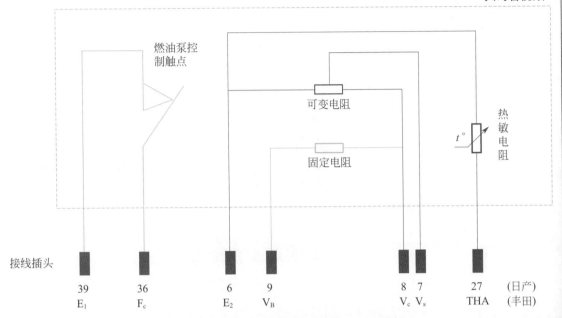

图 4-2-4　叶片式空气流量传感器的电路原理

由图 4-2-4 可知，可变电阻的滑臂与叶片转轴相连，滑臂通过导线与接线 7# 端子连接，故接线 7# 端子为电压信号输出端。燃油泵控制触点是一个开关触点，它受叶片转轴的控制，当叶片处于静止位置时，燃油泵控制触点断开，燃油泵停止工作，当叶片偏转时，触点闭合，燃油泵工作，这样可防止燃油外溢。

用于测量进气温度的热敏电阻安装在空气流量传感器主空气道的进气口上，用导线分别连接在电位器部分的 6# 和 27# 两接线端子上，向外输出不同进气温度的信号。

二、叶片式空气流量传感器的工作原理

当空气通过叶片式空气流量传感器的主通道时，叶片将受到空气气流的压力和回位弹簧的弹力共同作用，空气流量随节气门开度增大而增大，气流压力随之增大，此压力作用在叶片上使其偏转，并使其转角 α 逐渐增大，直到气流的压力和回位弹簧的弹力保持平衡。与此同时，电位器的滑臂与叶片转轴同轴旋转，使接线端子 "Vc" 与 "Vs" 之间的电阻减小，使其分压电压 U_s 的电压降低。当吸入空气的空气流量减小时，叶片转角 α 减小，接线端子 "Vc" 与 "Vs" 之间的电阻增大，U_s 电压升高。叶片式空气流量传感器的工作原理如图 4-2-5 所示。发动机电控单元 ECU 根据空气流量传感器输出的 U_s/U_B 电压比值信号，计算空气流量的大小。U_s/U_B 的电压比值与空气流量成反比，其变化关系如图 4-2-6 所示。

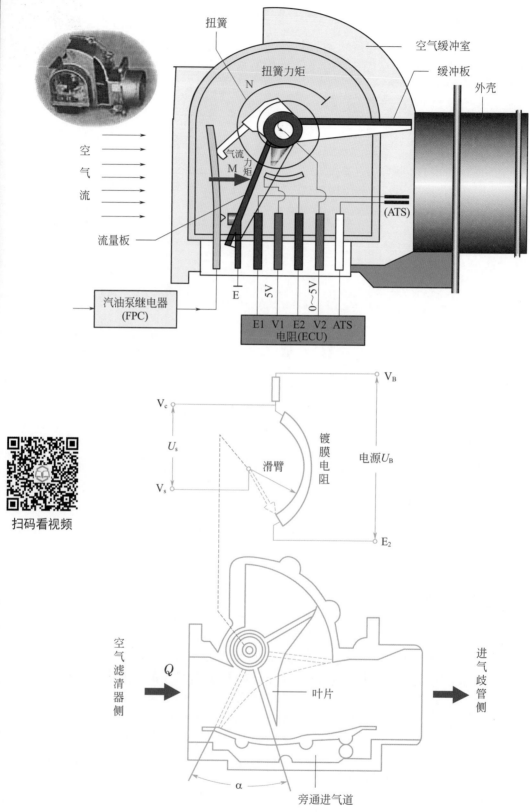

扭簧

空气缓冲室

扭簧力矩

缓冲板

外壳

N

空气流

气流力矩

M

流量板

(ATS)

汽油泵继电器 (FPC)

E

5V

0～5V

E1 V1 E2 V2 ATS

电阻(ECU)

V_B

V_c

U_s

V_s

镀膜电阻

滑臂

电源 U_B

E_2

扫码看视频

空气滤清器侧

Q

叶片

进气歧管侧

旁通进气道

α

图 4-2-5　叶片式空气流量传感器的工作原理

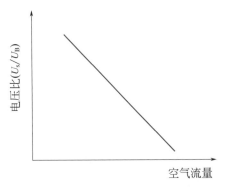

图 4-2-6 U_s/U_B 与空气流量的关系

 ## 三、叶片式空气流量传感器的检测方法

叶片式空气流量传感器出现故障会导致混合气的空燃比过大或过小使混合气过稀或过浓，直接影响发动机的正常运转及稳定性。

叶片式空气流量传感器的常见故障有：

❶ 叶片摆动卡滞；

❷ 电位器滑动触点磨损或腐蚀而使滑动电阻片与触点接触不良；

❸ 油泵触点接触不良导致的电动燃油泵供油不稳等。

空气流量传感器出现故障需要进行检修时，首先应检测其机械部分是否工作良好。具体方法：用手拨动叶片，使其转动，检查叶片是否运转自如，复位弹簧是否良好，若触点无磨损、叶片摆动平稳、无卡滞和破损，说明其机械部分完好。其次，应检测传感器的空气流量计各端子与搭铁间的电阻、油泵触点与搭铁间的电阻、进气温度传感器与搭铁端子间的电阻和信号输出电压，检测方法如下。

1. 检测电动燃油泵电阻

用万用表的电阻挡测量电动燃油泵两信号端子间的电阻值，叶片关闭时，应为∞；叶片开启后任一位置都应为0，否则说明有故障，须更换空气流量计。

2. 检测流量计的电阻

检测流量计的电阻时有静态和动态测量两种方法。静态检测：先关闭点火开关，拔下传感器线束连接插头，用万用表电阻挡测量各端子间的电阻，与标准参考值对比，应该相差不大，否则说明空气流量计有故障。动态检测：关闭开点火开关，拔下传感器各线束连接的插头，用万用表电阻挡测量各端子电阻的同时用螺丝刀拨动叶片，在叶片摆动的过程中，电阻值应连续变化，否则说明有故障，须更换空气流量计。

3. 检测进气温度传感器电阻

用万用表测电阻挡测量进气温度传感器的电阻值，应符合标准参考值大小，否则说明有故障，须更换空气流量计。

第三节 卡门涡街式空气流量传感器

卡门涡街式空气流量传感器是根据卡门涡街理论，利用超声波或光电信号，通过检测涡流频率来测量空气流量的一种传感器。

根据涡流频率的检测方式不同，卡门涡街式空气流量传感器分为超声波式卡门涡街式空气流量传感器和光电式卡门涡街式空气流量传感器两种。

一、超声波式卡门涡街式空气流量传感器

1. 超声波式卡门涡街式空气流量传感器的结构

超声波式卡门涡街式空气流量传感器主要由涡流发生器、超声波发生器、超声波接收器、集成控制电路、进气温度传感器和大气压力传感器组成（图4-3-1）。

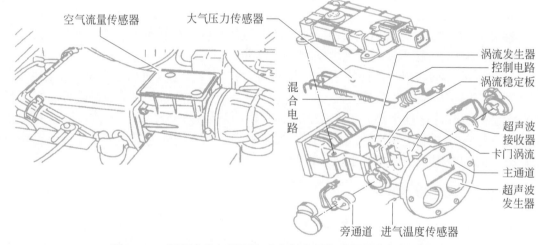

图4-3-1　超声波式卡门涡街式空气流量传感器的位置与结构

2. 超声波式卡门涡街式空气流量传感器的工作原理

超声波式卡门涡街式空气流量传感器测量空气流量的工作原理如图4-3-2所示。

当发动机运转时，超声波发生器发出的超声波通过发射器不断向接收器发出一定频率（40kHz）的超声波。当超声波通过进气气流到达接收器时，由于受到气流移动速度及压力变化的影响，接收到的超声波信号的相位（时间间隔）以及相位差（时间间隔之差）会发生变化，控制电路根据相位或相位差的变化就可计算出涡流的频率。

计算进气量的方法：涡流频率信号输入ECU后，ECU就可计算出进气量，如图4-3-3所示。

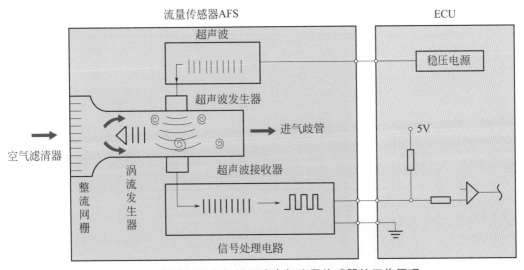

图 4-3-2 超声波式卡门涡街式空气流量传感器的工作原理

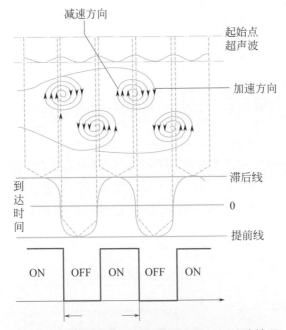

图 4-3-3 超声波通过卡门涡街后的加、减速情况

超声波发生器之所以设定发出 40kHz 的超声波（图 4-3-4），是因为在没有涡流的通道上，发送的超声波与接收到的信号相位和相位差完全相同，如图 4-3-4（b）所示。

当进气通道上有涡流时，在接收到的超声波信号中，有的受加速作用而超前，有的受减速作用而滞后，如图 4-3-4（c）、（e）所示，因此其相位和相位差就会发生变化。集成控制电路在信号相位超前时输出一个正向脉冲信号，在信号相位滞后时输出一个负向脉冲信号，如图 4-3-4（d）、（f）所示，从而表明产生涡流的频率。

当发动机转速低时，进气量小，因此产生涡流的频率低；反之，当发动机转速高时，进气量大，产生涡流的频率就高。

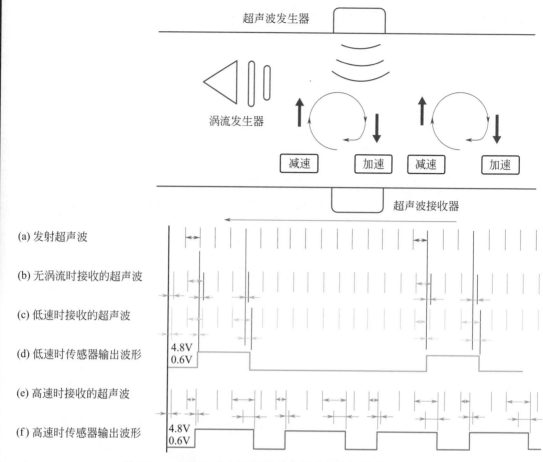

(a) 发射超声波

(b) 无涡流时接收的超声波

(c) 低速时接收的超声波

(d) 低速时传感器输出波形

(e) 高速时接收的超声波

(f) 高速时传感器输出波形

图 4-3-4　超声波式卡门涡街式空气流量传感器输出波形图

▶ 3. 超声波式卡门涡街式空气流量传感器与 ECU 的连接电路

三菱轿车的超声波式卡门涡街式空气流量传感器与 ECU 的连接电路如图 4-3-5 所示。

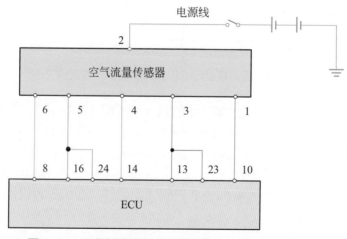

图 4-3-5　三菱轿车空气流量传感器与 ECU 的连接电路

4. 超声波式卡门涡街式空气流量传感器的检测方法

现以三菱轿车为例对其检测方法进行介绍。

由图 4-3-5 可知，传感器的电源由燃油继电器通过 2# 端子提供；4# 端子与 ECU 的 14# 端子搭铁；5# 端子是大气压力传感器输出信号，由 ECU 的 16# 端子输入 ECU；6# 端子与 ECU 的 8# 端子相连，ECU 通过 8# 端子向传感器内的温度传感器提供 5V 电压；1# 端子与 ECU 的 10# 端子相连，向 ECU 输入空气流量信号。空气流量的信号电压平均值为 2.2 ～ 3.2V。

空气流量计的检测方法如下：

❶ 点火开关转至"ON"位置，用万用表电压挡测量传感器 1# 端子与搭铁间电压，正常应为 5V。

❷ 点火开关转至"START"位置，启动发动机，并使发动机转速达到 3000r/min，这时再用万用表电压挡测量 1# 端子与搭铁间电压，正常应为 2.2 ～ 3.2V。

❸ 点火开关转至"OFF"位置，用万用表电阻挡测量传感器的 4# 端子与搭铁间电阻，正常应为 0Ω。

如果与上述检测结果不符，则须更换传感器。

二、 光电式卡门涡街式空气流量传感器

1. 光电式卡门涡街式空气流量传感器的结构

光电式卡门涡街式空气流量传感器也称为反光镜式卡门涡街式空气流量计，它主要由涡流发生器、发光二极管（LED）、光敏三极管、反光镜、张紧带、集成厚膜控制电路和进气温度传感器组成，其结构如图 4-3-6 所示。

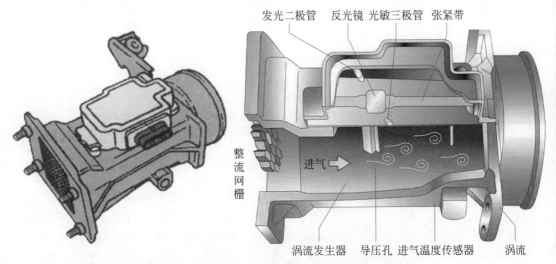

图 4-3-6　光电式卡门涡街式空气流量传感器的结构

在传感器气流入口处设有蜂窝状整流网栅，其作用是使吸入的空气在涡流发生器上游形成比较稳定的气流，从而保证涡流发生器产生与流速成正比的涡流。涡流发生器用

合成树脂与厚膜集成控制电路封装成一体，内部结构如图 4-3-7 所示。

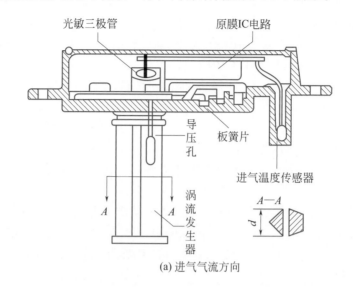

(a) 进气气流方向

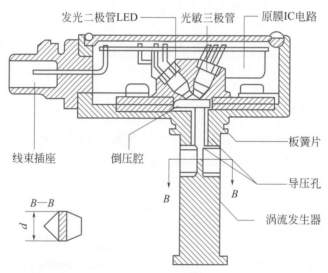

(b) 进气气流垂直方向

图 4-3-7 光电式卡门涡街式空气流量传感器剖面图

▌ 2. 光电式卡门涡街式空气流量传感器的工作原理

当进气气流流过涡流发生器时，发生器两侧就会交替产生涡流，两侧的压力就会交替发生变化。进气量越大，涡流数量越多，压力变化频率就越高。导压孔将变化的压力引导到导压腔中，反光镜和张紧带就会随着压力变化而产生振动，振动频率与单位时间内产生的涡流数量（即涡流频率 f）成正比。反光镜将 LED 的光束反射到光敏三极管上，因为光敏三极管受到光束照射时导通，不受光束照射时截止，所以光敏三极管导通与截止的频率与涡流频率成正比。信号处理电路将频率信号转换成方波信号输入 ECU 后，ECU 便可计算出进气流量的大小。

3. 光电式卡门涡街式空气流量传感器与 ECU 的连接电路

图 4-3-8 所示是丰田凌志 LS400 轿车和丰田皇冠 3.0 轿车发动机均采用光电式卡门涡街式空气流量传感器与 ECU 的连接电路。

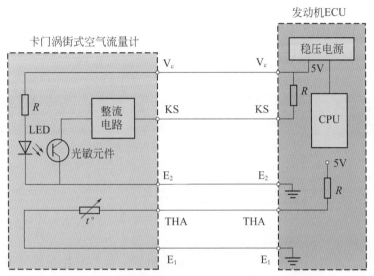

图 4-3-8　丰田轿车空气流量计与 ECU 的连接电路

4. 光电式卡门涡街式空气流量传感器的检测

丰田轿车的光电式卡门涡街式空气流量传感器的检测方法如下。

（1）**静态检测**　拆下空气流量传感器线束插头，用万用表测量传感器插座上端子"THA"与"E_2"之间的阻值，检测结果应当符合标准参考值（见表 4-3-1）。若阻值不符，则须更换空气流量传感器。

表 4-3-1　丰田轿车卡门涡街式空气流量传感器的检测参数

检测对象	端子名称	检测条件	标准参数	备注
进气温度传感器	THA-E_2	$-20℃$	$10 \sim 20k\Omega$	—
		$0℃$	$4 \sim 7k\Omega$	—
		$20℃$	$2 \sim 3k\Omega$	—
		$40℃$	$0.9 \sim 1.3 \ k\Omega$	—
		$60℃$	$0.4 \sim 0.7 \ k\Omega$	—
		怠速进气温度 $20℃$	$0.5 \sim 3.4V$	—
空气流量传感器	V_c-E_1	点火开关接通	$4.5 \sim 5.5V$	检测电源电压
	KS-E_1	点火开关接通	$4.5 \sim 5.5V$	检测电源电压
		怠速	$2.0 \sim 4.0V$	信号电压跳跃变化

（2）**动态检测**　将空气流量传感器线束连接器插好，用万用表直流电压挡测量传感器连接器端子"THA"与"E_2"、"V_c"与"E_1"和"KS"与"E_1"之间的电压，电压值应当符合标准参考值（见表4-3-1）。若检测结果与标准电压值不符，则应首先检查传感器与ECU之间的线束是否断路；若线束良好，则拔下传感器插头并接通点火开关，检查电源端子"V_c"与"E_1"和信号输入端子"KS"与"E_1"之间的电压是否在4.5～5.5V内，若在则说明ECU工作正常，应当更换空气流量传感器，若不在，则说明ECU有故障，应对ECU进行检修或更换。

第四节　量芯式空气流量传感器

 一、量芯式空气流量传感器的结构

量芯式空气流量传感器由叶片式空气流量传感器改进而成，其结构如图4-4-1所示，由量芯、电位器、进气温度传感器、线束插头等组成。量芯安装在进气道内并可沿进气道移动，即用量芯代替了叶片式传感器的叶片。电位器滑臂的一端与量芯连接，另一端设有滑动触点。量芯在进气气流的推动下向后移动时，带动电位器滑动触点在印刷电路板的镀膜电阻上滑动，使进气量的大小转变为电位器电阻的大小。ECU根据电位器电阻的变化或电压的变化来测量进气量的变化。量芯式空气流量传感器没有设置旁通进气道和怠速混合气调整螺钉，发动机怠速时，混合气的浓度由电子控制单元根据氧传感器的反馈信号进行调整。

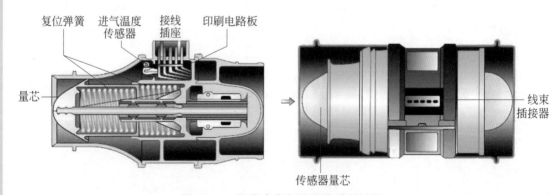

图4-4-1　量芯式空气流量传感器结构

二、量芯式空气流量传感器的工作原理

马自达929轿车采用的量芯式空气流量传感器电路如图4-4-2所示，其工作原理如下：

V_c端子为传感器5V参考电压端子，E_2端为搭铁端子，V_s为信号输出端。当发动机进气量增大时，进气道内空气气流对量芯产生的推力增大，气流推力克服复位弹簧的弹力力矩，使量芯移动的距离增大，从而带动电位器滑臂转动的角度增大，传感器"V_s"与"E_2"之间的电阻值减小，输出的信号电压将降低。反之，当发动机进气量减小时，输出的信号电压就会升高。ECU 根据传感器信号电压的高低，就可计算出进气量的大小。

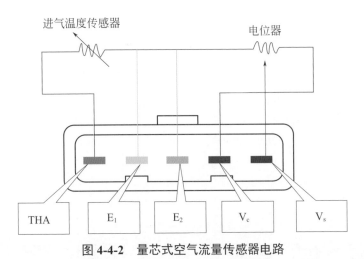

图 4-4-2　量芯式空气流量传感器电路

三、量芯式空气流量传感器的检测

量芯式空气流量传感器常见故障有：量芯卡滞、移动不灵活，电位器滑动触点磨损或接触不良，量芯回位弹簧的弹性变弱及电位器的电阻不准确，等。各种故障对发动机工作的影响如表 4-4-1 所示。

表 4-4-1　量芯式空气流量传感器的常见故障及影响

故障部位	对汽油喷射系统的影响	对发动机的影响
量芯移动不灵、卡滞	传感器空气流量信号不正确	发动机功率下降，启动后熄火，运转不平稳，加速不畅，油耗增加
电位器电阻值不准确	传感器空气流量信号不正确	发动机功率下降，运转不平稳，油耗增加
电位器滑动触点磨损或接触不良	传感器空气流量信号时通时断	发动机间断运行或不工作
量芯复位弹簧弹力减弱	喷油量过多	发动机间断运行或不工作

量芯式空气流量传感器的检测方式有单件检测和就车检测两种。

1. 单件检测

关闭点火开关，断开空气流量传感器插头，拆下空气流量传感器。首先检查机械部分：检查量芯式空气流量传感器是否开裂，量芯是否发卡等，若是，则需更换。其次做电气检测：用万用表电阻挡测量量芯式空气流量传感器连接器上各端子之间的电阻值，如果不符合正常值，则应更换量芯式空气流量传感器。在测量空气流量计信号端子 V_s 与搭铁端子 E_2 间的电阻时，还需缓慢移动量芯，观察电阻的变化情况：其变化应呈摆动变化，如果电阻忽大忽小，或者间断出现∞的情况，都说明空气流量传感器有故障，需要更换。

2. 就车检测

打开点火开关，拔下量芯式空气流量传感器导线连接器，用万用表电压挡测量 V_c 与 E_2 端子间的电压，观察测量电压是否为 5V 左右，如果相差很大，则为导线或 ECU 故障，应检修（更换导线或 ECU）。用万用表电阻挡测量空气流量传感器连接器上 THA 与 E_1 端子间、V_c 与 E_2 端子间的电阻值，应符合标准规定值，否则需要更换量芯式空气流量传感器。

检测进气温度传感器热敏电阻端子的电阻的方法与负温度系数的温度传感器的一样，在此不再赘述。

第五节　热线式空气流量传感器

热线式空气流量计属质量型空气流量传感器，能直接测量被发动机吸入空气的质量，不需要温度传感器进行修正，所以精度更高。并且，它能在短时间内反映空气的流量，响应速度快，无运动组件，进气阻力小，不易磨损，测量范围大，因此被广泛应用。

一、热线式空气流量传感器的结构

热线式空气流量计按其铂热线安装位置的不同可分为主流测量方式及旁通测量方式两种。

主流测量方式的热线式空气流量计主要由铂热线、温度补偿电阻（冷线）、取样管、控制线路板、防护网及连接器等组成，如图 4-5-1、图 4-5-2 所示。热线是一根直径约为 0.07mm 的铂丝，它装在取样管内的支承环上，其阻值随温度变化而变化，当传感器工作时，它能被控制电路提供的电流加热到 120℃ 左右，因此称为热线。取样管由一个热线支承环和两个塑料护套组成，它置于空气流量计主空气道的中央，两端有防护网，防护网通过卡箍固定在流量计的壳体上。温度补偿电阻（冷线）安装在热线附近，且靠近进气口一侧，当传感器工作时，控制电路向其提供一个电流使其温度始终低于热线温度 100℃，这样冷线温度可以起到参考标准的作用，使进气温度的变化不会影响到热线测量进气量的精度。控制线路板上有插座与发动机的 ECU 相连，用于输入信号。

图 4-5-1　主流测量方式的热线式空气流量传感器外观

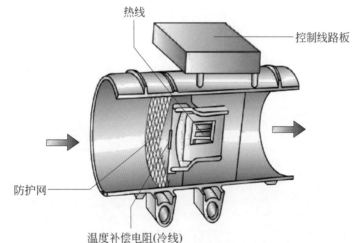

图 4-5-2　主流测量方式的热线式空气流量传感器的结构

旁通测量方式热线式空气流量传感器与主流测量方式热线式空气流量传感器的主要区别在于，它把铂热线和温度补偿电阻（冷线）安装在旁通气道上，且热线和补偿电阻用铂丝缠绕在陶瓷螺旋管上，其结构如图 4-5-3 所示。

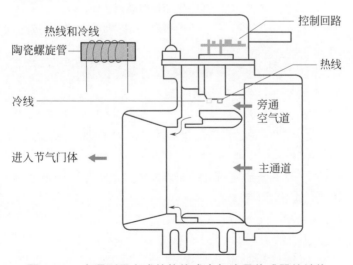

图 4-5-3　旁通测量方式的热线式空气流量传感器的结构

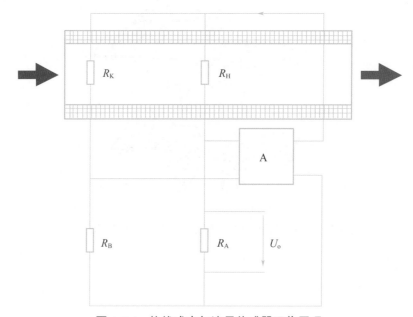 这段在左侧竖排

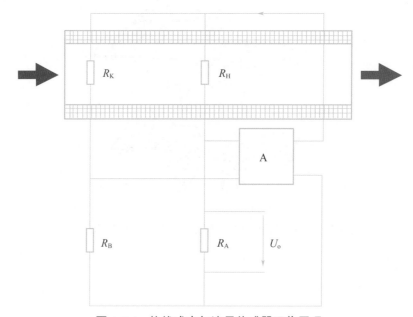 竖排文字略

二、热线式空气流量传感器的工作原理

热线式空气流量传感器的工作原理如图 4-5-4 所示。在进气道上放置一热线电阻 R_H，当空气流经热线时，热线的热量被空气带走，使其冷却。热线周围流过的空气质量越大，被带走的热量越多。热线式空气流量传感器就是利用热线与空气之间的热传递现象，进行空气质量流量测定的。铂丝由控制电路提供的电流加热到 120℃ 左右，为防止进气温度变化使热线温度发生变化而影响进气量的测量精度，所以在热线附近安装一个温度补偿电阻。该电阻被安置在进气口一侧，它的电阻也随温度变化而变化。当传感器工作时，控制电路向温度补偿电阻提供的电流使温度补偿电阻温度始终低于热线温度 100°。这样温度补偿电阻温度起到参考标准作用，使进气温度的变化不会影响热线测量进气量的精度。

图 4-5-4　热线式空气流量传感器工作原理

A—混合集成电路；R_H—热线电阻；R_K—温度补偿电阻；R_A—精密电阻；R_B—电桥电阻

当空气质量增大时，由于空气带走的热量增多，为保持热线温度，集成电路应使热线电阻 R_H 通过的电流增大，反之，则应减小。这样，使通过热线电阻 R_H 的电流随空气质量流量的增大而增大，反之，随空气质量流量的减小而减小。热线电流 I_H 在 50 ～ 120mA 之间变化，大小取决于空气质量流量。热线加热电流给出输出信号，大小为通过惠斯登电桥电路中精密电阻 R_A 上的电压降。在惠斯登电桥的另一端有温度补偿电阻 R_K 和电桥电阻 R_B，为了减少电能消耗，它的电阻值较高，通过的电流仅有几毫安。温度补偿电阻 R_K 用于测量进气温度。

热线式空气流量传感器有两种自洁方式：一种是，当发动机熄火时，电路会把热线自动加热至 1000℃，以清洁流量计；另一种方式是将热线的保持温度提高，一般保持温度设在 200℃ 以上，以便烧掉黏附的污物。

三、热线式空气流量传感器与 ECU 的连接电路

现以日产千里马轿车发动机的热线式空气流量传感器与 ECU 的连接电路为例对此类型流量计的电路连接（如图 4-5-5 所示）进行介绍。

在图 4-5-5 中，热线式空气流量传感器上各端子字母所代表的作用见表 4-5-1。

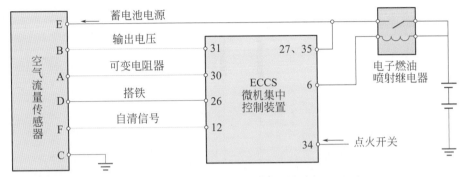

图 4-5-5　热线式空气流量传感器与 ECU 的连接电路

表 4-5-1　热线式空气流量传感器上各端子的功能

端子	功能
E 端子	蓄电池供电电压输入端，一般为 12V
B 端子	热线式空气流量传感器信号输出端，输出的信号提供给微电脑集中控制装置 ECCS 作控制检测信号
D 端子	为热线式空气流量传感器搭铁端
F 端子	自清信号输入端，信号来自 ECCS 控制电路。每当点火开关关闭后，ECCS 通过 F 端子向传感器输入一个自清信号，使传感器内的加热电阻丝在 5s 内升温至 1000℃左右，并保持 1s 时间后停止，以便将残留在热线上的污垢和油渍等烧掉，保证传感器的准确性
A 端子	调整 CO（一氧化碳）的可变电阻输出端子

四、热线式空气流量传感器检测

现以日产千里马轿车发动机的热线式空气流量传感器为例对此类型流量计的检测方法进行说明，其他车型装用的热线式空气流量传感器接线及电路结构与此基本相同，检测方法差别不大。日产千里马轿车发动机的热线式空气流量传感器与 ECU 的连接电路如图 4-5-5 所示。此传感器的检测方法分为开路和在路检测两种。

1. 开路检测

❶ 清除空气流量传感器外部的尘垢，拔下其线束插头，拆下空气流量传感器。

❷ 外观检查：对空气流量传感器进行外观检查，检查其护网有无堵塞或破裂，并从进口处查看铂热线是否脏污或折断。

❸ 静态检查（如图 4-5-6 所示）：将蓄电池正极与空气流量传感器插座内的 E 端子相接，负极与插座内的 D 端子相接，并将万用表置于 10V 直流电压挡，两表笔测量插座的 B、D 两端子间的电压，其值应为 1.6V±0.5V。如果不符合，则说明传感器有损坏，须修理或更换传感器。

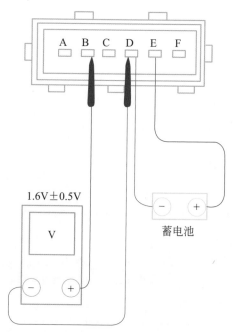

图 4-5-6　静态检查热线式空气流量传感器接线图

❹ 动态检查（如图 4-5-7 所示）：保持 ❸ 接线状态不变，用电风扇向空气流量传感器进气口吹入空气的同时，用电压表测量 B、D 端子间的电压，正常值应为 2～4V。如果测得值与规定值不符，应更换空气流量传感器。

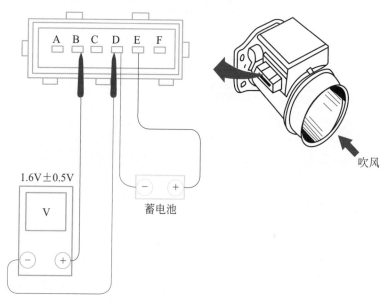

图 4-5-7　动态检查热线式空气流量传感器接线图

▶ 2. 在路检测

❶ 打开点火开关，不启动发动机。用万用表电压挡测量插座内 E 端子与 D 端子之间的电压，应为 12V 左右。

❷ 如果测量 E 端子与 D 端子间无电压，再测量 E 端子与 C 端子之间的电压，其值若为 12V，则说明 D 端子搭铁不良，应检查 D 端子与 ECCS 端子之间的导线或 ECCS 的搭铁线是否良好。

❸ 测量 B 端子与 D 端子之间的电压，应为 1.6V±0.5V。启动发动机，测量 B 端子与 D 端子之间的电压，应在 2 ～ 4V 之间变化。

❹ 检查自洁电路有直观检查和万用表测量两种方法，具体操作如下。

a. 直观检查法。启动发动机，并使其以 2500r/min 以上的转速运转。使发动机怠速运转，拆下空气滤清器和空气流量传感器进气口处的管道。关闭点火开关，从空气流量传感器进气口部位查看空气流量传感器内的铂丝热线是否在熄灭 5s 内被加热至发出红光，并持续 1s 时间。

b. 万用表测量法。使发动机冷却液温度上升至 60℃ 以上，发动机转速超过 1500r/min。将万用表 10V 直流挡的两表笔接在插座的 F 端子与 D 端子之间。关闭点火开关，万用表上的电压指示值应回零并在 5s 后又跳跃上升，1s 后再回到零。

如果万用表测量或直观检查结果与以上要求不符，且进一步检查微控制器与空气流量传感器连接导线均无问题的话，则应更换新的空气流量传感器。

第六节　热膜式空气流量传感器

一、热膜式空气流量传感器的结构

热膜式空气流量传感器是热丝式空气流量传感器的改进产品，其发热元件采用平面形铂金属膜电阻器，故称热膜电阻。热膜电阻的制作方法是：首先在氧化铝陶瓷基片上采用蒸发工艺淀积金属薄膜，然后通过光刻工艺制作成梳状图形电阻，将电阻值调节到设计要求的阻值后在其表面覆盖一层绝缘保护膜，再引出电极引线而制成。

热膜式空气流量计的结构如图 4-6-1 所示。

在传感器内部的进气通道上设有一个矩形护套（相当于取样套），热膜电阻设在护套中（图 4-6-2）。为了防止污物沉积到热膜电阻上影响测量精度，在护套的空气入口一侧设有空气过滤层，用以过滤空气中的污物。为了防止进气温度变化使测量精度受到影响，在热膜电阻附近的气流上游设有铂金属膜式温度补偿电阻。温度补偿电阻和热膜电阻与传感器内部控制电路连接，控制电路与线束连接器插座连接，线束设在传感器壳体中部。与热丝式空气流量传感器相比，热膜电阻的阻值较大，所以消耗电流较小，使用寿命较长。但是由于其发热元件表面制作有一层保护薄膜，存在辐射热传导作用，因此响应特性稍差。

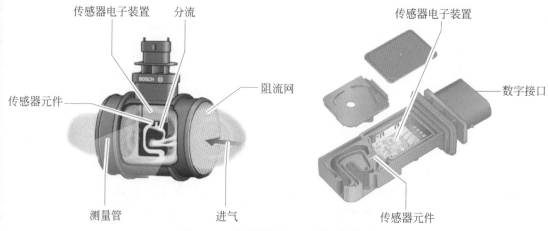

传感器电子装置　分流　　　　　　　　传感器电子装置

传感器元件　　　　　　　　　阻流网　　　数字接口

测量管　　　　进气　　　　传感器元件

图 4-6-1　热膜式空气流量计的结构

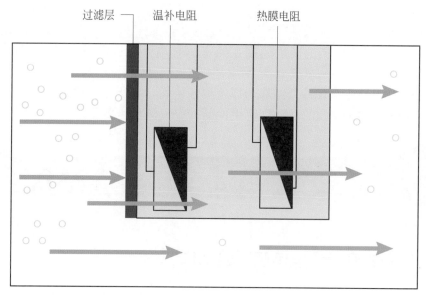

过滤层　　温补电阻　　　热膜电阻

图 4-6-2　热膜式空气流量传感器的内部元件示意图

二、热膜式空气流量传感器的工作原理

在热膜式空气流量传感器中，采用了恒温差控制电路来实现流量检测。恒温差控制电路如图 4-6-3 所示，发热元件电阻 R_H 和温度补偿电阻（进气温度传感器）R_T 分别连接在惠斯登电桥电路的两个臂上。当发热元件的温度高于进气温度时，电桥电压才能达到平衡，并由具有电流放大作用的控制电路 A 控制加热电流（50～120mA）来使发热元件温度 T_H 与补偿电阻温度升之差保持恒定（即 $\Delta T = T_H - T_T = 120℃$）。

当空气气流流经发热元件并使其受到冷却时，发热元件温度降低，阻值减小，电桥电压失去平衡，控制电路将增大供给发热元件的电流，使其温度保持高于温度补偿电阻温度 120℃。电流增量的大小，取决于发热元件受到冷却的程度，即取决于流过传感器的空气量。当电桥电流增大时，取样电阻 R_s 上的电压就会升高，从而将空气流量的变化转化为电压信号 U_s 的变化。输出电压与空气流量之间近似于 4 次方根的关系特征曲线如图 4-6-4 所示。信号电压输入 ECU 后，ECU 可根据信号电压的高低计算出空气质量流量 Q_M 的大小。

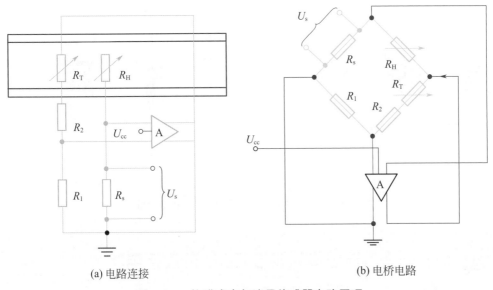

(a) 电路连接   (b) 电桥电路

图 4-6-3 热膜式空气流量传感器电路原理

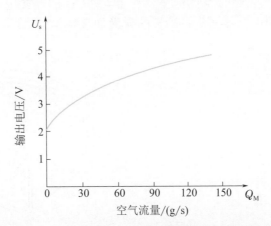

图 4-6-4 热膜式空气流量传感器输出特性曲线

当发动机怠速或空气为热空气时，因为怠速时节气门关闭或接近全闭，所以空气流速低，空气量少；又因空气温度越高，空气密度越小，所以在体积相同的情况下，热空气的质量小。因此发热元件受到冷却的程度小，阻值减小的幅度小，所以电桥平衡需要的电流小，故取样电阻上的信号电压低。控制单元 ECU 根据信号电压即可计算出空气量。

当发动机负荷增大或空气为冷空气时，因为节气门开度增大，空气流速加快使空气流量增大；而冷空气密度大，在体积相同的情况下冷空气质量大，所以发热元件受到冷却的程度增大，阻值减小幅度大，保持电桥平衡需要的电流增大，如图 4-6-5 所示。因此，当发动机负荷增大时，信号电压升高。

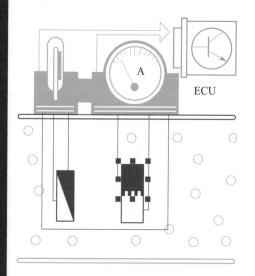
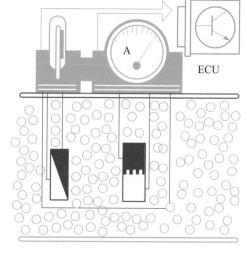

(a) 怠速或热空气时   (b) 负荷增大或冷空气时

图 4-6-5　热膜式空气流量传感器测量原理

三、热膜式空气流量传感器与 ECU 的连接电路

大众轿车上使用的热膜式空气流量传感器与 ECU 的连接电路如图 4-6-6 所示。热膜式空气流量传感器的连接器插头各端子的含义如表 4-6-1 所示。

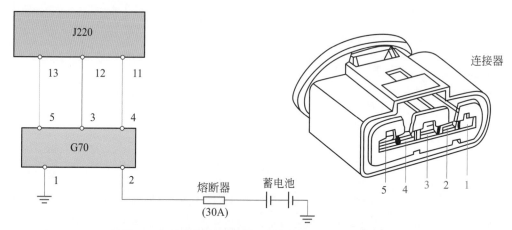

图 4-6-6　热膜式空气流量传感器与 ECU 的连接电路

表 4-6-1　热膜式空气流量传感器的连接器插头各端子的含义

空气流量传感器 5 芯插头各端子号	含义	空气流量传感器 5 芯插头各端子号	含义
1	空	4	5V 电源
2	12V 电源	5	正信号线
3	负信号线		

四、 热膜式空气流量传感器的检测

1. 电源电压检测

关闭点火开关，拔下空气流量传感器的插头，启动发动机。先用万用表电压挡测量插头的 2 端子与搭铁间的电压值，标准值应为 12V。再用万用表电压挡测量插头 4 端子与搭铁间的电压值，标准值应为 5V。见图 4-6-7。

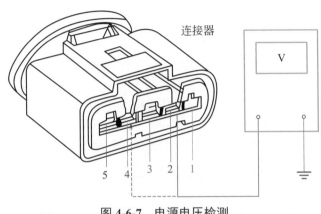

图 4-6-7　电源电压检测

2. 信号电压检测（单件检测）

关闭点火开关，拆下空气滤清器，打开点火开关，但不启动发动机。用万用表的电压挡测量空气流量传感器插头中的 5 端子（正信号线）与 3 端子（负信号线）之间的电压值。用红表笔插入空气流量传感器 5 号端子中，黑表笔插入 3 号端子中，然后用电吹风（冷风挡）向流量传感器空气入口吹气，观察信号电压的变化值（标准值：2.0～4.0V）。如果信号电压不变化，则说明空气流量传感器失效，须更换。

3. 检测线束导通性（断路）

用万用表电阻挡检测热膜式空气流量传感器线束导通性的方法如下（图 4-6-8）：关

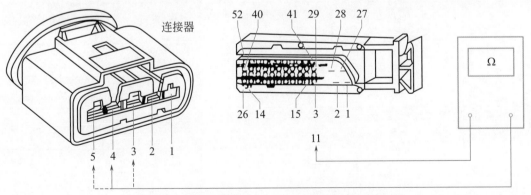

图 4-6-8　检测热膜式空气流量传感器线束的导通性

闭点火开关，拔下电控单元 ECU 的线束连接器，用万用表电阻挡检测线束插头 3 端子与 ECU 连接器的 12 端子间的电阻值，标准值应小于 1Ω。用万用表电阻挡检测线束插头 4 端子与 ECU 连接器的 11 端子间的电阻值，标准值应小于 1Ω。用万用表电阻挡检测线束插头 5 端子与 ECU 连接器的 13 端子间的电阻值，标准值应小于 1Ω。

▶ 4. 检测线束内导线间的电阻

检测热膜式空气流量传感器导线间的电阻，从而判断导线间是否短路，方法如下：

关闭点火开关，拔下空气流量计的插头和电控单元的线束连接器，用万用表电阻挡检测流量传感器插头 2 端子与 ECU 连接器的 11 端子间的电阻值，标准值为∞；用万用表电阻挡检测流量计插头 2 端子与 ECU 连接器的 12 端子间的电阻值，标准值为∞；用万用表电阻挡检测流量计插头 2 端子与 ECU 连接器的 13 端子间的电阻值，标准值为∞；用万用表电阻挡检测流量计插头 4 端子与 ECU 连接器的 12 端子间的电阻值，标准值为∞。用万用表电阻挡检测流量计插头 4 端子与 ECU 连接器的 13 端子间的电阻值，标准值为∞。用万用表电阻挡检测流量计插头 5 端子与 ECU 连接器的 11、12 端子间的电阻值，标准值为∞。如果检测结果与上述标准值不符，则说明导线间存在断路，须更换空气流量计的线束。

第七节　故障分析

以质量空气流量计为例，故障分析见表 4-7-1。

表 4-7-1　质量空气流量计故障分析

故障代码	检测条件	故障部位	故障方案
P0100	质量空气流量电路	1. 质量空气流量计电路断路或短路	检查相关电路，修复故障线路或更换
		2. 质量空气流量计	更换质量空气流量计
		3. ECM	检查相关电路，修复故障线路或更换；如果是 ECM 故障，则更换总成
P0102	质量空气流量电路低输入	1. 质量空气流量计电路断路或短路	检查相关电路，修复故障线路或更换
		2. 质量空气流量计	更换质量空气流量计
		3. ECM	检查相关电路，修复故障线路或更换；如果是 ECM 故障，则更换总成
P0103	质量空气流量电路高输入	1. 质量空气流量计电路断路或短路	检查相关电路，修复故障线路或更换
		2. 质量空气流量计	更换质量空气流量计
		3. ECM	检查相关电路，修复故障线路或更换；如果是 ECM 故障，则更换总成

05

第五章

压力传感器

第一节　进气歧管压力传感器

一、进气歧管压力传感器的作用

进气歧管压力传感器（也称进气压力传感器或 MAP）用在 D 型汽油喷射系中，根据发动机的负荷测出进气歧管内压力的变化，并通过电路的连接转化为电信号和转速信号一起输入给 ECU，作为确定喷油器喷油量的基本依据（图 5-1-1）。

图 5-1-1　进气歧管压力传感器

扫码看视频

二、进气歧管压力传感器的安装位置

进气歧管压力传感器大多安装在汽车发动机的进气歧管上，也有少部分安装在汽车

发动机 ECU 的控制盒内或发动机的驾驶室内（图 5-1-2）。

图 5-1-2　进气歧管压力传感器的安装位置

　　进气压力传感器的种类较多，按其信号的产生原理可以分为电压型和频率型两种。电压型又可分为半导体压敏电阻式（电阻应变计式）和膜盒传动可变电感式；频率型的可分为电容式和表面弹性波式。其中以半导体压敏电阻式应用最多。

 ## 三、半导体压敏电阻式进气压力传感器

▶ 1. 半导体压敏电阻式进气压力传感器的结构

　　半导体压敏电阻式进气压力传感器是利用半导体的压阻效应的原理制成的，主要由硅膜片、真空室、硅杯、底座、真空管接头和引线电极组成。其内部结构如图 5-1-3 所示。

　　硅膜片是用单晶硅制成的压力转换元件，其长和宽各为 3mm，厚度为 160μm。硅膜片的中心部位用腐蚀方法制作了一个直径为 2mm、厚度为 50μm 的薄膜片。薄膜片表面的圆周上，采用集成电路加工和台面扩散技术制作了 4 只阻值相等的应变电阻，如图 5-1-4（a）所示，并将 4 只电阻连接成惠斯顿电桥电路，如图 5-1-4（b）所示，然后再与传感器内部的温度补偿电阻和信号放大电路等混合集成电路连接。

▶ 2. 半导体压敏电阻式进气压力传感器的工作原理

　　半导体压敏电阻的工作原理如图 5-1-5 所示。硅膜片一面通真空室，一面承受来自进气歧管中气体的压力，在此气体压力的作用下，硅膜片会产生变形，且压力越大形变越大，膜片中应变电阻的阻值在此压力的作用下就会发生变化，使传感器上以惠斯顿电

桥方式连接的硅膜片应变电阻的平衡被打破，当电桥的输入端输入一定的电压或电流时，在电桥的输出端便可得到相应变化的信号电压或信号电流。因为此信号比较微弱，故采用了混合集成电路进行放大后输入给 ECU。

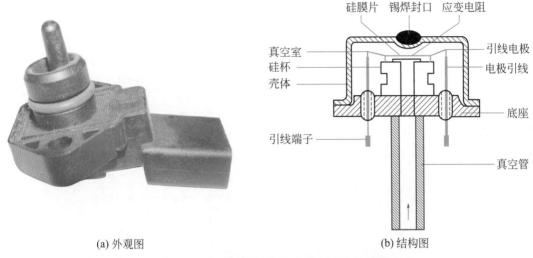

(a) 外观图　　　　　　　　　　　　(b) 结构图

图 5-1-3　半导体压敏电阻式进气压力传感器

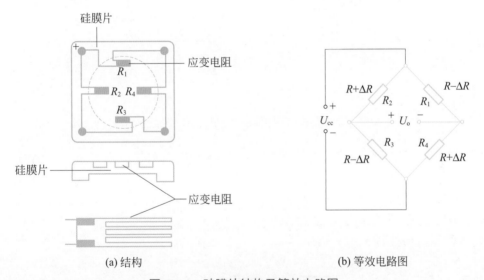

(a) 结构　　　　　　　　　　　　　(b) 等效电路图

图 5-1-4　硅膜片结构及等效电路图

由于压阻效应式进气歧管压力传感器的功能部件是硅膜片和应变电阻，其工作参数取决于作用于膜片上的压力大小，因此传感器的取样压力应从压力波动较小的部位选取。

3. 半导体压敏电阻式进气压力传感器的检测

半导体压敏电阻式进气压力传感器由于其体积小，精度高，响应性、再现性和抗振性较好，稳定性较好，不易损坏，因此应用较广泛。如果它出现故障，会导致发动机怠速不良、启动不易和启动后熄火等现象。如果车辆在运行过程中出现上述现象，则应对此传感器及相关电路和元件进行检测，检测方法如下。

（1）**检测ECU的供电电压**　拔下传感器的连接器插头，接通点火开关（但不启动发动机），用万用表测量连接器插头电源端和接地之间的电压（电路中的UC与E2端子，如图5-1-5所示），正常值应在4～6V之间。如果无电压，应检测ECU相应端子间的电压。如果相应端子间的电压正常，则是传感器与ECU间连接线路发生故障；如果ECU相应端子间无电压，则是ECU发生故障。

扫码看视频

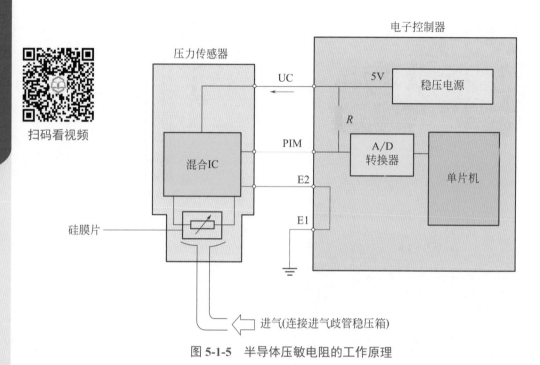

图 5-1-5　半导体压敏电阻的工作原理

（2）**检测进气压力传感器的输出电压**　拔下进气压力传感器与进气歧管连接的真空软管，打开点火开关（不启动发动机），用电压表测量进气压力传感器的输出电压（电路中的PIM端子与E2端子，如图5-1-5所示）。接着向进气压力传感器内施加真空，并测量在不同真空度下的输出电压。该电压值应随真空度的增大而降低，其变化情况应符合规定，否则应更换进气压力传感器。

四、真空膜盒式进气压力传感器

1. 真空膜盒可变电阻器式进气压力传感器的结构与原理

真空膜盒可变电阻器式进气压力传感器的结构如图5-1-6所示。它利用操纵杆的移动使电位计滑动臂的滑动触点左右移动，从而改变可变电阻的输出电阻值，进而改变输出的电压的大小。当进气压力较大时的，膜盒收缩，操纵杆回缩，使电位计的滑动触点向上移动，从而增大了分压电压的大小，即增大了输出电压值；反之，则膜盒膨胀，输出电压减小。

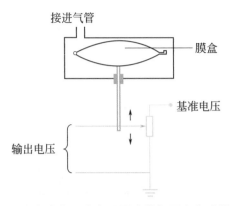

图 5-1-6　真空膜盒可变电阻器式进气压力传感器的结构

▶ 2. 真空膜盒可变电感式进气压力传感器的结构与原理

　　真空膜盒可变电感式进气压力传感器的结构如图 5-1-7 所示。它利用操纵杆的外伸或回缩移动，带动与其相连的铁芯移动，从而使两互感线圈 W1 和 W2 之间的互感系数发生变化，进而改变输出电压的大小。其中互感线圈的互感系数与两线圈的耦合情况相关，耦合越紧，输出电压越大。因此，进气压力增大时，膜片回缩，铁芯向两线圈中间运动时，耦合变紧，输出电压增大；反之，则膜片膨胀，输出电压减小。

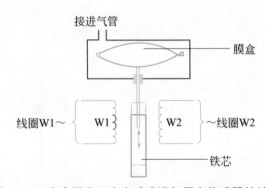

图 5-1-7　真空膜盒可变电感式进气压力传感器的结构

▶ 3. 真空膜盒差动变压器式进气压力传感器的结构与原理

　　真空膜盒差动变压器式进气压力传感器主要由膜盒、铁芯、传感线圈、弹片以及电路组成（图 5-1-8）。

　　传感器线圈由一次绕组和二次绕组两个绕组构成，如图 5-1-9 所示。一次绕组与振荡电路连接，产生交变电压，并在线圈周围产生磁场；二次绕组为两个感应线圈，产生感应信号电压。当交流电通过一次绕组线圈时，两个二次绕组线圈都产生感应电压。当铁芯在中心位置时，两个二次绕组的感应电压大小相等，方向相反，传感器的输出电压为零。当铁芯从中间向一端移动时，一个二次绕组输出的电压将大于另一个二次绕组，这两个二次绕组的电压差 e_s（输出信号电压），其大小由铁芯移动距离决定。

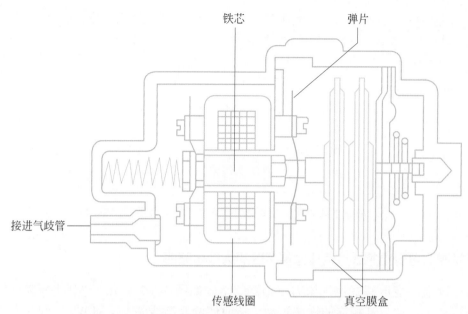

铁芯　　　　　　弹片

接进气歧管

传感线圈　　　　真空膜盒

图 5-1-8　真空膜盒差动变压器式进气压力传感器的结构

当进气歧管压力发生变化时，膜盒的外伸与回缩带动铁芯在磁场中移动，使感应线圈产生的信号电压发生变化，这个变化的信号电压经电子电路检波、整形和放大后，输入电控单元 ECU。

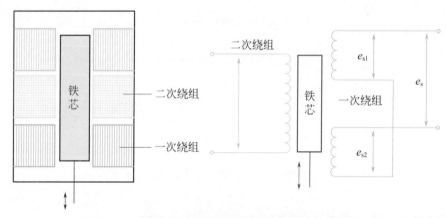

二次绕组

铁芯

二次绕组

一次绕组

e_{s1}

e_s

一次绕组

e_{s2}

图 5-1-9　传感器线圈绕组的结构

4. 真空膜盒式进气压力传感器的检测方法

真空膜盒式进气压力传感器的常见故障是真空软管连接不牢、破裂以及感应线圈断、短路等。检测时应注意，这种进气压力传感器是用 12V 电源工作，所以检测时不要拔下电源线插头。

（1）**检查电源电压**　关闭点火开关，拔下传感器连接器插头，在电源线插头一侧接万用表，打开点火开关，电压表应显示 12V，否则应检查电源线是否存在断、短路。

（2）**检查输出信号电压**　连接好传感器插头，打开点火开关，将万用表红表笔与信号端子接触，将黑表笔搭铁。在真空软管上加大气压时，信号电压应为 1.5V；对真空软管吸气时，电压应从 1.5V 慢慢减小；发动机怠速时，电压应为 0.4V。当发动机转速升高时，输出电压值也升高。否则说明传感器或相关线路出现故障，应进行更换。

五、电容式进气压力传感器

1. 电容式进气压力传感器的结构与原理

电容式进气压力传感器是将氧化铝膜片和底板彼此靠近排列，形成电容，利用电容随膜片上下压力差的变化而改变的性能，获取与压力成正比的电容值信号，其结构如图 5-1-10 所示。将电容（压力转换元件）连接到传感器混合集成电路的振荡电路中，传感器能够产生可变频率的信号，且该信号的输出频率（一般为 80～120Hz）与进气歧管的绝对压力成正比。ECU 可以根据传感器输入信号的频率来检测进气歧管的绝对压力的大小，进而对发动机的喷油量进行控制。

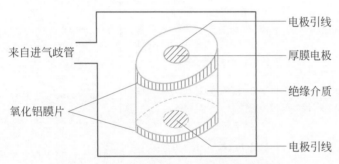

来自进气歧管　　　　　　　　　　　　　电极引线
　　　　　　　　　　　　　　　　　　　厚膜电极
　　　　　　　　　　　　　　　　　　　绝缘介质
氧化铝膜片　　　　　　　　　　　　　　电极引线

图 5-1-10　电容式进气压力传感器的结构

2. 电容式进气压力传感器的检测

电容式进气压力传感器在汽车上的应用还不是很普遍，只有福特等少数轿车的 D 型喷射发动机上使用。如果电容式进气压力传感器或其连接电路发生故障，也可从电源电压、信号电压、传感器与电源间连接线束的导通性去检测，具体的车型需参考各自的参数标准值。同时也可用汽车专用万用表对此进气压力传感器进行频率测试，测试方法是：

打开点火开关，但不启动发动机，进气压力传感器输出信号的频率约为 160Hz；减速时频率为 80Hz 左右；怠速时频率为 105Hz 左右。若进气压力输出信号消失或者超出规定标准值（频率小于 80Hz 或大于 160Hz），则说明此传感器已失效，应进行检修或更换。

六、故障分析

进气压力传感器故障分析见表 5-1-1。

扫码看视频

表 5-1-1　进气压力传感器故障分析

故障代码	检测条件	故障部位	故障方案
P0106	歧管绝对压力（MAP）传感器性能	1. 歧管绝对压力（MAP）传感器断路或短路	检查相关电路，修复故障线路或更换
		2. 歧管绝对压力（MAP）传感器	更换歧管绝对压力（MAP）传感器
		3. ECM	检查相关电路，修复故障线路或更换；如果是 ECM 故障，则更换总成
P0107	歧管绝对压力（MAP）传感器电路电压过低	1. 歧管绝对压力（MAP）传感器断路或短路	检查相关电路，修复故障线路或更换
		2. 歧管绝对压力（MAP）传感器	更换歧管绝对压力（MAP）传感器
		3. ECM	检查相关电路，修复故障线路或更换；如果是 ECM 故障，则更换总成
P0108	歧管绝对压力（MAP）传感器电路电压过高	1. 歧管绝对压力（MAP）传感器断路或短路	检查相关电路，修复故障线路或更换
		2. 歧管绝对压力（MAP）传感器	更换歧管绝对压力（MAP）传感器
		3. ECM	检查相关电路，修复故障线路或更换；如果是 ECM 故障，则更换总成

 第二节　其他气体压力传感器

 大气压力传感器

1. 大气压力传感器的作用

大气压力传感器用于检测大气压力的变化，并将变化的压力信号输入给 ECU，实现 ECU 对喷油量和点火时间的修正。

2. 大气压力传感器的安装位置

大气压力传感器一般安装在空气流量计内或 ECU 内部或前保险杠内，如图 5-2-1所示。

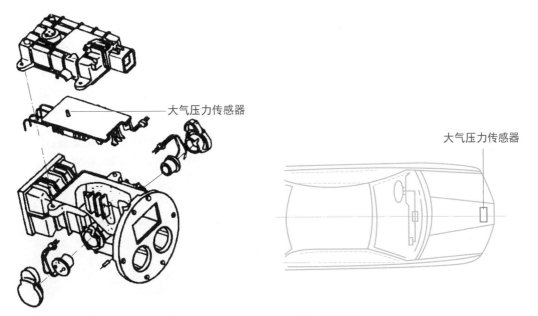

图 5-2-1　大气压力传感器的安装位置

3. 大气压力传感器的结构与工作原理

　　大气压力传感器与半导体压敏电阻压力传感器的制作原理类似，也是采用集成电路与微加工技术，在一块半导体基片（硅片）上形成压力传感器、温度补偿电路和放大电路。在硅片的中间，从反面经异向腐蚀形成了一个正方形的膜片（利用膜片将压力变换成应力），在膜片的表面，通过扩散杂质形成 4 个 P 型的测量电阻，以惠斯顿电桥方式连接，如图 5-2-2 所示。利用膜片的压阻效应将加在膜片上的压力变换成电阻的变化，此电阻通过桥式电路之后，在输入端输入一个电源电压后在输出端会输出一个可变的电压信号。膜片的里面与硅杯之间设计成真空腔，用于缓和内部的应力，并以此真空腔的压力为基准来测量大气压力。

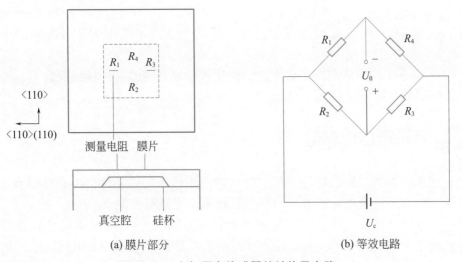

(a) 膜片部分　　　　　　　(b) 等效电路

图 5-2-2　大气压力传感器的结构及电路

4. 大气压力传感器与 ECU 的连接电路

三菱轿车大气压力传感器与 ECU 的连接电路图如图 5-2-3 所示。大气压力传感器的变化电压信号是由 16# 端子输入 ECU 的，ECU 根据该信号电压对喷油量进行修正。ECU 的 13# 和 23# 端子并联及 14# 和 24# 端子并联，以减少接触电阻，提高测量精度。

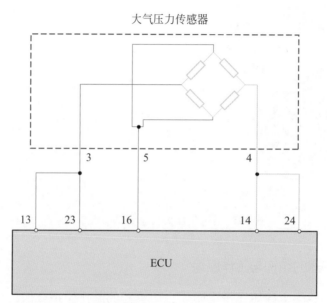

图 5-2-3　三菱轿车大气压力传感器与 ECU 的连接电路

5. 大气压力传感器的检测

以三菱轿车大气压力传感器为例，说明大气压力传感器的检测内容。它与 ECU 的连接电路如图 5-2-3 所示。此传感器及其电路的检测方法如下。

（1）**检查搭铁情况**　拆下大气压力传感器与 ECU 间的连接插头，测量 ECU 侧 14# 端子与搭铁间的电阻值，正常应为零，否则应检查 ECU 的搭铁情况。

（2）**检查各端子间的电压值**　打开点火开关，测量 ECU 侧的 23# 端子与搭铁间的电压，正常应为 5V。测量传感器信号输出端 16# 端子输出的信号电压，正常应为 3.5 ～ 4.2V。

若电压值不在规定范围内，应检查线路连接情况，若线路连接情况良好，则应更换大气压力传感器。

二、涡轮增压传感器

涡轮增压传感器是以硅膜片上形成的扩散电阻作为传感元件，用于检测涡轮增压机的增压压力，以便对喷射脉冲进行修正和对增压压力进行控制。

日产 VQ30DET 发动机上的涡轮增压系统（见图 5-2-4）中就运用了涡轮增压传感器。在怠速、水温超过 115℃ 或水温传感器系统异常时，增压控制电磁阀断开，旋启阀控制器的膜片承受实际增压压力，增加排气的旁通量，增压压力下降；相反，当增压控制电磁阀闭合时，减少排气的旁通量，使增压压力升高。此外，如果增压压力异常升高，增压传感器的输出电压超出一定数值，系统燃油将被切断。

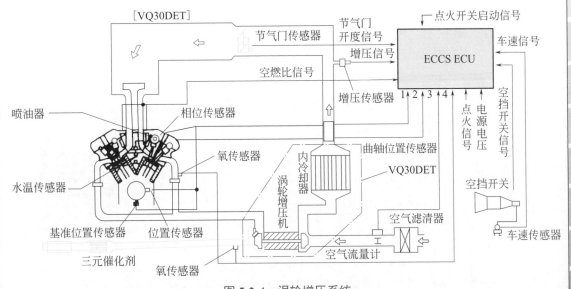

图 5-2-4　涡轮增压系统

1—曲轴位置传感器；2—水温信号；3—进气量信号；4—氧输出信号

三、绝对压力型高压传感器

绝对压力型高压传感器用于检测悬架系统的油压，它是耐高压结构的压力传感器，内部装有放大电路、温度补偿电路及与压力媒体接触的不锈钢膜片。绝对压力型高压传感器大部分为硅膜片式，即在硅膜片上形成扩散电阻而制成的传感元件，其结构如图 5-2-5 所示。

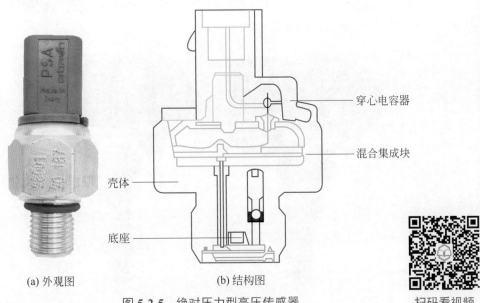

(a) 外观图　　　　　　(b) 结构图

图 5-2-5　绝对压力型高压传感器

扫码看视频

四、 相对压力型高压传感器

相对压力型高压传感器用于检测汽车空调系统的冷媒压力，并将检测到的冷媒压力信号传送给空调 ECU。传感器内部装有放大电路和温度补偿电路，安装在空调系统的高压管道上，其结构及特性如图 5-2-6 所示。

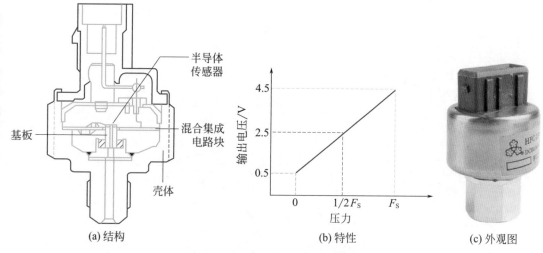

(a) 结构　　　　　　　　(b) 特性　　　　　　　　(c) 外观图

图 5-2-6　相对压力型高压传感器

五、 轮胎压力传感器

1. 轮胎压力传感器的作用

轮胎压力传感器将轮胎的实时压力信息（绝对压力测量）发送给轮胎压力监控控制单元，用以评估压力情况（图 5-2-7）。

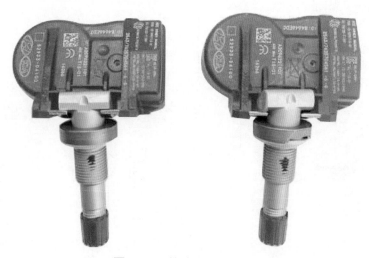

图 5-2-7　轮胎压力传感器

2. 轮胎压力传感器的安装位置

轮胎压力传感器安装在轮胎和轮毂间，如图 5-2-8 所示。

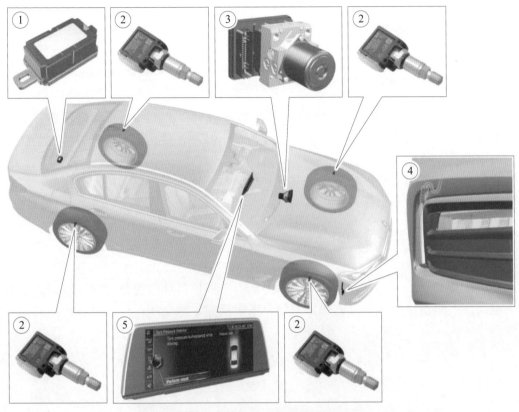

图 5-2-8　轮胎压力传感器的安装位置
1—遥控信号接收器 FBD；2—轮胎压力传感器；3—动态稳定控制系统 DSC；
4—车外温度传感器；5—中央信息显示屏 CID

3. 轮胎压力传感器的结构

轮胎压力传感器主要由发射天线、压力和温度传感器、测量和控制电子装置、电池等构成，其结构如图 5-2-9 所示。

温度信号用于补偿因温度改变而引起的压力变化，同时还用于自诊断。当温度高于某一限定值时，传感器就停止发送无线电信号。温度补偿由轮胎压力监控控制单元来进行，测出的轮胎压力以 20℃时的值为标准值。

根据各国情况的不同，现在使用两种不同的载波频率。大多数国家使用 433MHz 的载波频率。少数国家（如美国）使用 315MHz 的载波频率。一个封闭系统内的空气压力变化与温度是成比例的。正常情况下，温度每变化 10℃，压力变化约 0.1bar（1bar=0.1MPa）。

图 5-2-9　轮胎压力传感器的结构

传感器、天线和控制单元上打印有相应的载波频率，另外从零件号上也可看出用的是哪种载波频率。只有系统部件都使用相同的载波频率时，轮胎压力监控系统才能正常工作。输入"存储压力"后，轮胎充气压力就被标准化为20℃时的值。

六、负压传感器

空气滤清器负压传感器由负压测压孔、橡胶膜片、校准弹簧、顶杆、弹性开关、电缆接头和壳体组成。

橡胶膜片左侧作用着滤清器出口负压和弹簧弹力，膜片右侧通过顶杆顶开弹性开关。当滤清器出口负压减小到规定值时，膜片顶力减小，使传感器内的弹性开关触点接通信号电路，点亮警告灯。

在发动机运转时，进气歧管内的气压产生脉动，但弹性感应元件能够吸收一定程度的脉动，故对传感器的工作特性影响不大。

七、燃烧压力传感器

压电陶瓷型燃烧压力传感器（图5-2-10）用于测量气缸内混合气燃烧压力。因为其在高温高压下测量，所以要求燃烧压力传感器耐高温、耐高压，还应具有抗振动和抗安装变形等特点。

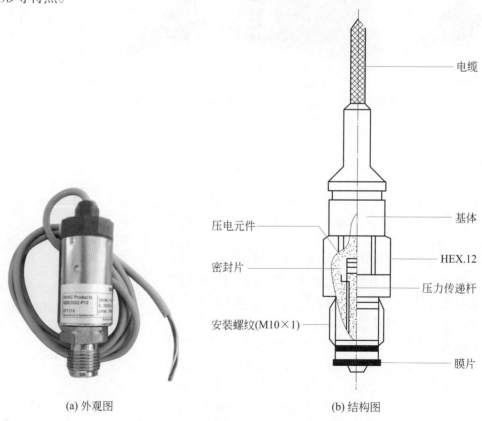

电缆

压电元件

密封片

安装螺纹(M10×1)

基体

HEX.12

压力传递杆

膜片

(a) 外观图　　　　　　　　　(b) 结构图

图 5-2-10　压电陶瓷型燃烧压力传感器

硅应变片型燃烧压力传感器（图5-2-11）主要用在稀薄燃烧发动机上，用于控制稀薄燃烧极限，而且燃烧压力传感器只用来控制第一缸。

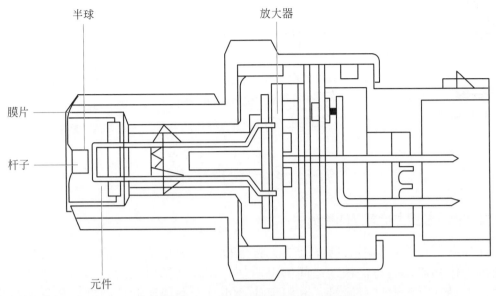

图 5-2-11　硅应变片型燃烧压力传感器

第三节　液体压力传感器

 发动机机油压力传感器

1. 发动机机油压力传感器的结构与原理

　　发动机机油压力传感器向 ECU 通报发动机机油主油道的压力，当机油压力低于期望值时，ECU 将启用降低发动机转速和功率的保护功能，来调节发动机的转速和功率。当检测到危险的机油压力时，ECU 将使仪表板上的红色报警灯闪亮，向驾驶员发出报警信号，有些发动机或汽车还可能伴有蜂鸣声。如果 ECU 设有停机保护功能，当机油压力低于限值 30s 后会使发动机自动停机，有些系统可能还设有手动延时按钮，按下该按钮后，发动机的运转时间将延长 30s，以便驾驶员能够将汽车安全地停靠到路边。

　　机油压力传感器通常通过螺纹拧入缸体的油道内，其内有一个可变电阻，一端输出信号，另一端和搭铁的滑动臂连接。当油压增高时，压力通过润滑油道接口推动膜片弯曲，膜片推动滑动触臂移动到低电阻位置，输出电流增大；油压降低时，情况正好相反，如图 5-3-1 所示。

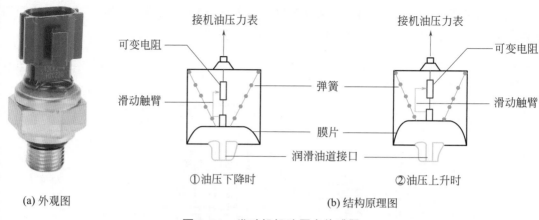

(a) 外观图   (b) 结构原理图

图 5-3-1 发动机机油压力传感器

2. 发动机机油压力传感器的检测

打开点火开关，但不启动发动机，拔下机油压力传感器的插头，用万用表检测机油压力传感器接头与搭铁线之间的电阻值。在发动机启动后，油压达到 20kPa 以上时，再对其电阻值进行测量，其阻值应变小，否则说明此传感器已损坏，应进行更换。

二、发动机机油压力开关传感器

1. 发动机机油压力开关传感器的结构

发动机机油压力开关传感器用于检测发动机有无机油压力，它由膜片、弹簧及触点组成（图 5-3-2）。

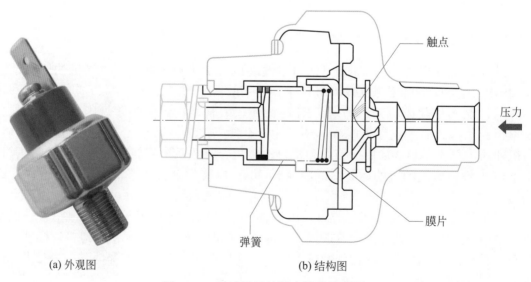

(a) 外观图   (b) 结构图

图 5-3-2 发动机机油压力开关传感器

2. 发动机机油压力开关传感器的工作原理

当无机油压力作用时，弹簧推动膜片，触点处于闭合状态（ON）；当机油压力达到规定值时，膜片克服弹簧作用力，使触点断开（OFF）。油压开关特性如图 5-3-3 所示。

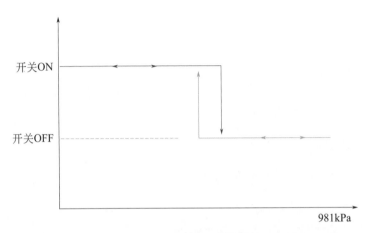

图 5-3-3　油压开关特性

油压指示灯安装在组合仪表里，压力开关安装在发动机润滑油路上。压力开关内有受油压作用而动作的膜片及受油压作用而动作的触点，油压指示器的工作原理如图 5-3-4 所示。

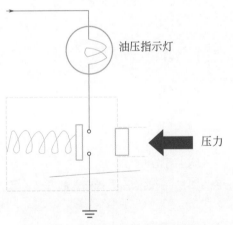

扫码看视频

图 5-3-4　油压指示器的工作原理

当油压高于规定值时，膜片推起弹簧，触点分开，指示灯熄灭，这时驾驶员应当知道油压已达到规定值；当油压低于规定值时，膜片不具有推动弹簧的作用力，触点闭合，指示灯亮。在正常情况下，触点动作压力在 30 ～ 50kPa 范围。

3. 发动机机油压力开关传感器的检测

打开点火开关，机油压力指示灯应亮。如果这时指示灯不亮，其故障原因可能是油压指示灯线束脱落，或者是熔断丝已熔断，或者灯丝已熔断。

发动机启动后，机油压力已达规定值，指示灯仍点亮，故障原因可能是触点开关动作不良，线束搭铁。

三、制动液压力传感器

1. 制动液压力传感器的作用

制动液压力传感器向发动机控制单元提供制动管路内的实际压力信号。发动机控制单元根据这个压力信号计算出车轮制动力及作用在车上的纵向力。如果需要 ESP 工作，控制单元会将此值用于计算侧导向力。

2. 制动液压力传感器的安装位置

制动液压力传感器的安装位置如图 5-3-5 所示。

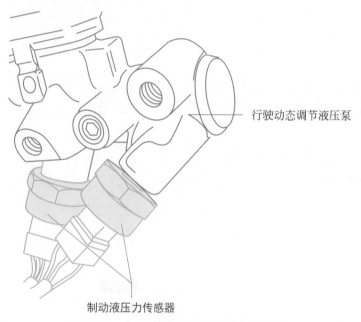

行驶动态调节液压泵

制动液压力传感器

图 5-3-5 制动液压力传感器的安装位置

3. 制动液压力传感器的结构与工作原理

制动液压力传感器的核心部件有两个：一个压电元件，制动液的压力就作用在其上；另一个是传感器电子元件。它的结构如图 5-3-6 所示。

如果制动液的压力作用到压电元件上，那么该元件上的电荷分布就会改变。

如果没有压力作用，电荷分布是均匀的如图 5-3-7（a）所示；有压力作用时，电荷分布在空间内发生变化，这样就产生了电压，如图 5-3-7（b）所示。压力越大，电荷分离的趋势越强，产生的电压就越高。这个电压由电子装置放大，然后作为信号传给控制单元。传感器输出的电压高低就是制动压力大小的直接反应。

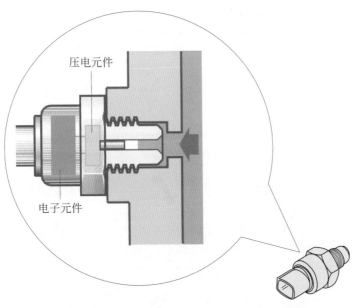

压电元件

电子元件

图 5-3-6　制动液压力传感器的结构

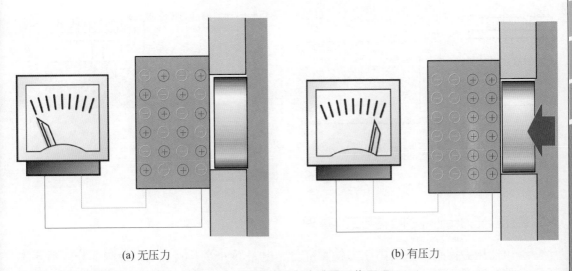

(a) 无压力

(b) 有压力

图 5-3-7　制动液压力传感器工作原理

四、蓄压器压力传感器

1. 蓄压器压力传感器的作用

蓄压器压力传感器用于检测牵引力控制系统（TRC）蓄压器油液压力。

2. 蓄压器压力传感器的安装位置

蓄压器压力传感器一般安装在油压控制组件的上方，如图 5-3-8 所示。

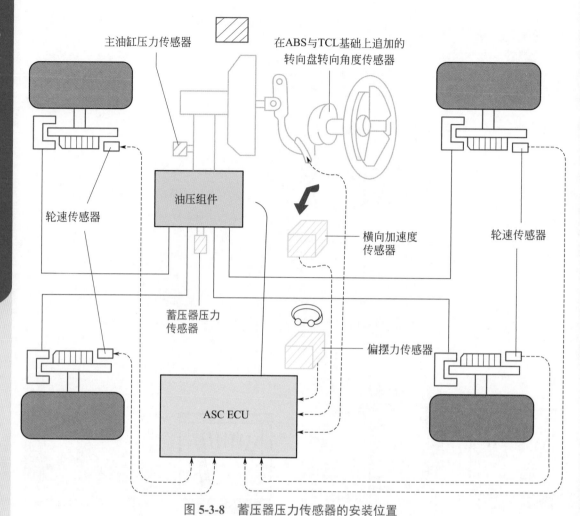

主油缸压力传感器

在ABS与TCL基础上追加的
转向盘转向角度传感器

轮速传感器

油压组件

横向加速度
传感器

轮速传感器

蓄压器压力
传感器

偏摆力传感器

ASC ECU

图 5-3-8　蓄压器压力传感器的安装位置

3. 蓄压器压力传感器的结构与工作原理

蓄压器压力传感器主要由压力检测部分、电路部分等组成。压力检测部分以半导体压敏元件为测量元件。当油液压力低时，它向 ECU 输入低油压信号，启动油泵并使之运转；当油液压力过高时，它输入 ECU 一个高油压信号，油泵停止工作。

4. 蓄压器压力传感器与 ECU 的连接电路

雷克萨斯 LS400 轿车蓄压器压力传感器与 ECU 的连接电路如图 5-3-9 所示。

5. 蓄压器压力传感器的检测

这里以雷克萨斯 LS400 轿车上的蓄压器压力传感器为例介绍其检测方法。具体方法如下。

（1）电源电压检查

❶ 拆下 ABS 和 TRC 的 ECU，但不断开线束连接器。

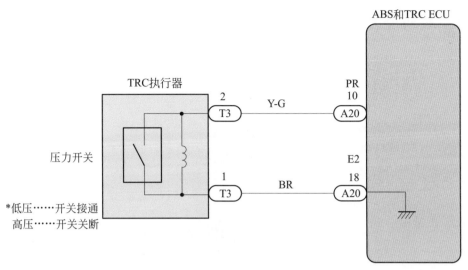

图 5-3-9　蓄压器压力传感器与 ECU 的连接电路

❷ 点火开关旋到"START"位置，启动发动机，使其怠速运转半分钟，使 TRC 执行器油压升高。

❸ 关闭发动机，点火开关旋到"ON"位置，用万用表测量 ECU 连接器 PR 端子与 E2 端子间的电压，其电压应为 5V，如图 5-3-10 所示。

❹ 检查后应向储油室内加油。

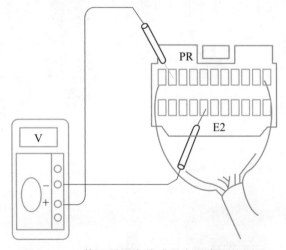

图 5-3-10　蓄压器压力传感器电源电压的测量

（2）压力开关检测

❶ 拆下压力开关导线连接器，测量压力开关（传感器）连接器 1# 与 2# 端子之间的电阻，其电阻应为 0Ω。

❷ 接好连接器，启动发动机，使之怠速运转半分钟，以使 TRC 执行器压力升高。

❸ 关闭发动机，点火开关旋到"ON"位置，测量连接器 1# 与 2# 端子的电阻，其电阻应为 1.5kΩ。如果不符合上述结果，则应更换 TRC 执行器。

五、共轨压力传感器

共轨压力传感器能以足够的精度，在相对较短的时间内，测定共轨中的实时压力，并向 ECU 提供电信号。共轨压力传感器安装在共轨上（图 5-3-11）。

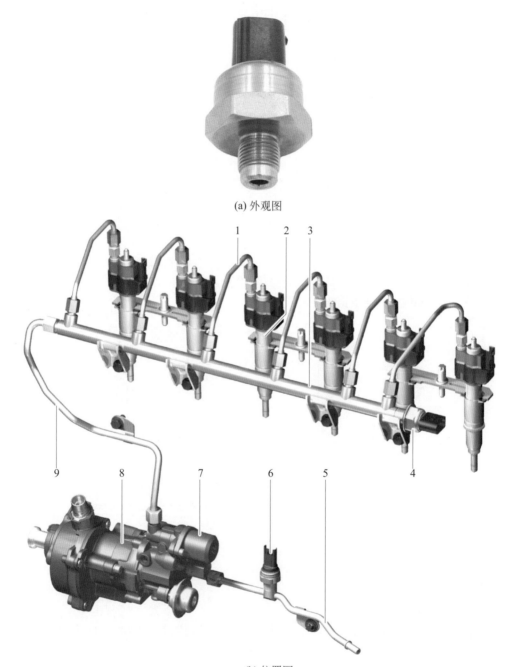

(a) 外观图

(b) 位置图

图 5-3-11 共轨压力传感器

1—高压管路（共轨—喷射器）；2—压电喷射器；3—共轨；4—共轨压力传感器；5—燃油供给管路；6—低压传感器；7—油量调节阀；8—高压泵；9—高压管路（高压泵—共轨）

共轨压力传感器主要由压敏元件（焊接在压力接头上）、带求值电路的电路板和带电气插头的传感器外壳等组成。

燃油经一个小孔流向共轨压力传感器，传感器的膜片将孔的末端封住。高压燃油经压力室的小孔流向膜片。膜片上装有半导体型压敏元件，可将压力转换为电信号，通过连接导线将产生的电信号传送到一个向 ECU 提供测量信号的求值电路。

共轨压力传感器的工作原理是：当膜片形状改变时，膜片上涂层的电阻发生变化。这样，由系统压力引起膜片形状变化（150MPa 时变化量约 1mm），促使电阻值改变，并在用 5V 电压供电的电阻电桥中产生电压变化。电压在 0 ~ 70mV 之间变化（具体数值由压力而定），经求值电路放大到 0.5 ~ 4.5V。精确测量共轨中的压力是电控共轨系统正常工作的必要条件。为此，压力传感器在测量压力时允许误差很小。

六、空调制冷剂压力传感器

1. 空调制冷剂压力传感器的作用

空调制冷剂压力传感器用于检测制冷剂压力，并将制冷剂压力信号发送至空调放大器。空调放大器根据传感器特性将该信号转换为压力，以控制压缩机。

大众轿车的某些车型上所运用的为空调制冷剂压力 / 温度传感器。空调制冷剂压力 / 温度传感器将制冷剂压力与制冷剂温度信号送到控制单元。这两个信号用于：①控制散热器风扇；②控制压缩机；③检测制冷剂的损耗。

2. 空调制冷剂压力传感器的安装位置

空调制冷剂压力传感器一般安装在高压管上。大众轿车上的空调制冷剂压力 / 温度传感器位于发动机舱内压缩机与冷凝器之间的高压管路上，如图 5-3-12 所示。

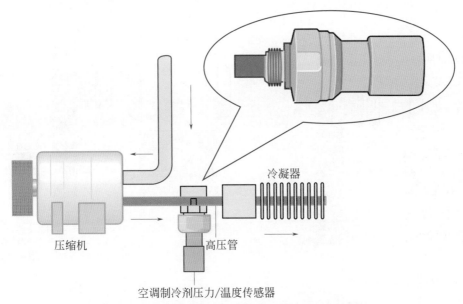

图 5-3-12　空调制冷剂压力 / 温度传感器的安装位置

3. 空调制冷剂压力传感器的结构与工作原理

这里还是以大众轿车上运用的空调制冷剂压力 / 温度传感器为例，介绍空调制冷剂压力 / 温度传感器的结构（图 5-3-13）与工作原理。

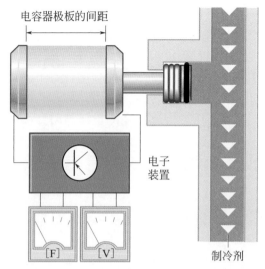

图 5-3-13　空调制冷剂压力 / 温度传感器的结构

压力测量传感器元件实际上是一个电容器，是根据电容原理进行工作的。它的工作原理如下。

这里以平行极板电容器进行简单介绍。制冷剂回路中的压力变化改变了传感器中电容器极板之间的距离。由于电容器极板之间的距离发生改变，电容量也就发生改变，即电容器存储电能的能力发生改变。如果间距减小，电容量下降，如图 5-3-14（a）所示；如果间距增大，电容量上升，如图 5-3-14（b）所示。传感器电子装置检测这种变化，并按比例将压力转换成电压信号。

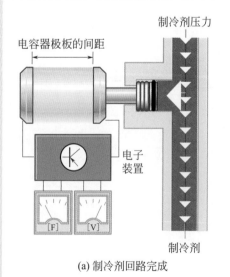

(a) 制冷剂回路完成

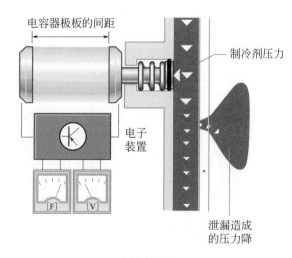

(b) 制冷剂泄漏

图 5-3-14　空调制冷剂压力 / 温度传感器工作原理

在制冷剂发生大的泄漏而逸出时，压力会急剧下降。在此情况下，压力传感器的信号足以让控制单元检测到故障。

如果冷却液逐渐损耗，则此信号就不会足够强，因为少量制冷剂的损耗不会使压力变化达到系统可测量的程度。但是，由于制冷剂的量与蒸发器的量精确相关，所以缺少制冷剂会导致蒸发器中膨胀的冷却液蒸汽热到可测量的程度，从而使压缩机后的制冷剂温度上升。因为较少的制冷剂吸收了等量的热量来将空气冷却到默认值，所以造成这种温升。该传感器检测这种温升并发送电压信号给 ECU。

如果压力或温度信号失效，则空调制冷功能关闭。

扫码看视频

扫码看视频

扫码看视频

扫码看视频

扫码看视频

扫码看视频

06

第六章

气体浓度传感器

第一节　氧传感器

 一、氧传感器的作用

　　氧传感器（图 6-1-1）用于检测废气中的氧含量并获得混合气的空燃比浓稀信号。该信号输入 ECM 后，ECM 根据该信号调整发动机的喷油量，实现闭环控制，使催化转化器更好地发挥净化作用。

扫码看视频

图 6-1-1　氧传感器

 二、氧传感器的安装位置

　　氧传感器安装在排气管上，如图 6-1-2 所示。

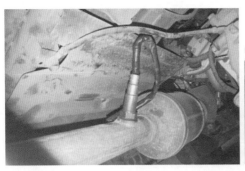

图 6-1-2　氧传感器的安装位置

现在的汽车上主要运用的氧传感器有二氧化锆氧传感器、二氧化钛氧传感器及宽域氧传感器三种。

 二氧化锆氧传感器

1. 二氧化锆氧传感器的结构

加热型二氧化锆氧传感器主要由锆管、内电极、外电极、加热元件、陶瓷管、连接器等组成（图 6-1-3）。其中加热元件采用热敏电阻，其上绕有钨丝并引出两个电极直接与汽车电源（12～14V）相通，用于对锆管进行加热，使二氧化锆氧传感器迅速到达工作温度而投入工作。

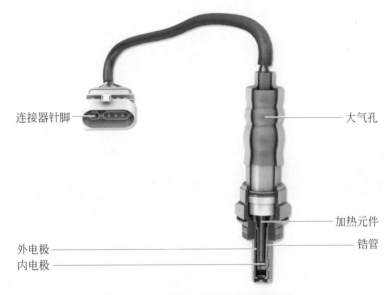

连接器针脚

大气孔

加热元件

锆管

外电极

内电极

图 6-1-3　二氧化锆氧传感器的构造

2. 二氧化锆氧传感器的工作原理

工作时，在高温废气冲刷下，氧气发生电离，由于锆管内侧氧离子浓度高，外侧氧离子浓度低，在氧浓度差作用下，氧离子从大气侧向排气侧扩散，从而形成了氧浓度差电池（图 6-1-4）。

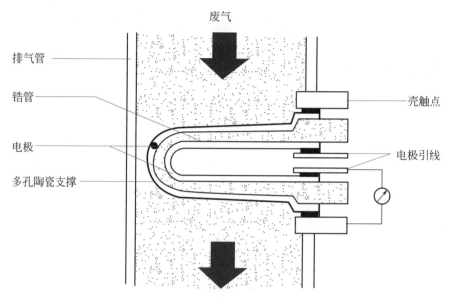

图 6-1-4　二氧化锆氧传感器工作原理

当混合气稀时，排气中含氧量高，锆管内外两侧氧浓度差小，产生的电动势小，大约为 100mV；当混合气浓时，排气中氧含量低，锆管内外两侧氧浓度差大，产生的电动势大，大约为 900mV。电动势的大小以理论空燃比为界限发生突变（图 6-1-5）。

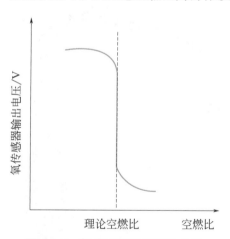

图 6-1-5　氧传感器输出特性曲线

氧传感器的输出特性与排气温度有关，当排气温度低于 300℃时，氧传感器的输出特性不稳定。发动机刚刚启动时，由于排气温度偏低，氧传感器不工作，发动机在开环状态下工作，只有排气温度升高后，氧传感器才工作。所以，氧传感器的安装位置应在排气温度较高处。有的车型上安装有排气温度传感器，当排气温度传感器的信号达到一定值后 ECU 才根据氧传感器的信号进行空燃比反馈修正以调整喷油量、控制混合气的浓度，即发动机开始进行闭环控制。

3. 二氧化锆氧传感器的检测

以桑塔纳 2000GSi 为例，介绍二氧化锆氧传感器的检测。

桑塔纳 2000GSi 使用二氧化锆氧传感器 G39，其接线图和端子布置如图 6-1-6 所示，端子功能见表 6-1-1。

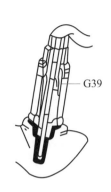
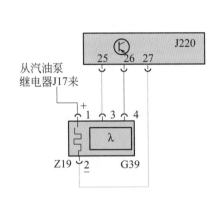
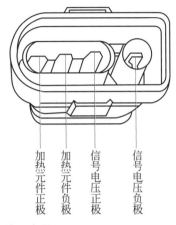

图 6-1-6　二氧化锆氧传感器 G39 接线图和端子布置

表 6-1-1　传感器端子功能说明

端子		功能
加热元件	1#	蓄电池供电电压
	2#	搭铁
氧传感器	3#	信号电压正极
	4#	信号电压负极

当氧传感器或其连接线路出现故障时，可能会出现排放超标、回火、放炮、怠速熄火、发动机运转失准、油耗增大等故障，使发动机工况恶化。

（1）解码器检测氧传感器

氧传感器异常工作，都会在 ECU 中存储故障码。因此，通过专用或通用解码器，可以查出氧传感器的故障代码 00525——氧传感器（G39）无信号，或氧传感器（G39）对正极短路。通过读取数据流，如果氧传感器示数长时间停滞在一个数值不变或变化缓慢，说明氧传感器有故障。

（2）检测加热元件的电阻

在常温下，拔下氧传感器线束插头，用万用表电阻挡测量插头 1# 端子与 2# 端子之间的电阻，在常温下阻值应为 1～5Ω。若常温下阻值为无穷大，则说明加热元件断路，应更换氧传感器。

（3）检测加热元件的电源电压

检测加热元件的电压时，拔下氧传感器插头，启动发动机，检测连接器插座上的端子 1 与 2 之间的电压。电压值应不低于 11V。如电压为零，说明熔断丝断路或燃油泵电路触点接触不良，分别检修即可。

（4）检测传感器的信号电压

因为氧传感器正常的工作温度在 300℃以上，没有达到正常工作温度，则传感器无信号输出。所以应在二氧化锆氧传感器处于 300℃以上工作状态时测量其输出电压。

万用表检测二氧化锆氧传感器的信号电压的具体方法是：让发动机转速在 2500r/min 运行约 90s 左右，插头与插座连接，将万用表连接到氧传感器 3# 端子与 4# 端子的导线上。当混合气体浓（即节气门全开）时，信号电压应为 0.7 ～ 1.0V；当混合气体稀（拔下空气流量传感器至发动机之间的真空管）时，信号电压应为 0.1 ～ 0.3V。否则说明氧传感器失效，应更换。

（5）示波器检测

用示波器检测氧传感器输出的信号波形，可以很直观地说明氧传感器是否良好。测试方法：启动发动机，让传感器预热到 300℃以上，发动机处于闭环工作状态时，用探针连接到传感器连接器 3# 和 4# 信号端子上。从怠速开始增大转速，观察氧传感器输出信号波形，并与标准波形比较，判断传感器的好坏。氧传感器在怠速和 2500r/min 时的正常波形如图 6-1-7 所示。

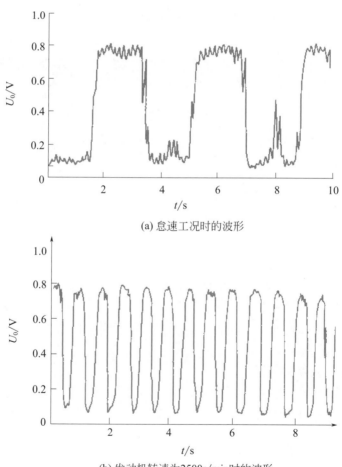

(a) 怠速工况时的波形

(b) 发动机转速为2500r/min时的波形

图 6-1-7　正常氧传感器怠速和转速为 2500r/min 时的波形

四、二氧化钛氧传感器

1. 二氧化钛氧传感器的结构

二氧化钛氧传感器是利用高纯度的半导体材料二氧化钛（TiO_2）制成的，其结构如图 6-1-8 所示。二氧化钛在常温下电阻值很高，一旦周围氧气不足，其晶体内会产生很多电子，此时电阻值大大降低。二氧化钛氧传感器正是利用这一特征检测排气中的氧含量。

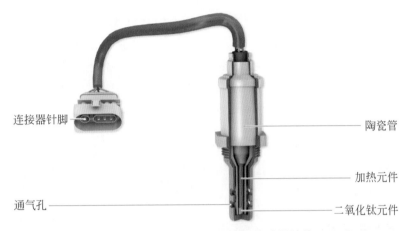

图 6-1-8　加热型二氧化钛氧传感器结构

2. 二氧化钛氧传感器的工作原理

二氧化钛氧传感器是利用气敏电阻的原理，通过氧气浓度引起的二氧化钛电阻值的改变来判定混合气状态，故又称电阻型氧传感器。

二氧化钛氧传感器的工作原理是：当排气中含氧量多时，氧浓度高，二氧化钛电阻值高；当排气中氧浓度低时，二氧化钛的电阻值降低。其电阻值的变化在理论空燃比附近发生突变。二氧化钛氧传感器的输出信号如图 6-1-9 所示。

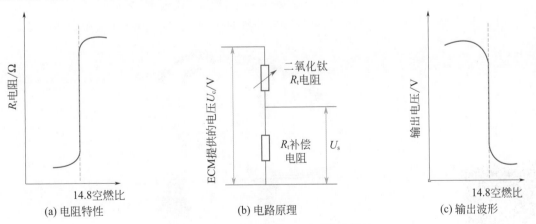

图 6-1-9　二氧化钛氧传感器的输出特性

二氧化钛氧传感器与二氧化锆氧传感器相比，其结构简单、体积小、成本低，但二氧化钛的电阻受温度影响大，应当增加温度修正电路或者增加加热元件对它进行加热，使其输出特性稳定，以使其在高温下也能进行检测。图 6-1-9（b）中的 R_t 为起温度补偿作用的热敏电阻。

3. 二氧化钛氧传感器的检测

二氧化钛氧传感器加热电阻的检测，同二氧化锆氧传感器基本相同，在此不再赘述。这里主要介绍其不同于二氧化锆氧传感器的检测方法。

（1）检测电阻

万用表测阻法是利用二氧化钛氧传感器的电阻特性来判断其在暖机状态和非暖机状态下的电阻值，以此来判断其是否损坏。正常氧传感器的电阻值为：充分暖机状态下电阻值约在 $300k\Omega$ 左右（不同厂家此值不同）。拆下传感器并暴露在空气中，冷却后测量其电阻值，若阻值很大，说明传感器良好；反之，则说明传感器已失效，应更换。

（2）检测波形

对于采用 1V 参考电压的二氧化钛氧传感器，其测试方法、波形图等和二氧化锆氧传感器相同。对于采用 5V 参考电压的二氧化钛氧传感器，需要注意，良好的二氧化钛氧传感器输出端电压，应以 2.5V 为中心上下波动。

五、宽域氧传感器

1. 宽域氧传感器的结构

大众、奥迪发动机上使用的宽域氧传感器，如图 6-1-10 所示。这种氧传感器的特点是在发动机转速范围内随时可接收氧传感器信号。通过这种宽域氧传感器可以调节废气再循环量并对烟雾排放进行校正。当过量空气系数测量值约为 1.3 或更稀时，可将废气再循环率调节到烟雾排放极限值，从而提高废气再循环率。Φ_a 调节也用于检验空气流量计信号的可信性（M），空气流量是采用一个计算模式根据 Φ_a 值计算出来并与空气流量计值相比较。因此，可对发动机的废气再循环、燃油喷射和供油起始点进行校正。

(a) 外观图

扫码看视频

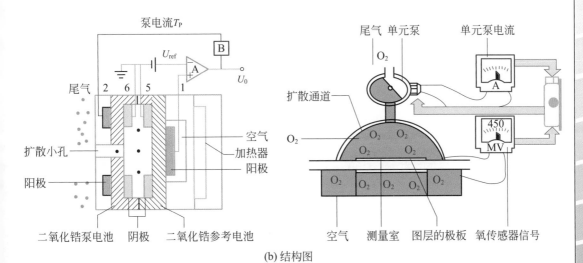

(b) 结构图

图 6-1-10　宽域氧传感器

通常情况下，宽域氧传感器只用于催化剂转化器之前，催化剂转化器之后必为一普通氧传感器。

宽域氧传感器由一个氧气泵单元、普通窄范围浓度差电压型二氧化锆氧传感器、加热线圈、传感器控制器及扩散小孔、测量室等构成，如图 6-1-10 所示。

2. 宽域氧传感器的工作原理

(1) 二氧化锆泵电池

如果 ZrO_2 元件两端的氧气浓度不均，就会导致 ZrO_2 两端产生微小电压，反过来，当在 ZrO_2 元件两端施加电压时，就会使氧气扩散。在宽域氧传感器中，泵电池是将尾产中的氧气通过扩散栅渗透到电源负极，在负极氧气分子得到 4 个电子变成氧离子，氧离子在电离作用下在 ZrO_2 电解质中运动到正极，在正极中和掉 4 个电子，又还原成氧气，这就是泵电池的泵氧原理，如图 6-1-11 所示。

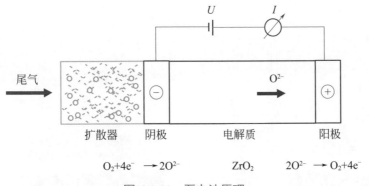

图 6-1-11　泵电池原理

(2) 二氧化锆参考电池

二氧化锆参考电池工作原理和常规 ZrO_2 一样，是普通窄范围浓度差电压型二氧化锆氧气传感器，其功能为采集混合气氧含量。二氧化锆氧传感器产生的信号，是宽域氧传感器施加泵电流的依据信号。

（3）加热线圈

加热线圈是配合上述普通窄范围浓度差电压型二氧化锆氧传感器快速进入工作温度的加热装置，但又稍有差别：宽域氧传感器的加热速度远比普通氧传感器快，这使得发动机从开环到闭环的时间缩短。

（4）测量室

尾气中的氧气和氧气泵产生的氧气汇集于测量室，二氧化锆氧传感器在此测量二者浓度之和与外部空气的浓度差，并产生与普通窄范围浓度差电压型二氧化锆氧传感器一样的用于分辨氧浓度的电压值。

（5）传感器控制器

传感器控制器在接收到二氧化锆氧传感器的反馈电压信号后，将产生一个泵电流流经宽域氧传感器氧气泵单元，氧气泵单元泵入或泵出氧离子，并使氧离子浓度达到 $\lambda=1$，以使其电压值控制在 0.45V 附近。发动机 ECU 根据氧气泵单元泵电流的大小和方向，判断气缸内混合气浓稀程度，从而控制喷油脉宽。

（6）二氧化钛氧传感器工作原理

❶ 混合气过稀时。当混合气较稀时，通过扩散通道进入测量室中的发动机尾气氧含量较多，二氧化锆参考电池信号电压值下降，富氧的稀混合气产生低于参考电压 U_{ref} 的电压值，传感器控制器就会产生泵电流，自动减小或反向提供单元泵的工作电流 I_p（使泵入测量室的氧气减少），使二氧化锆参考电池信号尽快恢复到 0.45V 的电压值。ECU 接收到单元泵的工作电流（控制单元将其折算成电压值信号），根据减少的泵电流，推算出空燃比，加大喷油量，如图 6-1-12（a）所示。

❷ 混合气过浓时。氧气泵的泵氧量与通过扩散通道进入测量室的氧量叠加后，测量室中氧的含量较少，二氧化锆参考电池信号电压值上升，浓混合气产生高于参考电压 U_{ref} 的电压值，传感器控制器就会产生泵电流，自动增加单元泵的工作电流 I_p（使泵入测量室的氧量增加），使二氧化锆参考电池信号尽快恢复到 0.45V 的电压值。ECU 接收到单元泵的工作电流（控制单元将其折算成电压值信号），根据增加的泵电流，推算出空燃比，减小喷油量，如图 6-1-12（b）所示。

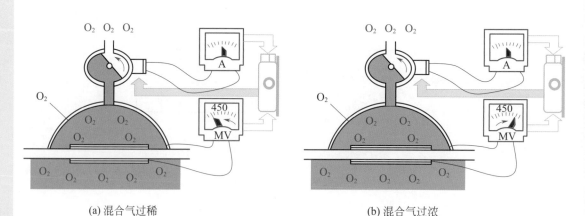

(a) 混合气过稀　　　　　　　　　　　　(b) 混合气过浓

图 6-1-12　宽域氧传感器工作原理

3. 宽域氧传感器与 ECU 的连接电路

上海大众宝来轿车的宽域氧传感器与 ECU 的连接电路见图 6-1-13。

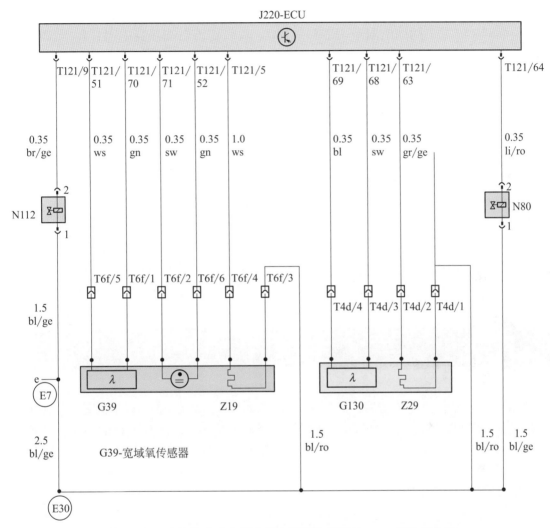

图 6-1-13 上海大众宝来轿车的宽域氧传感器与 ECU 的连接电路

4. 宽域氧传感器的检测

这里以上海大众宝来轿车为例，介绍宽域氧传感器的检查过程，电路图如图 6-1-13 所示。

宽域氧传感器的基本检测方法有三种，一是观察氧传感器外观的颜色；二是检测氧传感器加热电阻；三是检测氧传感器输出信号电压。

（1）外观颜色检查

通过观察传感器顶部的颜色，可以判断故障的原因。氧传感器顶部的正常颜色为淡灰色，如果发现氧传感器顶部颜色发生变化，则预示着氧传感器存在故障或故障隐患。氧传感器顶部呈黑色，是由积炭污染造成的，可拆下氧传感器后清除积炭。氧传感器顶部呈红棕色，说明氧传感器受铅污染。

（2）氧传感器加热器电阻检测

❶ 氧传感器加热器电阻检测。启动发动机，待发动机温度达到正常后，拔下氧传感器连接器，用万用表电阻挡检测传感器加热器端子之间的电阻值。前氧传感器加热器电阻：3# 与 4# 端子间的电阻应为 2.5 ～ 10Ω。后氧传感器加热器电阻：1# 与 2# 端子间的电阻应为 6.4 ～ 47.5Ω。如果检测结果不符合规定值，则应更换氧传感器。

❷ 单元泵电阻检测。用万用表电阻挡检测前氧传感器单元泵 2# 与 6# 端子间的电阻，电阻值应为 77.5Ω。

（3）检测氧传感器输出信号电压

❶ 检测二氧化锆参考电池输出电压。用万用表直流电压挡检测 1# 与 5# 端子间的电压，电压值应保持在 0.4 ～ 0.5V 附近。

❷ 检测宽域氧传感器输出电压。宽域氧传感器输出电压不能用万用表直接测量，而应通过专用解码器读取数据流。发动机控制单元将宽域氧传感器的电流信号转化为电压值显示出来，其规定电压值为 1.0 ～ 2.0V，发动机运转时宽域氧传感器的输出电压应在 1.0 ～ 2.0V 之间波动。电压值大于 1.5V 时表示混合气过稀；电压值小于 1.5V 时说明混合气过浓。当电压值为 0V、1.5V、4.9V 的恒定值时，说明氧传感器本身或其线路有故障，应做进一步的检测排除故障。

第二节　NO$_x$ 传感器

NO$_x$ 是可燃混合气在高温、高压下燃烧后的产物，是 O 和 NO$_2$ 等的总称。NO$_x$ 主要是在高温富氧的条件下生成的，当空气过量时，N$_2$ 与 O$_2$ 在电火花的作用下，产生了 NO，而 NO 被空气中的 O$_2$ 氧化为 NO$_2$。燃烧过程排放的氮氧化物 95% 以上可能是 NO，其余的是 NO$_2$。尾气中氮氧化物的排放量取决于燃烧温度、时间和空燃比等因素。NO$_x$ 传感器如图 6-2-1 所示。

图 6-2-1　NO$_x$ 传感器

一、NO$_x$ 传感器的作用

NO$_x$ 传感器确定废气中氮氧化物和氧气的残留量并把此信号传给氮氧化物控制单元。其主要功能如下。

❶ 用来识别和检查催化转化器的功能是否正常。

❷ 用来识别和检查催化转化器前端宽域氧传感器调节点是否正常或是否需要修正。

❸ 检测 NO$_x$ 浓度。传感器产生的信号被传送至氮氧化物传感器控制单元。

❹ 当 NO$_x$ 传感器检测到氮氧化物存储式催化转化器的存储空间达到饱和时，就会启动一个氮氧化物再生周期，即提供给 ECU 信号，使发动机在短时间内生成更浓的混合气体，使排气温度升高，转化器钡涂层便开始释放氮氧化物，氮氧化物会随之被转化为无害氮气。

❺ 信号失灵时的影响：如果 NO$_x$ 传感器的信号发生故障，发动机仅能在均质充气模式中运行。

二、NO$_x$ 传感器的安装位置

NO$_x$ 传感器一般安装在排气管的催化转化器之后，如图 6-2-2 所示。

图 6-2-2   NO$_x$ 传感器的安装位置

三、NO$_x$ 传感器的结构

NO$_x$ 传感器包含两个腔室、两个泵室、四个电极和一个加热器，如图 6-2-3 所示。传感器元件是用二氧化锆制成的。此材料的典型特点是：如果对它施加电压，它就能使负的氧离子从负电极迁移到正电极，相当于气泵将氧气从一侧泵入另一侧，因此，习惯上也被称为氧气泵。

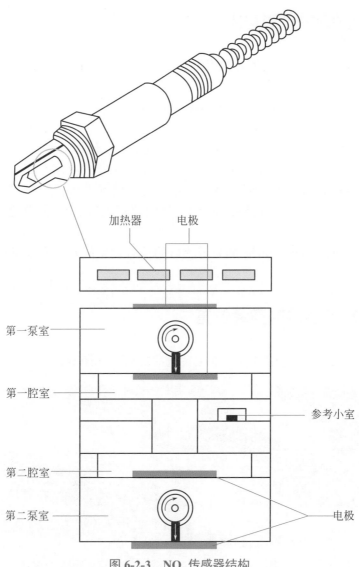

图 6-2-3 NO$_x$ 传感器结构

四、 NO$_x$ 传感器的工作原理

NO$_x$ 传感器的检测原理也是以氧气测量为基础，并且可以从一个宽带 λ 探针上检测到氧气含量。NO$_x$ 传感器工作过程可以分为两个阶段（图 6-2-4）。

1. 确定第一腔室中的 λ 数值

一部分废气流入第一腔室中。由于废气中的氧气残留量与参考小室中的氧气残留量不同，就能在电极上测量出一个电压，氮氧化物传感器控制单元将此电压设定为恒定的0.45V，这相当于空燃比 $\lambda=1$。如果偏离此数值，氧气被泵出或者泵入，使 0.45V 的电压保持恒定。

2. 确定第二腔室中的氮氧化物残留量

不含氧气的废气从第一腔室进入第二腔室，废气中的氮氧化物分子被一个特殊的电极分裂成氮气和氧气。因为第二腔室内部电极和外部电极上电压被调整至恒定的0.45V，所以氧气泵必须通入电流，使氧离子从内部电极迁移到外部电极。在此过程中氧气泵流动的电流表征的是第二腔室中的氧气残留量。因为氧气泵的电流大小与废气中的氮氧化物成正比，为此就能够确定氮氧化物的残留。

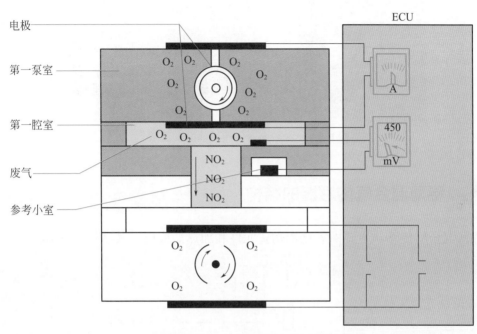

图 6-2-4　NO_x 传感器工作过程

第三节　稀薄混合气传感器

一、稀薄混合气传感器的作用

稀薄混合气传感器应用在发动机稀薄燃烧空燃比反馈控制系统中，与氧化传感器一样，使用二氧化锆元件测定排气中的氧浓度，从而来测定空燃比。它是在超稀薄燃烧领域进行空燃比的反馈控制，与氧化催化剂结合，达到降低燃料消耗的目的。

二、稀薄混合气传感器的安装位置

稀薄混合气传感器一般安装在排气歧管上，见图6-3-1。

图 6-3-1　稀薄混合气传感器的安装位置

三、稀薄混合气传感器的结构

稀薄混合气传感器主要由氧化铝陶瓷元件和加热器构成，其结构如图 6-3-2 所示。

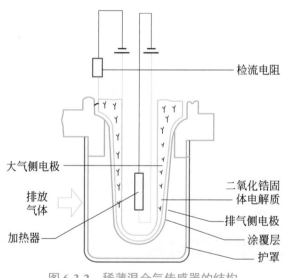

检流电阻

大气侧电极

排放气体

二氧化锆固体电解质

排气侧电极

涂覆层

护罩

加热器

图 6-3-2　稀薄混合气传感器的结构

四、稀薄混合气传感器的工作原理

1. 传感器工作原理

二氧化锆传感器是在二氧化锆元件的两端有铂电极，并以铂电极产生的电位差作为输出电压信号，又利用在理论空燃比附近输出电压急剧变化的特性，而只检测出理论空燃比附近状态。对于稀薄混合比传感器，在电极两端施加一定电压时，将产生与排气中氧浓度成正比的电流，这样就可以在稀薄燃烧领域连续检测出空燃比变化。稀薄混合气传感器输出特性曲线如图6-3-3所示。

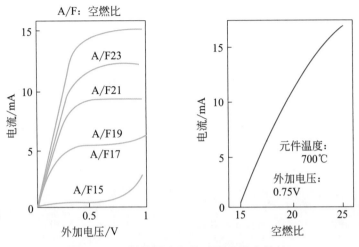

图 6-3-3 稀薄混合气传感器的输出特性

2. 稀薄燃烧系统控制原理

稀薄燃烧系统采用了稀薄混合气传感器，用于对稀薄混合气状态下的空燃比进行反馈控制，稀薄燃烧系统的构成如图6-3-4所示。

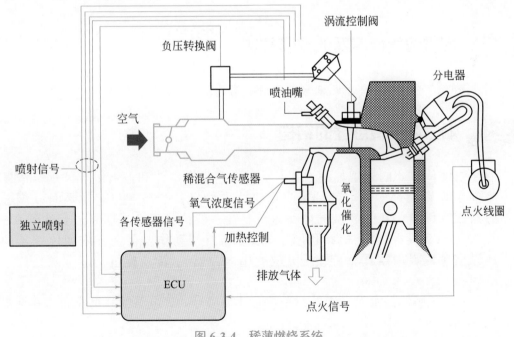

图 6-3-4 稀薄燃烧系统

在现代车辆中，为了达到净化排气的目的，除采用三元催化转化方式净化排气外，也可采用稀薄燃烧控制技术。这一技术有效降低排气中的 NO_x 含量。

如果仅采用三元催化技术降低 NO_x 含量，空燃比只能限制在 15～16 之间，若把空燃比进一步提高到 19 后，发动机的转矩变化增大，会影响发动机的动力性。如果在三元催化技术的基础上再采用稀薄燃烧技术可以有效提高空燃比的范围。这样空燃比提高到 23 时，发动机才开始出现转矩变化增大的现象，因此可以在转矩变化的容许范围内，选择较高空燃比以使废气中的 NO_x 含量符合限制值。如此，稀薄混合气范围的燃烧得到了改善的同时可降低耗油率 10%～15%。

在稀薄燃烧系统中，由电控单元 ECU 对燃油喷射量与点火时刻进行控制，采用了进气歧管压力、发动机转速、冷却液温度、进气温度、节气门位置等传感器信号，并以稀薄混合气传感器代替氧传感器，实现了稀薄燃烧状态下的空燃比反馈控制。

第四节　烟雾浓度传感器

一、烟雾浓度传感器的作用

烟雾浓度传感器用于检测烟雾，当烟雾浓度传感器从车厢内检测出烟雾后，可自动地使空气净化器运转，没有烟雾时使空气净化器自动停止运转，总是保持车厢内空气处于净化状态。

二、烟雾浓度传感器的安装位置

烟雾浓度传感器安装在车厢顶棚上顶灯的旁边。

三、烟雾浓度传感器的结构

烟雾浓度传感器的外观如图 6-4-1 所示，它是由本体和盖板组成。烟雾浓度传感器本体上设置有许多可以使烟雾自由进入的细缝，当检测出有烟雾时，烟雾浓度传感器使空气净化器的鼓风机自动运转。在一般情况下，当烟雾浓度达到 0.3%/m^3，即抽 1～2 根香烟时，就可使烟雾浓度传感器动作。在烟雾浓度传感器的本体上还设有感测灵敏度调整旋钮（灵敏度用电位器），转动旋钮，即可调整传感器的灵敏度。

烟雾浓度传感器是由发光元件、光敏元件及信号处理电路部分组成的，其结构如图 6-4-2 所示。

烟雾浓度传感器的内部电路是由电子电路构成，如图 6-4-3 所示。

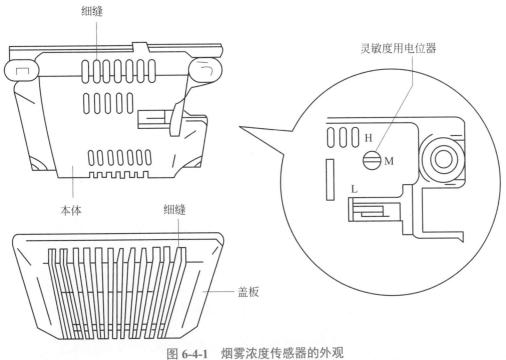

图 6-4-1　烟雾浓度传感器的外观

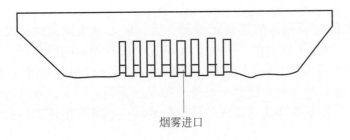

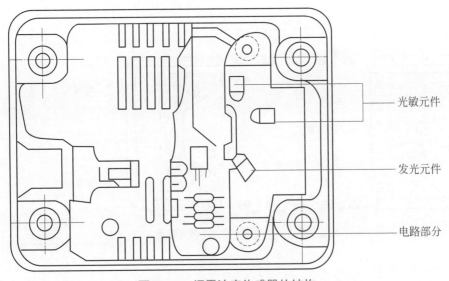

图 6-4-2　烟雾浓度传感器的结构

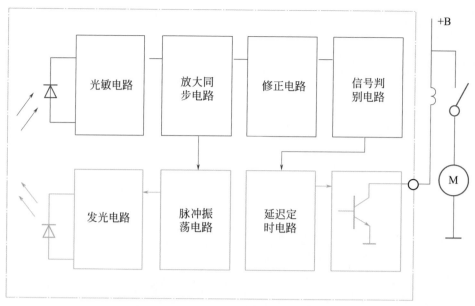

图 6-4-3　烟雾浓度传感器的电子电路

四、烟雾浓度传感器的工作原理

当空气进入烟雾浓度传感器壳体的窄缝光敏元件后，可以自由地流动，发光元件（发光二极管）间歇地发出肉眼不可见的红外光。在空气中没有烟雾的情况下，这种红外光射不到光敏元件上，电路不工作；但当烟雾等进入到烟雾浓度传感器的壳体内时，烟雾粒子对间歇的红外光进行漫反射，使部分红外光照射到光敏元件上，这时传感器判断出车内有烟雾存在，就会使空气净化器系统的鼓风机旋转。烟雾浓度传感器的工作原理如图 6-4-4 所示。

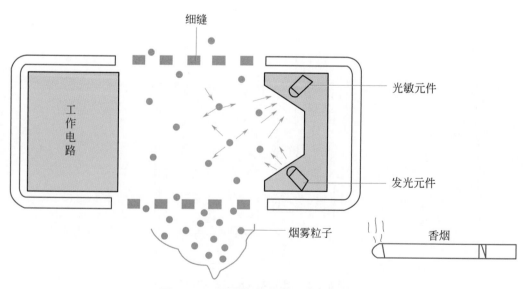

图 6-4-4　烟雾浓度传感器的工作原理

五、 烟雾浓度传感器与空调放大器连接电路

丰田皇冠轿车在空调系统中使用了光电式的烟雾浓度传感器，其与空调放大器的线路连接图如图 6-4-5 所示。

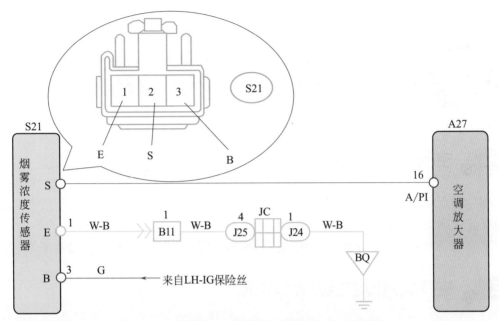

图 6-4-5　烟雾浓度传感器与空调放大器连接电路

六、 烟雾浓度传感器的检测

这里以丰田皇冠轿车空调系统中的烟雾浓度传感器为例，介绍其检测方法，方法如下。

1. 搭铁端子电阻的检测

关闭点火开关，从烟雾浓度传感器上断开连接器，用万用表电阻挡测量烟雾浓度传感器线束端 S21-1（E 端）与车身接地间的电阻，其值应小于 1Ω。

2. 传感器电源的检测

关闭点火开关，拆开烟雾浓度传感器连接器，打开点火开关，用万用表电压挡测量烟雾浓度传感器线束端 S21-3（B 端）与车身接地间的电压，其值应在 4 ~ 10V 之间。

3. 传感器信号的检测

关闭点火开关，拆下烟雾浓度传感器，将蓄电池正极（+）导线连接到端子 S21-1，负极（-）导线连接到端子 S21-3，点燃香烟置于传感器旁边，各条件下电压值应符合规定值，见表 6-4-1。

表 6-4-1　烟雾浓度传感器信号标准值

用万用表电压挡时表笔连接端子	测试条件	信号输出电压标准值
S21-2 与 S21-3	无烟雾	低于 1V
S21-2 与 S21-3	有烟雾	高于 4V

 第五节　空气品质传感器

一、空气品质传感器的作用

空气品质传感器主要用于不断检测风扇进气口范围内的空气质量，特别是检测废气中的有害气体 CO（主要是由汽油机产生）和 NO_x（主要是由柴油机产生）。另一作用是防止风窗玻璃上蒙上雾气，因此空气品质传感器还要检测空气中水蒸气的含量。

二、空气品质传感器的安装位置

空气品质传感器连同新鲜空气进气道温度传感器一起安装在通风室的新鲜空气进气区域。

三、空气品质传感器的结构与工作原理

空气品质传感器是由氧化锡的厚层电阻组成，其结构如图 6-5-1 所示。只要有 CO、NO_x 气体停在其上面，电阻就会突然改变，阻值的变化范围为 1 ～ 100kΩ，且这种特性是可逆的。这些电阻放在公共的陶瓷基质上。陶瓷基质背面被 1 个热体加热到约 330℃的工作温度，基质由于高温一端伸长而接触。

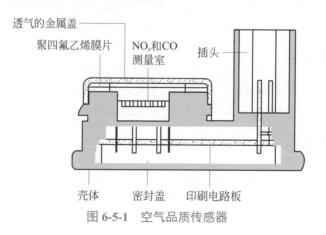

图 6-5-1　空气品质传感器

CO 探针测量 CO 的浓度，测量范围为（10 ～ 100）×10^{-6}。NO_x 探针测量 NO_x 的浓度，测量范围为（0.5 ～ 5）×10^{-6}。若 CO、NO_x 浓度太大，有时要比清洁空气中的 CO、NO_x 浓度高 100 倍，则空气品质控制单元关闭空气入口的节气门，以防驾驶员等吸入这些有害气，导致过早的驾驶疲劳。

透气的金属盖作保护用。盖的下面作为两个传感器室的聚四氟乙烯膜片可透过测量气体 CO、NO_x 和蒸汽状的湿气，但不能透过液态湿气。虽然测量气体要通过膜片扩散，但气体品质传感器的反应时间常数只是毫秒级范围。

新的空气品质传感器还有一个湿度计，其结构如图 6-5-2 所示。它的信号除用以由 NTC 温度计测量车内温度外，还用以计算空气的露点，空气的露点会影响汽车风窗玻璃上的雾气。

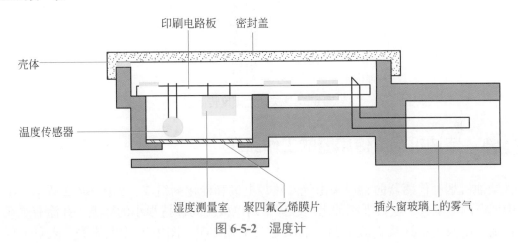

图 6-5-2　湿度计

第六节　柴油机烟度传感器

 柴油机烟度传感器的作用

柴油机烟度传感器用来检测发动机排放气体中形成的炭烟和未燃烧的炭粒，并把表示炭烟存在的电信号输入电子控制单元 ECU。ECU 根据炭烟信号调节空气和柴油的供给量，以达到完全燃烧减少炭烟。

柴油机烟度传感器的结构

柴油机烟度传感器的感应头装在金属体中，通过中间体同接线盒连接，金属体下端的螺纹便于传感器安装在排气管上。传感器感应头用 Al_2O_3 做成陶瓷体，暴露在烟气中的电极用金属铂或铂合金制成（图 6-6-1）。

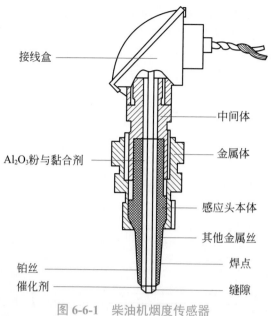

图 6-6-1 柴油机烟度传感器

三、柴油机烟度传感器的工作原理

柴油机烟度传感器的感应头由绝缘体、电极和催化剂组成，如图 6-6-2 所示。绝缘体中埋有两个电极，电极下端伸出绝缘体，两电极之间保持很小的缝隙，并涂有绝缘强催化剂。电极上端连接直流电源，电压为 12V 或 24V。图中 A 为电流表，表盘上标有对应的烟度值，在电子控制系统中，A_1、A_2 与 ECU 相连。

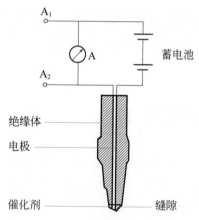

图 6-6-2 柴油机烟度传感器的工作原理

当感应头连接到电路中时，由于电极之间的电阻很大，电流表 A 无电流指示或指示很微小的电流。当感应头插入烟气中时，缝隙中充满了炭粒，形成炭桥，电极之间的电阻就会发生变化。炭烟少电阻大，炭烟多电阻小，电流表的读数随炭烟的多少相应变化。所以，在系统中输入 ECU 的电信号也随炭烟的多少作相应变化。

第七章

速度与减速度传感器

第一节　车速传感器

概述

▌1. 车速传感器的作用

对于自动变速器汽车，车速传感器也叫变速器输出轴转速传感器，用于检测汽车的车速信号，并将车速信号输入 ECU，实现 ECU 对变速器的换挡控制及对发动机的巡航控制；同时将车速信号提供给车速、里程表，用以指示汽车的行驶速度，记录汽车的行驶里程。而对于手动变速器汽车，车速传感器则仅仅将检测到的车速信号提供给车速、里程表，用于指示汽车的行驶速度，记录汽车的行驶里程。

▌2. 车速传感器的安装位置

车速传感器一般安装在变速器输出轴附近的壳体上或速度表内。

▌3. 车速传感器的类型

车速传感器常见的有舌簧开关式、可变磁阻式、电磁感应式、光电式和霍尔式几种，在这一节中将对它们进行介绍。

二、舌簧开关式车速传感器

▶ 1. 舌簧开关式车速传感器的结构与工作原理

舌簧开关式车速传感器是车速报警系统中常用的信息传感器。舌簧开关式传感器是在小玻璃管内装有两个细长的触点构成的，触点由铁、镍等容易被磁铁吸引的强磁性材料制成，受玻璃管外磁板的控制，有时触点互相吸引而闭合，有时互相排斥而断开，从而形成了触点的开关作用。

舌簧开关式车速传感器置于车速表的转子附近。当车速表驱动轴回转时，永磁铁也回转，磁铁的 N、S 极将靠近或远离舌簧开关的触点，如图 7-1-1 所示。

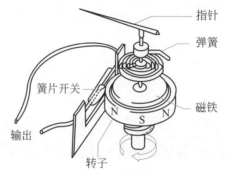

图 7-1-1　舌簧开关式车速传感器的结构

如图 7-1-2（a）所示，当 N、S 磁极从接近舌簧开关到逐渐离开时，上、下两个触点变为不同极性的磁极，互相吸引，开关变为闭合状态。

如图 7-1-2（b）所示，当 N 或 S 极接近触点时，触点变为同一极性的磁极，互相排斥，所以舌簧开关断开。因为磁铁一般是四极的，控制部分连续工作时，车速表驱动轴每回转一圈，就会输出四个脉冲。

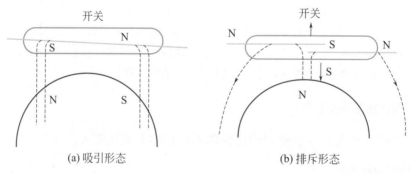

(a) 吸引形态　　　　　　　　　(b) 排斥形态

图 7-1-2　舌簧开关式车速传感器工作原理

▶ 2. 舌簧开关式车速传感器的检测

舌簧开关式车速传感器可用指针式万用表的电压挡检测其输出电压信号，即把万用表的两个表笔接在传感器连接器的两插头端子上，转动发动机 1 ~ 2s，观察电压表指针是否有脉冲电压产生。如果无脉冲电压产生，则表示传感器有故障，应当更换。

三、可变磁阻式车速传感器

1. 可变磁阻式车速传感器的安装位置

可变磁阻式车速传感器的安装位置如图 7-1-3 所示，它一般安装在变速器壳体上，直接由变速器齿轮驱动。

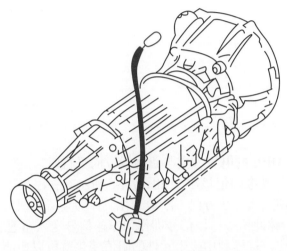

图 7-1-3　可变磁阻式车速传感器的安装位置

2. 可变磁阻式车速传感器的结构

可变磁阻式车速传感器主要由磁阻元件、转子、印制电路板和磁环等构成（图 7-1-4）。

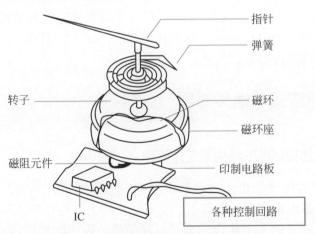

图 7-1-4　可变磁阻式车速传感器的结构

3. 可变磁阻式车速传感器的工作原理

当齿轮驱动传感器轴旋转时，与轴连在一起的多极磁环也同时旋转。磁环旋转引起磁通量变化，使集成电路内的磁阻元件的阻值发生变化（图 7-1-5）。

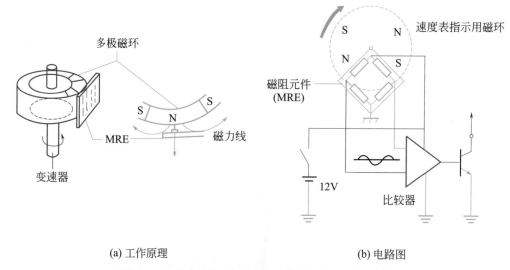

(a) 工作原理　　　　　　　　　　(b) 电路图

图 7-1-5　可变磁阻式车速传感器的工作原理与电路

当流向磁阻元件 MRE 的电流方向与磁力线方向平行时，其电阻值最大；电流方向与磁力线方向垂直时，其电阻值最小，如图 7-1-5 所示。在磁环上，N 极与 S 极交替排列，随着磁环的回转使其磁力线方向不断地变化，伴随其每一回转，在内置磁阻元件的集成电路中发生 20 个脉冲信号，该信号即作为车速信号送入车速表和 ECU。磁通量的变化与磁环速度成正比，这样利用磁阻元件的阻值变化就可以检测出磁环旋转引起的磁通量变化。将电压的变化输入到比较器中进行比较，再由比较器输出信号控制晶体管的导通和截止，这样就可以检测出车速。

4. 可变磁阻式车速传感器的检测

检测可变磁阻式车速传感器时，可用手转动传感器轴，在转动的同时，用万用表测量传感器两端子间输出的电压信号，如果有脉冲信号输出，则说明传感器良好；如果无脉冲信号产生，则说明传感器已失效，应当更换。

四、 电磁感应式车速传感器

1. 电磁感应式车速传感器的结构与工作原理

电磁感应式车速传感器由永磁铁和电磁感应线圈组成，如图 7-1-6（a）所示。它固定在自动变速器输出轴附近的壳体上，靠近输出轴上的停车锁止齿轮或感应转子处安装。当输出轴转动时，停车锁止齿轮或感应转子的凸齿不断地靠近或离开车速传感器，使感应线圈内的磁通量发生改变，从而产生交流感应电压，如图 7-1-6（b）。车速愈高，输出轴的转速也愈高，感应电压的脉冲频率也愈大。ECU 根据感应电压脉冲频率的大小计算出车速。

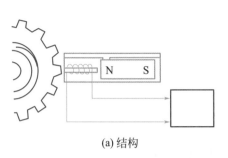

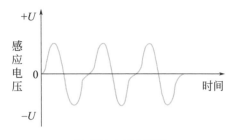

(a) 结构   (b) 感应电压曲线图

图 7-1-6   电磁感应式车速传感器的结构与工作原理

▶ 2. 变速器输入轴电磁感应式车速传感器的结构与工作原理

    自动变速器输入轴转速传感器（图 7-1-7）一般安装在行星齿轮变速器的输入轴或输出轴连接的离合器鼓附近的壳体上（图 7-1-8）。

    变速器输入轴电磁感应式车速传感器主要由传感头和磁性转轮构成（图 7-1-9）。

扫码看视频

图 7-1-7   变速器输入轴电磁感应式车速传感器

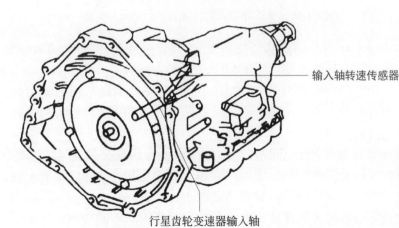

输入轴转速传感器

行星齿轮变速器输入轴

图 7-1-8   变速器输入轴电磁感应式车速传感器安装位置

扫码看视频

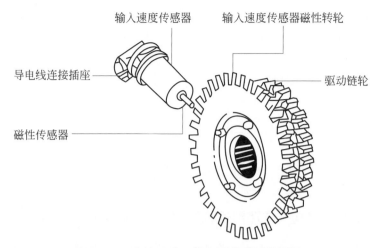

图 7-1-9　变速器输入轴车速传感器的结构

变速器输入轴电磁感应式车速传感器的工作原理如图 7-1-10 所示。

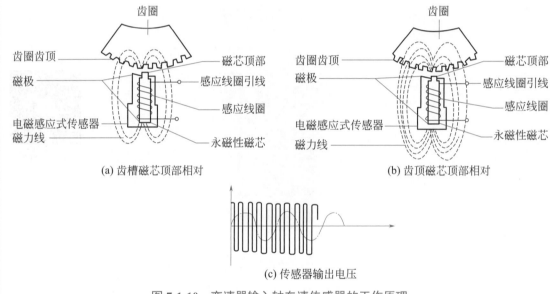

(a) 齿槽磁芯顶部相对

(b) 齿顶磁芯顶部相对

(c) 传感器输出电压

图 7-1-10　变速器输入轴车速传感器的工作原理

　　当齿轮的齿槽与传感器的磁芯顶部相对时，磁芯顶部与齿圈之间的空气间隙最大，输入轴转速传感器永磁性磁芯所产生的磁力线就不容易通过齿圈，感应线圈周围的磁场较弱，如图 7-1-10（a）所示。而当齿圈的齿顶与传感器的磁芯顶部相对时，磁芯顶部与齿圈之间的空气间隙最小，传感器永磁性磁芯所产生的磁力线就容易通过齿圈，感应线圈周围的磁场较强，如图 7-1-10（b）所示。

　　当齿圈随变速器输入轴转动时，齿圈的齿顶和齿槽就交替地与传感器磁芯端部相对，传感器感应线圈周围的磁场随之发生强弱交替的变化，在感应线圈中就会产生交变电压。交变电压的频率与齿圈的齿数和转速成正比，因此转速传感器输出的交变电压频率将与相应变速器输入轴的转速成正比。另外变速器输入轴的转速也会影响变速器输入轴传感器输出交变电压的幅值，如图 7-1-10（c）所示，转速高幅值大；反之，转速低幅值小。产生的交变电压由感应线圈引线通过导线送至电控单元 ECU，通过电压变化的频率便能精确地反映出变速器输入轴转速的变化。

3. 电磁感应式车速传感器的检测

（1）**开路检测**　拔下车速传感器连接器接头，用万用表测量传感器两接线端子间的电阻。不同车型自动变速器的这种车速传感器感应线圈的电阻值不同，一般为几百到几千欧姆。

（2）**模拟检测**　将车支起，用手转动悬空的驱动车轮，同时用指针式万用表测量车速传感器的两接线端子间有无脉冲感应电压。如果万用表指针有摆动，说明传感器有输出脉冲电压，传感器工作正常；否则，说明传感器有故障，应进一步检查传感器转子及感应线圈是否脏污。如果脏污，应进行清洁，然后再进行测试。如果传感器仍无脉冲电压产生，则说明传感器已经损坏，应进行更换。车速传感器脉冲电压的测量，如图 7-1-11 所示。

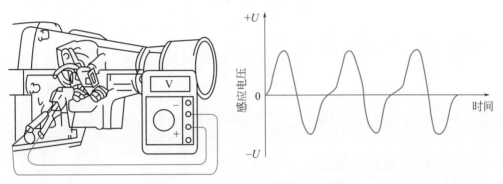

图 7-1-11　车速传感器脉冲电压的测量

4. 单体检测

拆下车速传感器，测量传感器的输出脉冲电压。具体方法：用一根铁棒或一块磁铁迅速靠近或者离开传感器，同时用万用表测量传感器两接线端子间有无脉冲电压产生（图 7-1-12）。

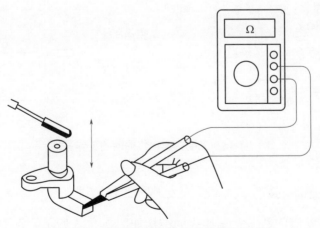

图 7-1-12　单体检测车速传感器的脉冲电压

如果没有感应电压或感应电压很微弱，说明传感器已失效，要进一步检查，再试验，确认有故障后，应进行更换。

五、光电式车速传感器

1. 光电式车速传感器的结构

光电式车速传感器用于数字式速度表上，由发光二极管（LED）、光敏三极管以及装在速度表驱动轴上的遮光板构成，如图7-1-13所示。

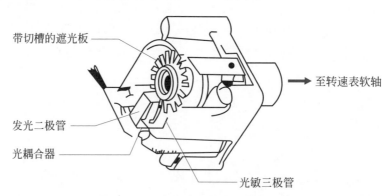

图 7-1-13　光电式车速传感器的结构

2. 光电式车速传感器的工作原理

当遮光板不能遮断光束时，发光二极管的光射到光敏三极管上，光敏三极管的集电极中有电流通过，该管导通，这时三极管 VT1 也导通，因此在 S_i 端子上就有 5V 电压输出。脉冲频率取决于车速，例如在车速为 60km/h 时，仪表挠性驱动轴的转速为 637r/min，仪表软轴每转一圈，传感器就有 20 个脉冲输出，如图7-1-14所示。

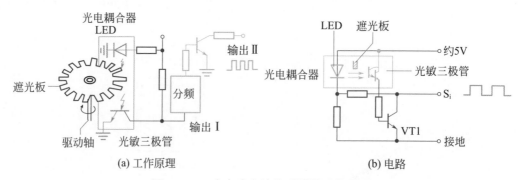

图 7-1-14　光电式车速传感器的工作原理

3. 光电式车速传感器的数字式车速表的结构和工作原理

光电式车速传感器的数字式车速表的结构如图7-1-15所示。它主要由荧光显示屏、微型计算机和集成电路组成。其工作原理如图 7-1-16 所示，车速传感器输出的脉冲信号输入到车速表，通过荧光显示屏显示车速，并将其信号输入到里程表、燃油表、温度表等。

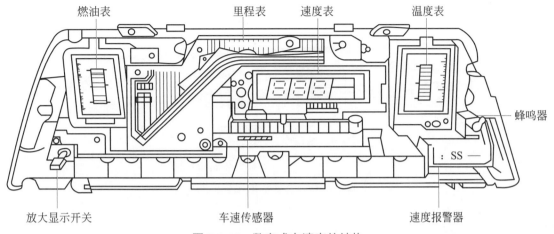

图 7-1-15　数字式车速表的结构

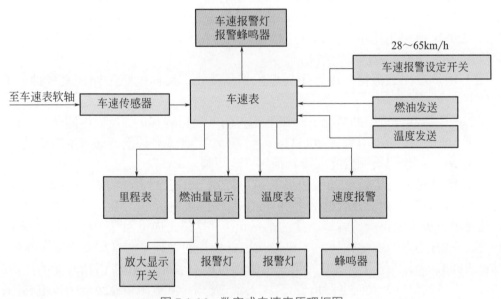

图 7-1-16　数字式车速表原理框图

光电式车速传感器发出的脉冲信号经整形后输入到记忆电路中，在记忆电路中留下记录。而定时电路输出信号决定计数器的记测时间和记忆电路的记忆时间。记忆电路的输出信号加到显示电路上，荧光显示屏根据光电式车速传感器输出的脉冲数显示车速。车速表的电路框图如图 7-1-17 所示。

车速表显示的最小值为 1km/h，显示值经过一定时间更换一次，但不会超过 1km/h的间隔。如果其显示的车速超过 101km/h，速度判断回路输出报警信号，点亮车速警告信号灯；如果车速超过 105km/h，蜂鸣器发出报警鸣叫声音。

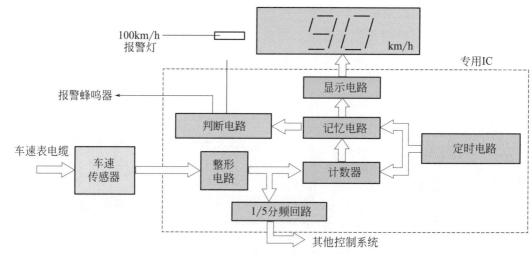

图 7-1-17　车速表的电路框图

4. 光电式车速传感器的检测

（1）**测量传感器两端子间的电压**　检测光电式车速传感器时，应在发动机启动后急速运转的情况下，用万用表电压挡测量传感器的输出和接地端子间的电压值，正常值应为 1.8～2.5V。如果电压不正常，则应检查传感器和接地电路的连接情况，若都无问题，则应检查发光二极管和光敏三极管。

（2）**检测发光二极管**　用万用表电阻挡检测正、反向电阻来判别其极性的好坏，方法如下：

在切断电源和外电路的情况下，用万用表的电阻挡测其正、反向电阻值，一般正向电阻小于 50kΩ，反向电阻大于 200kΩ 以上为正常。如果测量正、反向电阻中的一个为 $R=0$ 或 $R=\infty$，则说明被测发光二极管损坏，应更换。

（3）**检测光敏三极管**　光敏三极管也可以用万用表测量。将万用表置于电阻挡，红与黑表笔随意接光敏三极管的两个脚。这时万用表如指示值为几千欧左右，则黑棒所接的是光敏三极管的正极，红棒所接的则是负极（这里正向电阻是不随光照而变化的阻值）。然后将万用表的表笔调换一下再接光敏三极管的管脚，测量反向电阻，这时读数一般在 200kΩ 以上（注意测量时光敏三极管不可以对着光）。接着用相匹配的光源去照射光敏三极管的窗口，此时电阻值应变小，光线越强，其电阻也越小。关掉电光源，电阻值立即恢复到原来的阻值，则说明光敏三极管是好的。否则，说明光敏三极管已损坏，应更换。

六、霍尔式车速传感器

1. 霍尔式车速传感器的结构

霍尔式车速传感器主要由触发叶轮、带导板的永磁铁、霍尔元件及霍尔集成块组成，其结构如图 7-1-18 所示。

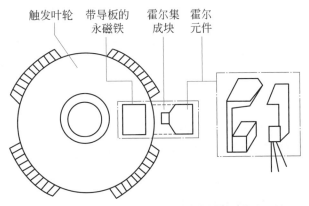

图 7-1-18　霍尔式车速传感器的结构

2. 霍尔式车速传感器的工作原理

霍尔式车速传感器也是利用霍尔效应的原理制成的，即触发叶轮转动时，其叶片在永磁铁与霍尔元件间转动，从而使通过霍尔元件的磁通量发生变化。因为霍尔元件用导线连接在电路中，在霍尔元件上产生一个霍尔电压，经集成电路放大整形后输出矩形方波信号输入给 ECU（图 7-1-19）。

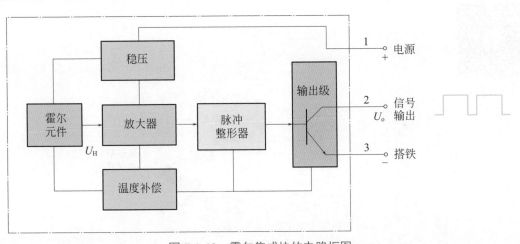

图 7-1-19　霍尔集成块的电路框图

3. 霍尔式车速传感器与 ECU 的连接电路

霍尔式车速传感器有 3 个接线端子，其中 1# 端子为蓄电池的供电端子；2# 端子为信号输出端子；3# 端子为搭铁（图 7-1-19）。

（1）**检测传感器的电压**　关闭点火开关，拔下车速传感器插头后，再打开点火开关，检测线束侧连接器的 1# 端子的电压，其标准值应为 12V，即蓄电池电压；否则，应检查熔断器、点火开关以及它们之间的连接导线。

（2）**检测传感器的输出信号**　当车辆行驶时，用示波器检测车速传感器插座 3# 和 2# 端子之间有无方波信号输出（测试时，车速传感器的插头不能拔下）。如果无信号，则说明车速传感器损坏或相应的连接电路发生故障。

第二节　发动机转速传感器

电控发动机出现后，ECU用发动机转速信号取自曲轴位置传感器，而发动机转速表用转速信号，既有使用曲轴位置传感器信号的，也有使用点火信号的。在前面的章节已对曲轴位置传感器做过介绍，在此不再赘述。下面对其他形式发动机的转速传感器的各种形式、测量原理进行介绍。

一、 柴油发动机用转速传感器

这里以三菱4D56柴油机的转速传感器为例进行介绍。

1.柴油发动机用转速传感器的安装位置

在电控柴油发动机上使用的电磁感应式转速传感器是从喷油泵处获取转速信号，三菱4D56柴油机的转速传感器的安装位置如图7-2-1所示。

扫码看视频

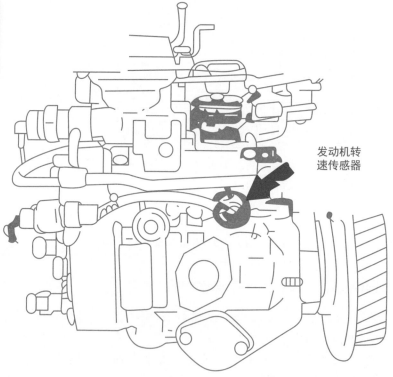

发动机转速传感器

图7-2-1　三菱4D56柴油发动机用转速传感器安装位置

2.柴油发动机用转速传感器的结构与工作原理

柴油发动机用转速传感器的结构如图7-2-2所示。

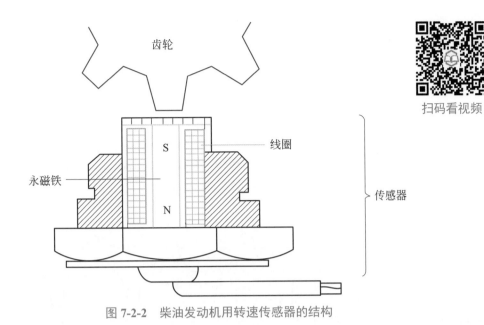

扫码看视频

图 7-2-2　柴油发动机用转速传感器的结构

　　柴油发动机用转速传感器的工作原理：在永磁铁的周围绕有线圈，线圈周围有用铁材料制成的齿轮，当齿轮旋转时，齿轮的齿顶和齿槽与永磁铁之间的空隙不断变化，使通过线圈的磁力线也发生了变化，于是在线圈中便产生交变电压，输出波形如图 7-2-3 所示。

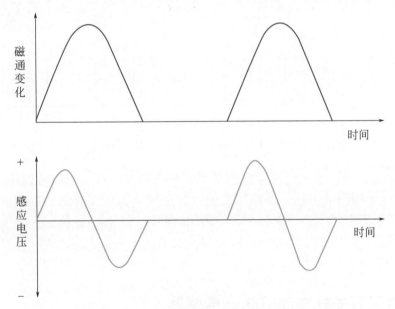

图 7-2-3　柴油发动机用转速传感器的输出波形

　　当柴油机的喷油泵工作时，传感器的齿轮被带动旋转，交流电压的频率与发动机的转速成正比，所以在线圈中便有交流电压产生。该交变电压作为输入信号，经转速表内的 IC 电路放大、整形后就可使转速表指示出发动机的实际转速，如图 7-2-4 所示。

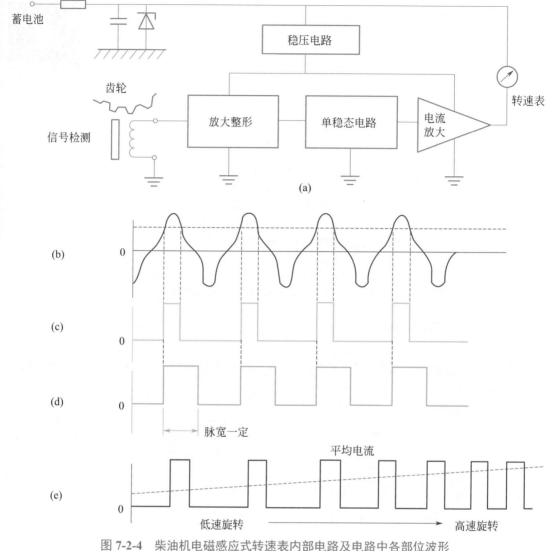

图 7-2-4　柴油机电磁感应式转速表内部电路及电路中各部位波形

图 7-2-4（a）为转速表电路示意图，当齿轮转动时，每一个齿可以产生如图 7-2-4（b）所示的一个周期的电压，该电压经放大、整形后，可变成图 7-2-4（c）所示的矩形波。再经单稳态电路变换，使脉宽为一定值，如图 7-2-4（d）所示，经电流放大器放大后输入转速表中。因为输出的脉冲数是根据发动机转速变化的，所以转速表是按照脉冲电流的平均值来指示发动机转速，如图 7-2-4（e）所示。

二、舌簧开关式发动机转速传感器

1. 舌簧开关式发动机转速传感器的结构

舌簧开关式发动机转速传感器可用于检测发动机转速，传感器可以装在组合仪表内，也可以安装在分电器内部，如图 7-2-5 所示。

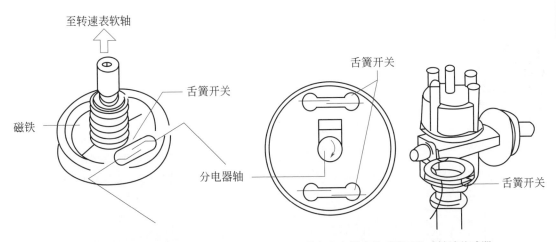

(a) 装在组合仪表内的舌簧开关式转速传感器   (b) 装在分电器内的舌簧开关式转速传感器

图 7-2-5   舌簧开关式发动机转速传感器的安装位置及结构

2. 舌簧开关式发动机转速传感器的工作原理

舌簧开关触点由强磁体制成，在装于分电器轴上的磁铁的作用下动作。舌簧开关触点不直接与大气接触，其容器内充有惰性气体。

舌簧开关式发动机转速传感器的工作原理如图 7-2-6 所示。曲轴转两圈、分电器轴转一圈，分电器内的磁铁也转一圈。当磁铁靠近舌簧开关时，在磁力线的作用下，使触点带磁性。触点的磁性与磁铁近侧极性相同，从而使舌簧开关触点靠本身磁性吸引使开关导通。磁铁随分电器轴转动后，磁极远离或只有一端靠近舌簧开关时，触点不受磁力线的影响，触点分开。

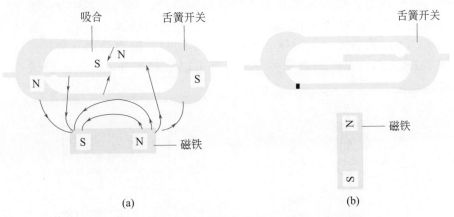

图 7-2-6   舌簧开关式发动机转速传感器的工作原理

这样，两个舌簧开关在分电器轴上的磁铁作用下，相互以 180° 的相位差进行通、断变换把发动机转速信号输入 ECU。

3. 舌簧开关式发动机转速传感器的检测

舌簧开关式发动机转速传感器的检测，主要检查其信号输出端子是否有脉冲信号产生，如图 7-2-7 所示。具体检查如下。

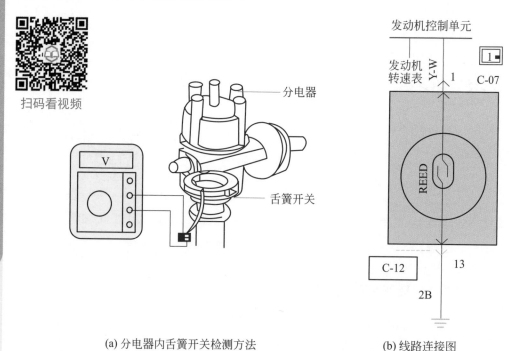

扫码看视频

(a) 分电器内舌簧开关检测方法　　　　　　　(b) 线路连接图

图 7-2-7　舌簧开关式发动机转速传感器的检测

将分电器从发动机上取下，用万用表电阻挡检测，把两表笔放在信号输出端，用手转动分电器轴，观察是否有导通和断开两种状态交替出现。如果没有，则应更换舌簧开关式转速传感器。

另外一种形式的舌簧开关式转速传感器是阻断型，如图 7-2-8（a）所示。为使舌簧开关能闭能开，磁铁必须装在一个转动的轴上，使磁铁转动或用一个转动的齿轮来隔断其磁通。当齿轮的齿处于磁铁和舌簧开关之间时，磁力线离开簧片，这时触点弹开，见图 7-2-8（b）。无论采取哪种方法，都可以从触点开闭时发出的信号指示轴的转动位置。

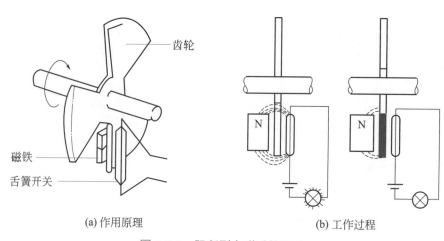

(a) 作用原理　　　　　　　　　　　(b) 工作过程

图 7-2-8　阻断型电磁舌簧开关

 第三节 轮速传感器

 概述

1. 轮速传感器的作用

轮速传感器即车轮速度传感器（见图 7-3-1），用于检测车轮旋转速度，并将其转化为电信号输入控制单元 ECU。现今的车辆上，轮速传感器使用在制动防抱死系统（ABS）、牵引力控制系统（TCS）、电子制动力分配系统（EBD）、电子稳定程序系统（ESP）中。各个控制单元根据其信号，通过和车速传感器信号进行对比，确定车辆是否发生抱死和滑移，从而决定执行器是否作出制动干预。

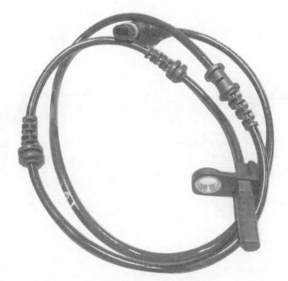

图 7-3-1 轮速传感器

2. 轮速传感器的安装位置

一般来讲，齿圈安装在随车轮或传动轴一起转动的部件上，如驱动车轮、从动车轮、半轴、轮毂或制动盘、主减速器或变速器的输出轴上；传感器本体安装在车轮附近不随车轮转动的部件上，如半轴套管、转向节、制动底板等位置，如图 7-3-2 所示。

3. 轮速传感器的类型

目前，轮速传感器主要有电磁感应式、励磁式、霍尔效应式、电涡流式、磁阻式等几种。

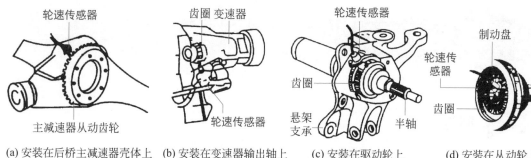

(a) 安装在后桥主减速器壳体上　(b) 安装在变速器输出轴上　(c) 安装在驱动轮上　(d) 安装在从动轮上

图 7-3-2　轮速传感器的安装位置

二、电磁感应式轮速传感器

1. 电磁感应式轮速传感器的结构

电磁感应式轮速传感器由传感头和齿圈两部分组成，结构如图 7-3-3 所示。传感头由永磁体、极轴和感应线圈等组成，齿圈由铁磁性材料制成。

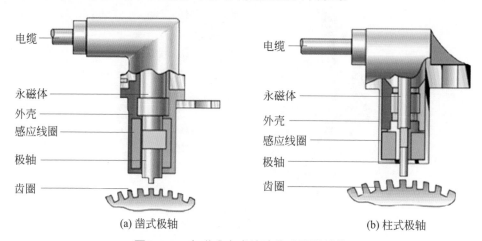

(a) 凿式极轴　　　　　　　　　　　(b) 柱式极轴

图 7-3-3　电磁感应式轮速传感器的结构

2. 电磁感应式轮速传感器的工作原理

电磁感应式轮速传感器的工作原理如图 7-3-4 所示。当齿圈旋转时，齿顶与齿槽轮流交替对向磁芯。当齿圈转到齿顶与传感头磁芯相对时，传感头磁芯与齿圈之间的间隙最小，由永磁体产生的磁力线就容易通过齿圈，感应线圈周围的磁场就强，如图 7-3-4（a）所示。当齿圈转动到齿槽与传感头磁芯相对时，传感头磁芯与齿圈之间的间隙最大，由永磁体产生的磁力线就不容易通过齿圈，感应线圈周围的磁场就弱，如图 7-3-4（b）所示。此时，磁通量迅速交替变化，在感应线圈中就会产生交变电压，交变电压的频率将随车轮转速成正比例变化。ECU 可以通过转速传感器输入的电压脉冲频率来确定车轮的转速、汽车的参考速度等。

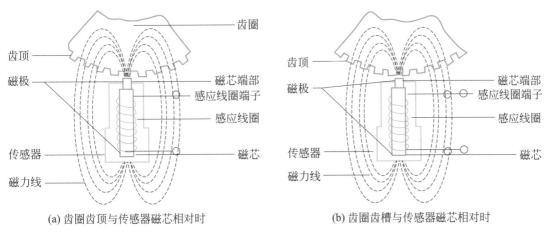

(a) 齿圈齿顶与传感器磁芯相对时　　　(b) 齿圈齿槽与传感器磁芯相对时

图 7-3-4　电磁感应式轮速传感器工作原理

3. 电磁感应式轮速传感器的检测

这里以使用 MK 20-I 型 ABS 系统的桑塔纳时代超人、捷达轿车为例，说明电磁感应式轮速传感器的检测方法。

电磁感应式轮速传感器的常见故障主要是传感器本身的感应电路（感应线圈）断路或短路，传感器头和齿圈沾染油污或其他脏物，因振动或敲击造成传感器发生消磁现象，等。除此之外还有轮速传感器的松动，脉冲齿圈距离、车轮轴承、制动轮缸、制动蹄片等出现问题，也会造成轮速传感器没有信号输出的故障。

（1）电阻检测　关闭点火开关，断开 ABS ECU 插头（见图 7-3-5），用万用表电阻挡测量以下针脚，其电阻值应符合表 7-3-1 规定电阻值。

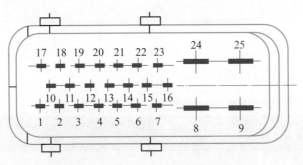

图 7-3-5　ABS ECU 插接器端子排列

表 7-3-1　轮速传感器标准电阻值

轮速传感器	ABS ECU 针脚	标准电阻值
左前轮速度传感器	11-4	
右前轮速度传感器	18-3	
左后轮速度传感器	2-10	$1.0 \sim 1.3\text{k}\Omega$
右后轮速度传感器	1-17	

若测量的电阻值不符合要求，可直接从所对应的轮速传感器处拔下导线，用欧姆表直接测量。若达到上述标准电阻值，说明线路有故障，应检修。如果检修线路后仍达不到上述标准值，说明传感器有故障。

如果检测的任何一个轮速传感器的电阻值不在规定范围内，首先应检查与该传感器连接的导线是否发生断路及其插头是否松动。如果经过检查未发现导线中有断路现象，且插头连接牢固，就应更换该轮速传感器。

（2）**输出电压检测**　用千斤顶顶起前轮，使被检车轮离地，松开手刹，拆下 ABS 电线束，在线束插接器处测量。以 30r/min 的转速转动前轮，用万用表或示波器测量传感器输出电压，其测量值应符合表 7-3-2 中的规定值。若输出电压不符合规定，则在齿圈上取 4 点，检查齿圈与车轮转速传感器之间的间隙是否过大；检查电线束安装是否有误差。

同样，以 34r/min 的转速转动后轮，用万用表或示波器测量输出电压，其测量值亦应符合表 7-3-2 中的规定值。如果输出电压不符合规定，则检查传感器是否有故障。

表 7-3-2　传感器输出电压标准值

轮速传感器	点火开关位置	ABS ECU 针脚	输出电压
左前轮传感器		11-4	3.4 ～ 14.8mV（脉冲输出）
右前轮传感器		18-3	3.4 ～ 14.8mV（脉冲输出）
左后轮传感器	OFF	2-10	＞ 12.2mV
右后轮传感器		1-17	＞ 12.2mV

（3）**检测传感器磁头与齿圈的间隙**　用厚薄规测量传感器头与齿圈之间的间隙，间隙值应满足表 7-3-3 规定标准值。

表 7-3-3　轮速传感器与齿圈之间的标准间隙

检查项目	标准值
前轮转速传感器与齿圈之间的间隙	1.10 ～ 1.97mm
后轮转速传感器与齿圈之间的间隙	0.42 ～ 0.80mm

三、励磁式轮速传感器

东风 EQ 1090 E 型载货汽车的 FKX 型 ABS 系统使用励磁式轮速传感器，其电路如图 7-3-6 所示。

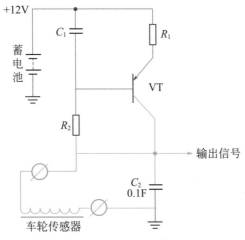

图 7-3-6　传感器励磁电路

图 7-3-6 中，晶体三极管 VT、电阻 R_1 和 R_2、电容 C_1 组成恒流电路给电磁式传感器提供约 40mA 的直流电流，以便使传感器铁芯建立起工作磁场。当车轮转动时，引起磁阻变化，线圈中便产生感应电动势。由于恒流电路具有较高的动态阻抗，因此感应信号幅度不致大幅度衰减。电容器 C_2 用来旁路高频成分，以便减少电磁干扰。

四、霍尔效应式轮速传感器

按照信号检出形式，霍尔效应式轮速传感器可以分为三线制和二线制霍尔效应式轮速传感器两种。三线制传感器为一根电源线、一根搭铁线、一根信号线；二线制传感器为一根电源线、一根信号兼搭铁线。

1. 三线制霍尔效应式轮速传感器

(1) 三线制霍尔效应式轮速传感器的结构与工作原理

三线制霍尔效应式轮速传感器由传感头和触发齿圈组成。传感头由永磁体、霍尔元件和电子电路等组成，永磁体的磁力线穿过霍尔元件通向触发齿轮，齿轮相当于一个集磁器（图 7-3-7）。

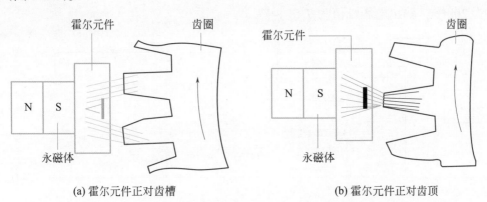

(a) 霍尔元件正对齿槽　　　　　(b) 霍尔元件正对齿顶

图 7-3-7　霍尔效应式轮速传感器磁路

齿圈随车轮一起转动，当齿轮位于图 7-3-7（a）所示位置时，穿过霍尔元件的磁力线分散，磁场相对较弱。当齿轮位于图 7-3-7（b）所示位置时，穿过霍尔元件的磁力线集中，磁场相对较强。这样，霍尔元件的磁力线密度发生变化，随齿圈的转动而引起霍尔电压的变化，霍尔元件将输出一个 mV 级的正弦波 U_1 电压。它经放大器放大成 U_2 电压信号后，输入施密特触发器中将正弦波信号转换成标准的脉冲 U_3 电压信号，最后再经输出级放大成 U_4 电压信号后输出。电子线路原理框图与各级波形如图 7-3-8 所示。

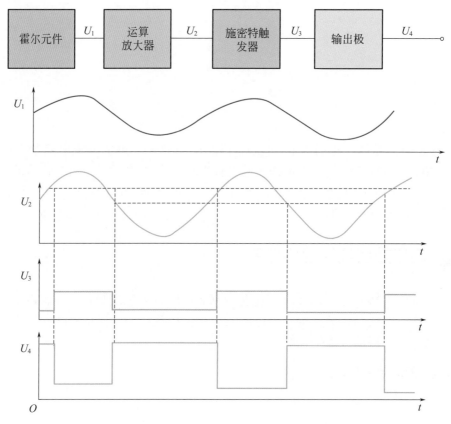

图 7-3-8　电子线路原理框图与各级波形

电子线路原理如图 7-3-9 所示，其工作电压为 8 ～ 15V，负载电流为 100mA，工作频率为 20kHz，输出电压幅值为 7 ～ 14V。

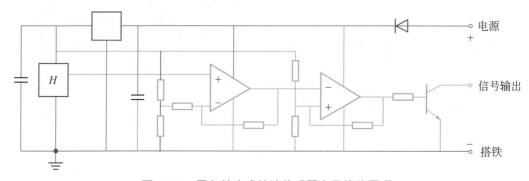

图 7-3-9　霍尔效应式轮速传感器电子线路原理

（2）三线制霍尔效应式轮速传感器的检测

可用检测输出电压信号来判断霍尔效应式轮速传感器工作好坏，方法如下。

❶ 点火开关在"OFF"位置。

❷ 用举升机将车辆举起，使四个轮胎离地10cm左右。

❸ 拔下轮速传感器的导线连接器插头，并用导线将线束插头与轮速传感器插头的电源端子相连。

❹ 用万用表的交流电压挡检测轮速传感器的信号输出端子间的输出电压。注意：红表笔连接"+"端子，黑表笔连接"−"端子。

❺ 打开点火开关，松开手刹，用手转动车轮，万用表应显示交流电压在7～14V之间。若电压不在规定范围，则应检查传感器与齿圈之间的间隙，其标准值为0.2～0.5mm范围内，否则间隙应进行调整。

2. 二线制霍尔效应式轮速传感器

（1）大众二线制霍尔效应磁圈式轮速传感器

❶ 大众二线制霍尔效应磁圈式轮速传感器的结构　如图7-3-10所示，霍尔效应磁圈式轮速传感器的测量元件是霍尔传感器，它包括三个霍尔元件。传统的传感器齿圈（脉冲感知环）被车轮轴承上的磁密封圈所取代，这个密封圈上布置有48对N/S磁极（多极）。

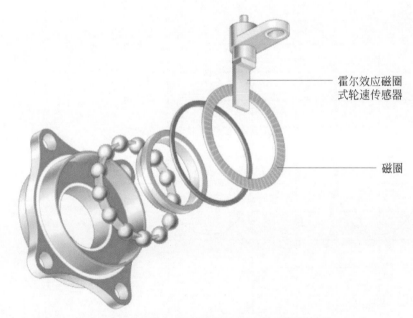

霍尔效应磁圈式轮速传感器

磁圈

图7-3-10　霍尔效应磁圈式轮速传感器的结构

❷ 大众二线制霍尔效应磁圈式轮速传感器的工作原理

当车轮转动时，轮速传感器感知磁圈磁通量的变化。三个霍尔元件是错开布置的，元件之间的距离是这样选择的：当元件C测出的磁通量最小时，元件A测出的磁通量最大，如图7-3-11所示。传感器内部会产生一个差动信号A-C，信号波形如图7-3-12所示。

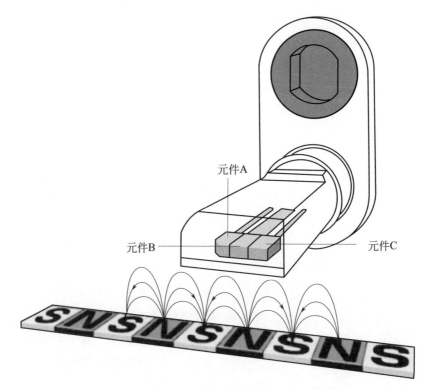

图 7-3-11　轮速传感器感知磁圈磁通量的变化

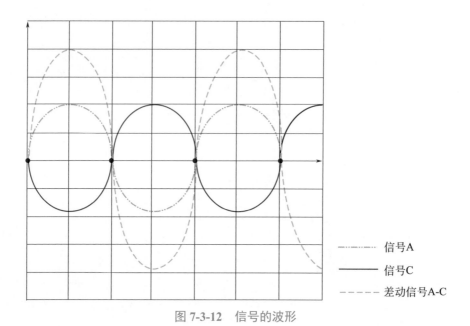

图 7-3-12　信号的波形

　　霍尔元件 B 布置在 A 和 C 之间。当信号 A 和 C 以及差动信号为零时，元件 B 测出的磁通量最大。信号 B 何时达到最大值（正或负）就作为判定旋转方向的依据。例如：如果差动信号 A-C 的过零点是由信号的下降沿得到的，且信号 B 的最大值为负，那么就认为车轮在逆时针转动。信号 A-C、B 的波形如图 7-3-13 所示。

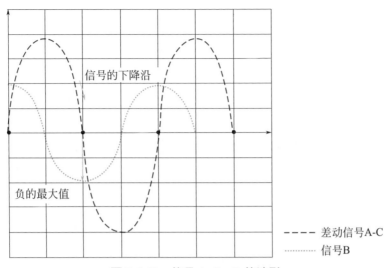

图 7-3-13　信号 A-C、B 的波形

❸ 大众二线制霍尔效应式轮速传感器与 ESP 控制单元连接电路

图 7-3-14 所示是霍尔效应磁环式轮速传感器与 ESP 控制单元的连接电路。轮速传感器通过一个电流接口与 ESP 控制单元相连，ESP 控制单元内装有一个低阻值的测量电阻 R。转速传感器有两个电插头，它与测量电阻一起构成一个分压器。插头 1 和 2 之间的电压就是蓄电池电压 U_B。传感器信号在测量电阻上会产生一个电压降 U_s。这个信号电压由控制单元来进行分析。

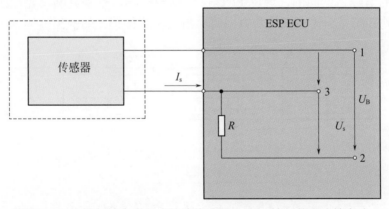

图 7-3-14　霍尔效应磁环式轮速传感器与 ESP 控制单元连接电路

（2）宝马二线制霍尔效应式轮速传感器

宝马 E38 型轿车采用了二线制霍尔效应式轮速传感器。当车轮旋转时，传感器就会发出方波脉冲电压，发送到 ECU。主动牵引力和稳定控制系统 ECU 接收轮速传感器信号，并发送给仪表 ECU，用来计算车辆行驶速度。

此类传感器只有两条线，其中一条是电源线，由 ECU 为传感器提供 8V 的电源电压；另一条线是信号与搭铁线，因为霍尔元件独特的性能，使传感器的搭铁线和信号线共用一条线。当转子旋转时，传感器产生 0.75 ～ 2.5V 的方波脉冲信号。轮速传感器电路原理如图 7-3-15 所示。

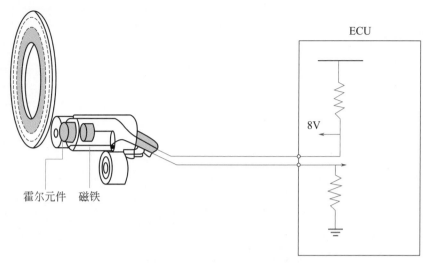

图 7-3-15　轮速传感器电路原理

五、磁阻式轮速传感器

　　磁阻式轮速传感器除了具备主动型轮速传感器的功能外，还能够检测出车轮的旋转方向，如图 7-3-16 所示。磁阻式轮速传感器内部有两个磁阻，在车轮转动时产生两个信号，把这两个信号叠加在一起后，再发送到 ECU。由于车辆向前或者向后行驶时，两个磁阻发出的信号是不同的，因此 ECU 可根据传感器信号来判断车轮的旋转方向和车辆的实际行驶方向。车轮不同旋转方向时磁阻式轮速传感器的输出波形见图 7-3-17。

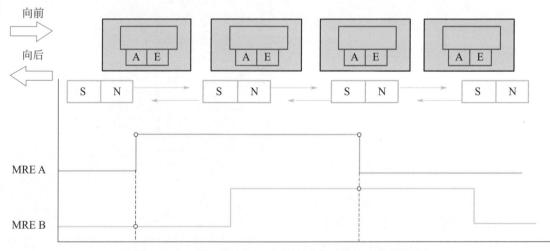

图 7-3-16　磁阻式轮速传感器检测车轮旋转方向原理图

　　这里以丰田皇冠轿车上使用的磁阻式轮速传感器为例，说明其构造、原理及检测方法。

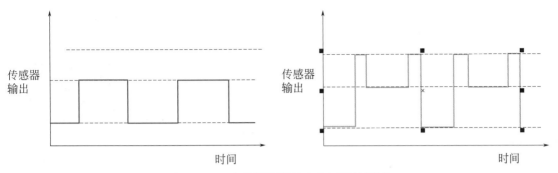

图 7-3-17　车轮不同旋转方向时的波形图

1. 磁阻式轮速传感器的结构与工作原理

丰田新皇冠轿车的轮速传感器，采用磁阻型半导体传感器，简称 MRE 传感器。磁性转子是由内置带磁性粒子的橡胶制成南北共 48 极。磁极是按圆周方向均匀分布的环状垫片，并镶嵌在后轮轴承内圈上，与车轮同速度旋转。MRE 传感器则固定在轮毂上，与磁性转子间存在 0.5 ～ 0.8mm 的空气间隙。

当磁性转子随车轮旋转，产生磁场变化，传感器内的磁阻值相应变化，经电路处理以脉冲信号输出给 ABS ECU。MRE 传感器与广泛采用的其他方式轮速传感器比较，它能检测到从 0km/h 开始的车速，此外，还能够检测到转子的旋转方向。因此系统可以区分车辆向前还是向后运动，为坡道起步辅助控制系统 HAC 提供制动控制信号。其工作原理示意图如图 7-3-18 所示。

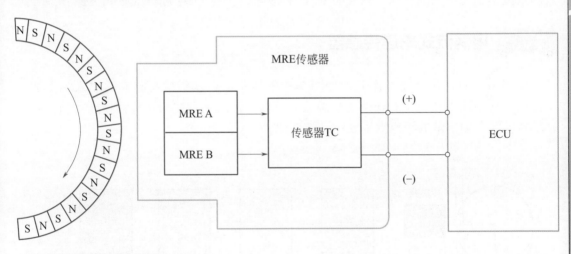

图 7-3-18　丰田新皇冠的轮速传感器工作原理示意图

2. 磁阻式轮速传感器的检测

这里以左前轮速传感器为例，说明检测方法。左前轮速传感器与 ABS 和牵引力执行器总成（制动防滑控制 ECU）的连接电路如图 7-3-19 所示。

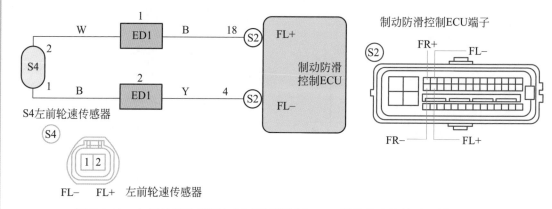

图 7-3-19　左前轮速传感器与制动防滑控制 ECU 端子的连接线路和端子位置

（1）**输入电压检测**　关闭点火开关，断开轮速传感器连接器，打开点火开关，用万用表电压挡检测 S4-2（FL+）与车身搭铁的电压，其值应在 7.5 ～ 12V 之间。若测量值不在规定范围之内，则进一步检查导线和 ECU 是否有故障。

（2）**线路导通性检测**　关闭点火开关，断开轮速传感器连接器和制动防滑控制 ECU 连接器，用万用表电阻挡测量左前轮速传感器 S4-2（FL+）与 S2-18（FL+）之间、S4-1（FL-）与 S2-4（FL-）之间的电阻，其值应小于 1Ω。若测量值不在规定范围之内，则说明导线有故障，应对导线进行维修或更换。

（3）**绝缘性检测**　关闭点火开关，断开制动防滑控制 ECU 连接器，用万用表电阻挡测量 S2-18（FL+）与搭铁之间、S2-4（FL-）与搭铁之间电阻，其值应大于 10kΩ。若测量值不在规定范围之内，则说明 ECU 有故障，应对 ECU 进行维修或更换。

六、电涡流式轮速传感器

电涡流式轮速传感器工作原理如图 7-3-20 所示。在软磁材料制成的输入轴上加工一键槽，在距输入表面 d_0 处设置电涡流传感器，输入轴与被测旋转轴相连。当被测旋转轴转动时，输出轴的距离发生 $d_0+\Delta d$ 的变化。

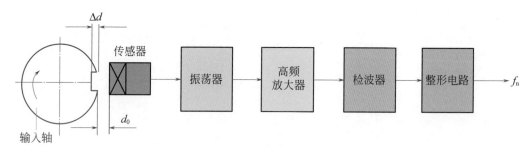

图 7-3-20　电涡流式轮速传感器工作原理图

因为电涡流效应，所以将导致振荡谐振回路的品质因数变化，使传感器线圈电感随 Δd 的变化也发生变化，它们将直接影响振荡器的电压幅值和振荡频率。因此，随着输入轴的旋转，从振荡器输出的信号中包含有与转数成正比的脉冲频率信号。该信号由检波器检出电压幅值的变化量，然后经整形电路输出脉冲频率信号 f_n，经电路处理便可得到被测转速。这种轮速传感器可实现非接触式测量，抗污染能力很强，可安装在旋转轴近旁长期对被测转速进行监视，最高测量转速可达 600000r/min。

 **第四节　驱动电机转速（旋变）传感器**

 驱动电机转速（旋变）传感器的作用

旋变变压器又称旋变传感器，丰田车上也称解析器、转角传感器。它是一种位置传感器，可精确检测转子的位置、方向、速度，用来对驱动电机或发电机（回收能量）进行方向、转速的控制。

驱动电机转速（旋变）传感器的安装位置

旋变传感器一般安装在电动汽车电机内部，起着测定转子磁极位置从而为逆变器提供正确换向信息的重要作用。

驱动电机转速（旋变）传感器的结构与原理

1. 驱动电机转速（旋变）传感器的结构

旋变变压器由定子和转子两部分组成，见图 7-4-1。定子绕组相当于变压器的原边，输入励磁电压，励磁频率由控制单元控制；转子绕组相当于变压器的副边，通过电磁感应得到感应电压。

三相电

旋变转子

温度传感器

图 7-4-1

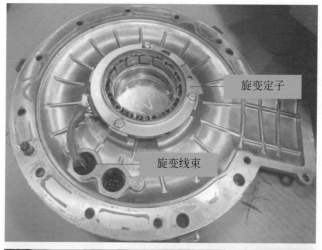

图 7-4-1　驱动电机转速（旋变）传感器的结构

定子采用 3 个线圈：励磁线圈 A（输入），输出线圈 S（正弦），输出线圈 C（余弦）。S、C 两线圈互成 90° 安装。

2. 驱动电机转速（旋变）传感器的工作原理

电机控制器向励磁线圈 A 输入一定量的交流电，从而将特定频率连续施加到输出线圈 S 和输出线圈 C 上，与转子转速无关。由于转子是椭圆状，因此定子与转子之间间隙的大小随着转子旋转而发生变化，输出线圈 S 和输出线圈 C 的波形峰值根据转子的位置而波动。

电动机或发电机检测输出线圈峰值，将这些值进行连接形成理论波形，根据 S、C 信号之间的差值估算转子的绝对位置，根据 S、C 信号的理论波形相位差确定旋转方向，并根据特定时间段内转子的角度变化估算转速。其输出波形如图 7-4-2 所示。

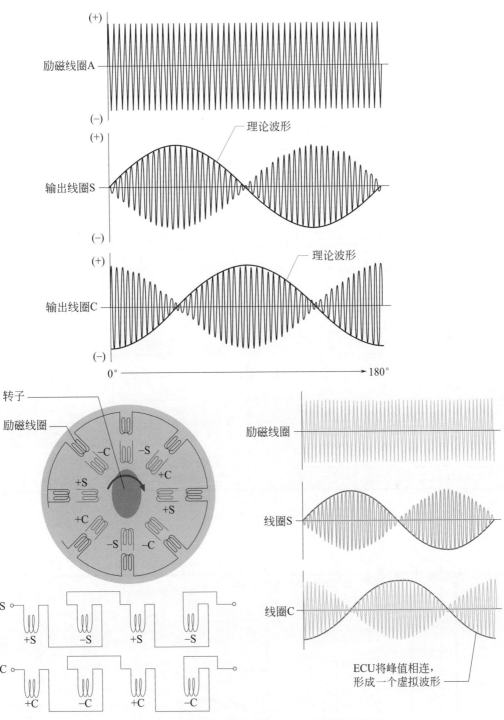

图 7-4-2　驱动电机转速（旋变）传感器输出波形

四、驱动电机转速（旋变）传感器的检测方法

这里以比亚迪 e5 电动汽车驱动电机转速（旋变）传感器为例进行介绍。

▶ 1. 驱动电机转速传感器电路图

比亚迪 e5 上高压电控总成上的低压接插件（64pin）端子及含义，见图 7-4-3、表 7-4-1。

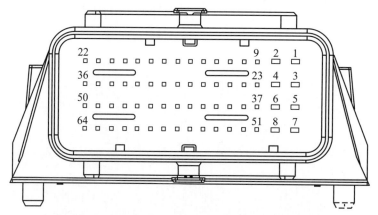

图 7-4-3　比亚迪 e5 上高压电控总成上的低压接插件

表 7-4-1　比亚迪 e5 上高压电控总成上的低压接插件含义

59	/EXCOUT	励磁 −	电机 B30-4
60	EXCOUT	励磁 +	电机 B30-1
61	COS+	余弦 +	电机 B30-3
62	COS−	余弦 −	电机 B30-6
63	SIN+	正弦 +	电机 B30-2
64	SIN−	正弦 −	电机 B30-5

比亚迪 e5 纯电动汽车电路图如图 7-4-4 所示。

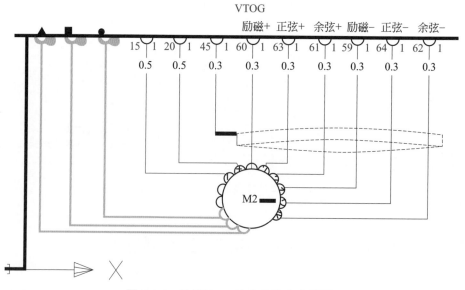

图 7-4-4　比亚迪 e5 纯电动汽车电路图

2. 旋变传感器检测数据

找到低压接插件（64pin）对应端子，用万用表电阻挡检测每个线圈的阻值，应在规定范围内。

正弦阻值（63、64 端子）：16Ω±1Ω

余弦阻值（61、62 端子）：16Ω±1Ω

励磁阻值（59、60 端子）：8Ω±1Ω

3. 旋变变压器的波形检测

❶ 励磁、正弦、余弦波形（图 7-4-5）。

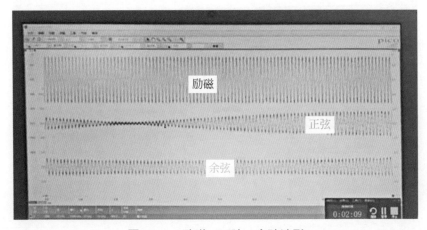

图 7-4-5　励磁、正弦、余弦波形

❷ 驱动电机低速运转时，励磁、正弦、余弦峰值理论波形（图 7-4-6）。

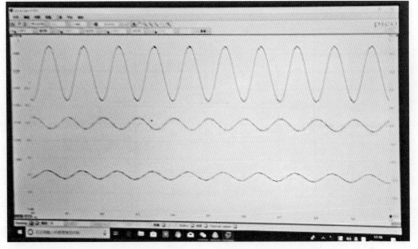

图 7-4-6　驱动电机低速运转时，励磁、正弦、余弦峰值理论波形

❸ 驱动电机高速运转时，励磁、正弦、余弦峰值理论波形（图 7-4-7）。

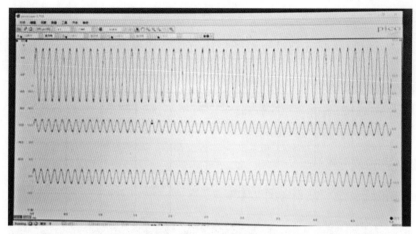

图 7-4-7　驱动电机高速运转时，励磁、正弦、余弦峰值理论波形

08

第八章
爆震与碰撞传感器

第一节　爆震传感器

　爆震传感器的作用

　　爆震传感器主要感应发动机各种不同频率的振动，并将振动转化为不同的电压信号。当发动机发生爆震时，爆震传感器感应到此变化并产生较大的振幅电压信号，如图 8-1-1 所示。它检测到爆震信号并作为点火提前角的反馈信号输入 ECU，实现 ECU 对点火提前角的修正，使其保持最佳，从而实现点火提前角的闭环控制。

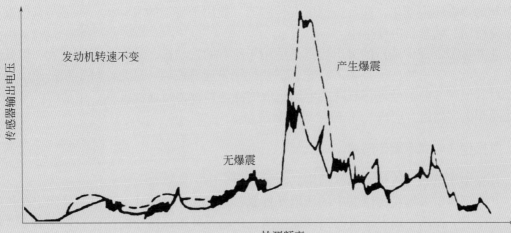

图 8-1-1　爆震传感器的检测频率与输出电压

二、 爆震传感器的安装位置

爆震传感器一般安装在发动机气缸体、火花塞或进气歧管上（见图 8-1-2）。

扫码看视频

发动机缸体上的爆震传感器

图 8-1-2　爆震传感器的安装位置

三、 爆震传感器的类型

爆震传感器按发动机缸体振动频率的检测方式不同，可分为共振型和非共振型两种。爆震传感器按结构的不同，分为压电式和磁致伸缩式及火花塞座金属垫式几种。

四、 爆震传感器的结构与原理

共振型爆震传感器的显著特点是传感器的共振频率与发动机爆震的固有频率一致，并且共振体的共振频率与爆震频率协调一致。其优点是输出电压高，不需要滤波器，信号处理比较方便。由于机械共振体的频率特性尖且频带窄，因此无法响应发动机条件变化引起的爆震频率变化，即共振型爆震传感器只能用于特定的发动机，不能与其他发动机互换使用，装车自由度很小。

非共振型爆震传感器的突出优点是适用于所有的发动机，装车自由度很大。但其输出电压较低，频率特性平且频带较宽，需要配用带通滤波器（只允许特定频带的信号通过，对其他频率的信号进行衰减的电路组成的滤波器称为带通滤波器，带通滤波器一般由线圈和电容器组合而成），信号处理比较复杂。

1. 共振型压电式爆震传感器

共振型压电式爆震传感器的结构如图 8-1-3 所示。

共振型压电式爆震传感器中的压电元件紧密地贴合在振荡片上，振荡片固定在传感器的基座上。振荡片随发动机的振动而振荡，压电元件随振荡片的振荡而发生形变，进而在其上产生一个电压信号。当发动机爆震时的气缸振动频率与传感器振荡片的固有频率相符合时，振荡片产生共振。这时，压电元件将产生最大的电压信号，即该类型爆震传感器在发动机爆震时输出的电压比较高，因此无需使用滤波器即可判别有无爆震产生，如图 8-1-4 所示。

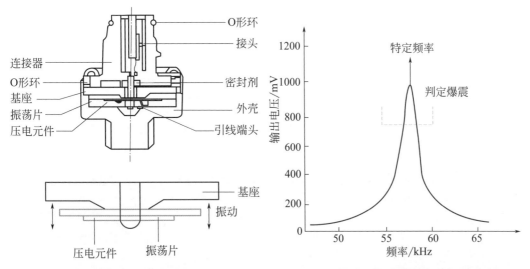

图 8-1-3　共振型压电式爆震传感器的结构　　图 8-1-4　共振型压电式爆震传感器的输出特性

🔷 2. 共振型磁致伸缩式爆震传感器

共振型磁致伸缩式爆震传感器主要由感应线圈、磁致伸缩杆、永磁铁和壳体组成，其结构如图 8-1-5 所示。

当发动机因爆震而使缸体产生振动时，传感器的伸缩杆就会随之产生振动，感应线圈中的磁通量变化率会发生变化。根据电磁感应原理可知，在感应线圈内会产生一个交变电动势，即传感器有一个信号电压输出。输出电压的高低取决于发动机缸体的振动强度和振动频率。当传感器的固有振动频率和发动机缸体的振动频率相同时，即当发动机缸体的振动频率达到 6 ~ 9kHz 时，传感器将产生共振，此时振动强度最大，传感器的感应线圈中产生的感应电压最高，其输出特性如图 8-1-6 所示。

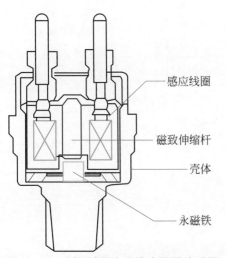

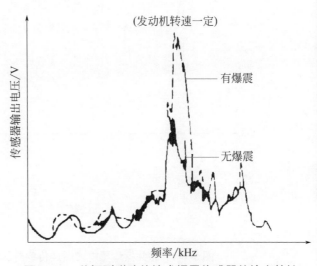

图 8-1-5　共振型磁致伸缩式爆震传感器　　图 8-1-6　共振型磁致伸缩式爆震传感器的输出特性

3. 非共振型压电式爆震传感器

非共振型压电式爆震传感器一般也安装在发动机的气缸体上，如图 8-1-7（a）所示。传感器由平衡重（配重）、压电晶体、壳体、电气连接装置等组成，如图 8-1-7（b）所示。两个压电晶体同极性相向对接，平衡重由螺丝固定在壳体上。

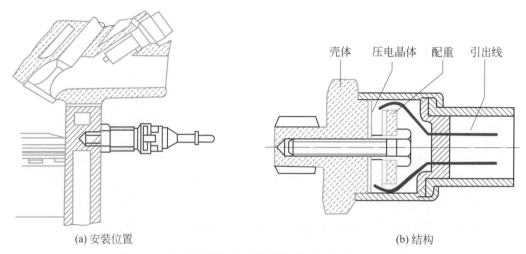

(a) 安装位置　　　　　　　　　　　　　　(b) 结构

图 8-1-7　非共振型压电式爆震传感器的安装位置及结构

当发动机产生爆震时，安装在缸体上的爆震传感器内部平衡重因受振动的影响而产生加速度。平衡重将此加速惯性力转变为作用在压电晶体上的压力。压电晶体受到此加速度惯性压力后产生压电信号输出，输出电压由两个压电晶体的中央取出，经电路传输给 ECU。

在发动机爆震发生时，由于这种传感器输出的电压不大，具有平缓的输出特性，如图 8-1-8 所示。因此，需要将反映发动机振动频率的输出电压信号送到识别爆震的滤波器中，判别是否有爆震产生的信号。

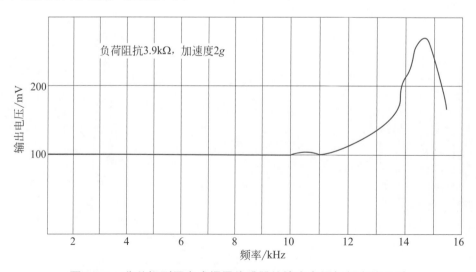

图 8-1-8　非共振型压电式爆震传感器的输出电压与频率的关系

这种爆震传感器的优点是检测频率范围宽，因此可设计成由零至数万赫兹，可检测很宽频带的发动机振动频率传感器。用于不同发动机上时，只需调整滤波器的过滤频率即可使用，而不需要更换传感器。

4. 火花塞座金属垫式爆震传感器

火花塞座金属垫式爆震传感器是由压电元件制成的，又称为垫圈式压力传感器或压力检测式爆震传感器。这种传感器安装在火花塞座的垫圈与发动机缸体之间。它的结构较为简单，如图 8-1-9 所示。它能根据燃烧压力直接检测爆震情况，并将燃烧压力转换成电压信号输出。这类爆震传感器一般每缸火花塞都安装一个。

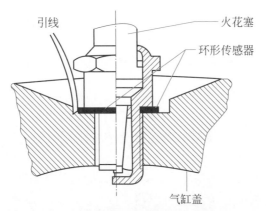

扫码看视频

图 8-1-9　火花塞座金属垫式爆震传感器的结构

当发动机发生爆震时，在燃烧期间传感器输出的电压信号波形的振幅将增大，输入 ECU 后，经过滤波处理，根据其值的大小可判定有无爆震的产生（图 8-1-10）。

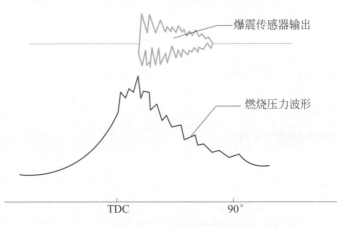

扫码看视频

图 8-1-10　火花塞座金属垫式爆震传感器的输出波形

五、　爆震传感器的检测方法

爆震传感器的检测方法基本相似，这里以共振型磁致伸缩式爆震传感器为例进行介绍。共振型磁致伸缩式爆震传感器与 ECU 的连接电路如图 8-1-11 所示。爆震传感器的检测方法如下。

扫码看视频

扫码看视频

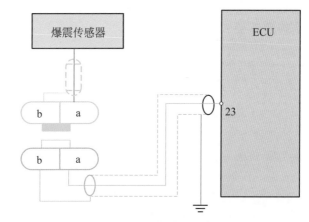

图 8-1-11　共振型磁致伸缩式爆震传感器与 ECU 的连接电路

（1）电阻检测法　关闭点火开关，拔下爆震传感器接线端 ECU 接线器。用万用表测量 ECU 爆震传感器信号输入端与爆震传感器信号输出端子 a 之间的连线是否导通。若不通，应检查这段配线及接线器。若检查上述线路无问题，再检查传感器 b 端子与搭铁间是否导通。如不通说明接线不良。如果检查 b 端子搭铁良好，可进一步脱开爆震传感器接线器，单独测量其 a、b 两端子间的电阻，应接近于 0Ω。如果测量值不符合规定值，则说明该传感器已失效，应更换传感器。

（2）示波器检测法　检测时，将传感器的连接线断开，将示波器的信号测量线与传感器的信号线相连，敲击缸体来使传感器产生信号，观察示波器的波形变化，所测波形应与标准波形相符。若测得波形不对或无形波，或在缸体振动较大时，波形振幅基本不变，则可能是传感器失效，应更换传感器。

第二节　碰撞传感器

一、碰撞传感器的作用

碰撞传感器一般用于安全气囊系统中，是安全气囊系统中主要的信号输入装置。其作用是在汽车发生碰撞时，检测汽车碰撞强度，并将信号输入给安全气囊 ECU。安全气囊 ECU 根据碰撞传感器传送的信号来判断是否引爆气体发生器使气囊充气。

二、碰撞传感器的安装位置

碰撞传感器一般安装在左、右挡泥板上方，或驾驶室内前下部的左、右两侧，或前保险杠附近，或 SRS ECU 内部，如图 8-2-1 所示。

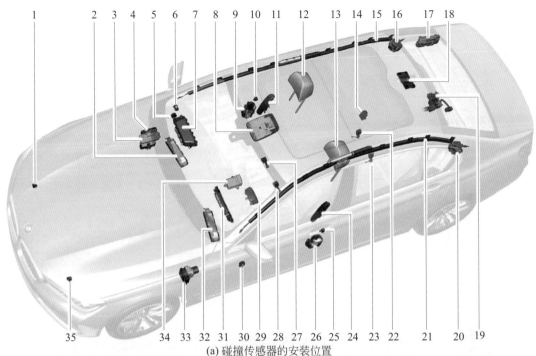

(a) 碰撞传感器的安装位置

1—右侧安全气囊前部传感器(前端传感器)；2—前乘客膝部安全气囊；3—右前配电盒；4—车身域控制器BDC；
5—前乘客安全气囊关闭开关；6—右侧车门安全气囊传感器(压力)；7—前乘客安全气囊；8—车顶功能
中心FZD；9—前乘客自动拉紧器；10—右侧B柱加速度传感器；11—前乘客侧面安全气囊；12—前乘
客侧主动式防撞头枕；13—驾驶员侧主动式防撞头枕；14—电子燃油泵控制系统EKPS；15—左侧
头部安全气囊；16—右后安全带；17—接线盒电子装置JBE；18—远程通信系统盒2TCB2；
19—安全型蓄电池接线柱SBK；20—左后安全带；21—右侧头部安全气囊；22—右后
安全带锁扣开关；23—左后安全带锁扣开关；24—驾驶员侧面安全气囊；25—左侧
B柱加速度传感器；26—驾驶员自动拉紧器；27—前乘客安全带锁扣开关；
28—驾驶员安全带锁扣开关；29—驾驶员安全气囊；30—左侧车门安全气
囊传感器(压力)；31—组合仪表KOMBI；32—驾驶员膝部安全气囊；
33—动态稳定控制系统DSC；34—高级碰撞和安全模块ACSM；
35—左侧安全气囊前部传感器(前端传感器)

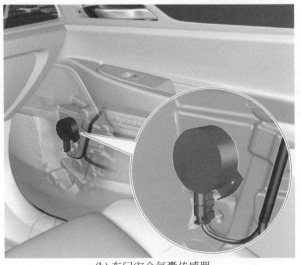

(b) 车门安全气囊传感器

图 8-2-1

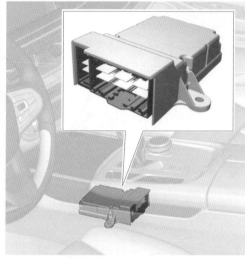

(c) 安全气囊前部传感器(前端传感器)　　(d) 中央传感器系统集成在高级碰撞和安全模块内

图 8-2-1　碰撞传感器安装位置

三、碰撞传感器的结构与工作原理

1. 滚球式碰撞传感器的结构与工作原理

（1）滚球式碰撞传感器的结构　　滚球式碰撞传感器又称为偏压磁铁式碰撞传感器，主要由铁质滚球、永磁铁、导缸、固定触点和外壳组成，其结构如图 8-2-2 所示。两个触点分别与传感器的引线端子连接，滚球在导缸内可移动或滚动，用来感测减速度的大小。传感器壳体上印制有箭头标记，方向与传感器结构有关，或规定指向汽车前方，或规定指向汽车后方，因此在安装传感器时要注意：箭头方向必须符合使用说明书。

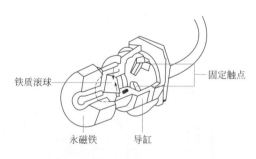

图 8-2-2　滚球式碰撞传感器的结构

（2）滚球式碰撞传感器的工作原理　　滚球式碰撞传感器的工作原理如图 8-2-3 所示。

当汽车没有发生碰撞时，即传感器处于静止状态时，在永磁铁的磁力作用下，导缸内的滚球被吸向磁铁，传感器内的两个触点与滚球分离，传感器电路处于断开状态，如图 8-2-3（a）所示。当汽车遭受碰撞且减速度达到设定阈值时，滚球产生的惯性力将大于永磁铁的磁性吸力，此时滚球在惯性力作用下会克服磁力的作用沿导缸向两个固定触点运动并将固定触点接通，如图 8-2-3（b）所示。当传感器用作碰撞信号传感器时，固定触点接通，将碰撞信号输入 SRS ECU；当传感器用作碰撞防护传感器时，固定触点接通，将点火器电源电路接通。

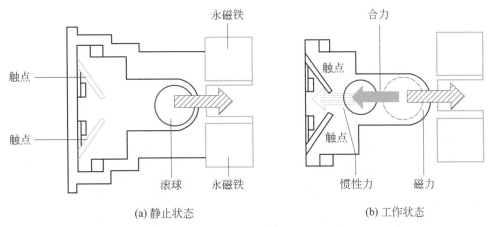

(a) 静止状态　　　　　　　　　　　　　　　　(b) 工作状态

图 8-2-3　滚球式碰撞传感器的工作原理

2. 滚轴式碰撞传感器的结构与工作原理

（1）**滚轴式碰撞传感器的结构**　滚轴式碰撞传感器主要由止动销、滚轴、滚动触点、固定触点、底座和片状弹簧组成，其结构如图 8-2-4 所示。片状弹簧一端固定在底座上，与传感器的一个引线端子连接；另一端绕在滚轴上。滚动触点固定在滚轴部分的片状弹簧上，并可随滚轴一起转动。固定触点与片状弹簧绝缘固定在底座上，并与传感器的另一个引线端子连接。

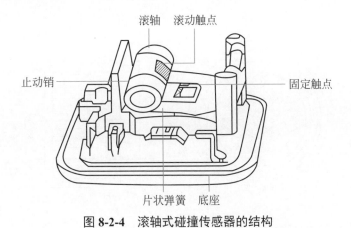

图 8-2-4　滚轴式碰撞传感器的结构

（2）**滚轴式碰撞传感器的工作原理**　滚轴式碰撞传感器的工作原理如图 8-2-5 所示。

汽车未碰撞时，传感器处于静止状态，滚轴在片状弹簧的弹力作用下滚向止动销一侧，滚动触点与固定触点处于断开状态，如图 8-2-5（a）所示，传感器电路断开。当汽车遭受碰撞且减速度达到设定阈值时，滚轴产生的惯性力将大于片状弹簧的弹力。此时滚轴在惯性力作用下就会克服弹簧弹力向右滚动，使滚动触点与固定触点接触，如图 8-2-5（b）所示。当传感器用作碰撞信号传感器时，滚动触点与固定触点接触后将碰撞信号输入 SRS ECU；当传感器用作碰撞防护传感器时，滚动触点与固定触点接触后将点火器电源电路接通。

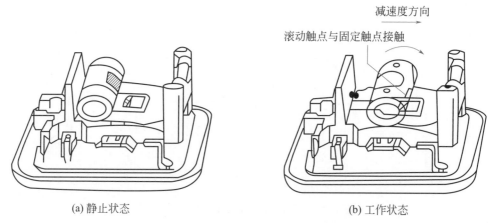

(a) 静止状态　　　　　　　　　　　　(b) 工作状态

图 8-2-5　滚轴式碰撞传感器的工作原理

3. 偏心锤式碰撞传感器的结构与工作原理

（1）偏心锤式碰撞传感器的结构　偏心锤式碰撞传感器又称为偏心转子式碰撞传感器，属于惯性开关式碰撞传感器。偏心锤式碰撞传感器由壳体、偏心转子、偏心重块、固定触点、旋转触点等部分组成，其结构如图 8-2-6 所示。

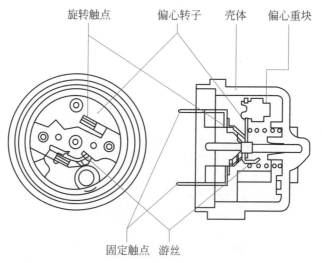

图 8-2-6　偏心锤式碰撞传感器的结构

转子总成由偏心锤（或偏心重块）、转动触点臂及转动触点组成，安装在传感器轴上。转动触点臂两端固定有转动触点，转动触点随转动触点臂一起转动。两个固定触点绝缘固定在传感器壳体上，并用导线分别与传感器接线端子连接。在传感器外还固定一个电阻，如图 8-2-7 所示。电阻 R 的功用是对系统进行自检，即检测 ECU 与碰撞传感器之间的导线是否断路或短路。

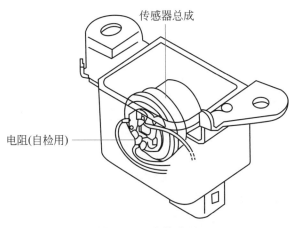

图 8-2-7　自检电阻

（2）**偏心锤式碰撞传感器的工作原理**　偏心锤式碰撞传感器的工作原理如图 8-2-8 所示。

汽车未碰撞时，传感器处于静止状态，偏心锤和偏心锤臂在螺旋复位弹簧弹力的作用下，顶靠在与外壳相连的挡块上，偏心锤与挡块保持接触。此时转子总成处于静止状态，转动触点与固定触点处于断开状态，开关置于"OFF"，如图 8-2-8（a）所示。

当汽车遭受碰撞时，且偏心锤的惯性力矩大于螺旋复位弹簧弹力作用时，惯性力矩就会克服弹簧力矩使转子总成转动，从而带动转动触点臂转动，如图 8-2-8（b）所示。当碰撞强度达到设定值时，转子总成将转动到转动触点与固定触点接触闭合的位置。此时碰撞传感器接通 SRS 系统的搭铁回路，向 ECU 输入一个"ON"信号，进而引爆充气元件向气囊充气。

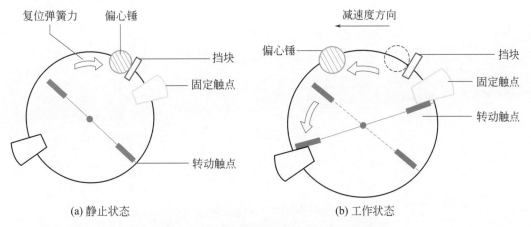

(a) 静止状态　　　　　　　　　　　(b) 工作状态

图 8-2-8　偏心锤式碰撞传感器的工作原理

4. 电阻应变计式碰撞传感器的结构与工作原理

（1）**电阻应变计式碰撞传感器的结构**　电阻应变计式碰撞传感器主要由电子电路、

电阻应变计、振动块、缓冲介质和壳体组成，其结构如图 8-2-9（a）所示。应变计的电阻 R_1、R_2、R_3、R_4 制作在硅膜片上，如图 8-2-9（b）所示。当硅膜片产生变形时，应变电阻的阻值就会发生变化。电子电路包括稳压与温度补偿电路 W、信号处理与放大电路 A，如图 8-2-9（c）所示。应变电阻一般都连接成桥式电路，并设计有稳压和温度补偿电路，以提高传感器的检测精度。

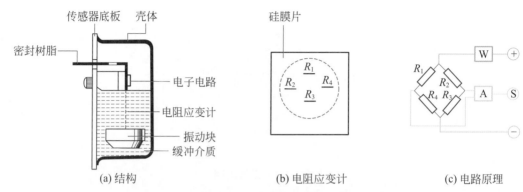

(a) 结构　　　　　　　　　(b) 电阻应变计　　　　　　　(c) 电路原理

图 8-2-9　电阻应变计式碰撞传感器的结构与原理

（2）**电阻应变计式碰撞传感器的工作原理**　当车辆遭受碰撞时，碰撞传感器的振动块振动，缓冲介质随之振动，进而使应变计的应变电阻产生变形，应变电阻阻值随之发生变化。由于应变电阻以电桥电路的方式连接，随着应变电阻的变化，电桥电路的输出电压也会发生变化，信号经过处理与放大后，传感器将变化的信号电压输入 SRS ECU。SRS ECU 根据传感器输入的信号电压的强弱便可判断碰撞的激烈程度。当信号电压超过设定值时，SRS ECU 就会立即向点火器发出点火指令引爆点火剂，进而向气囊充气，打开气囊。

5. 压电效应式碰撞传感器的结构与原理

压电效应式碰撞传感器是利用压电效应制成的传感器。压电效应是指压电晶体在压力作用下，晶体外形发生变化进而使其输出电压发生变化，如图 8-2-10 所示。压电晶体通常用石英或陶瓷制成，在压力作用下，压电晶体的外形和输出电压就会发生变化。

(a) 压电效应　　　　　　　　　　　　(b) 逆压电效应

图 8-2-10　压电效应

6. 水银开关式碰撞传感器的结构与原理

（1）**水银开关式碰撞传感器的结构**　水银开关式碰撞传感器是利用水银良好的导电特性制成的传感器，一般用作防护传感器（安全传感器）。它主要由水银、电极、密封圈、密封螺塞及壳体组成，如图 8-2-11 所示。

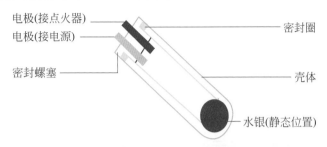

图 8-2-11　水银开关式碰撞传感器的结构

（2）水银开关式碰撞传感器的工作原理　水银开关式碰撞传感器的工作原理如图 8-2-12 所示。

当车辆未碰撞时，水银处于静止状态，在其自身重力作用下处于如图 8-2-12（a）所示的位置，传感器的两个接线端子处于断开状态。当车辆碰撞时且减速度达到设定阈值时，如图 8-2-12（b）所示，水银产生的惯性力及其运动方向的分力将克服其重力的分力使水银向传感器电极端移动，使传感器的两个电极接通。当传感器用作碰撞信号传感器时，两个电极接通，将碰撞信号输入 SRS ECU；当传感器用作碰撞防护传感器时，将点火器电源电路接通。

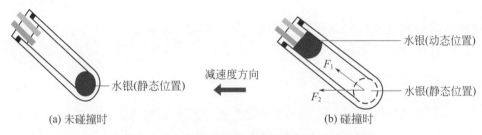

图 8-2-12　水银开关式碰撞传感器的工作原理

7.阻尼弹簧式碰撞传感器的结构与原理

（1）阻尼弹簧式碰撞传感器的结构　阻尼弹簧式碰撞传感器用于整体式安全气囊。它装在方向盘的气囊内，一旦汽车发生碰撞，它可使点火剂点燃，让充气装置的气体发生剂燃烧，使气囊充气膨胀。阻尼弹簧式碰撞传感器由球体、导向柱、点火针、触发杠杆、平衡弹簧、点火弹簧等组成，其结构如图 8-2-13 所示。

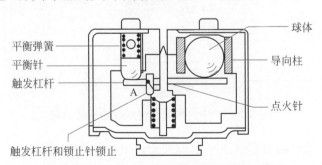

图 8-2-13　阻尼弹簧式碰撞传感器的结构

（2）阻尼弹簧式碰撞传感器的工作原理　阻尼弹簧式碰撞传感器的工作原理如图 8-2-14 所示。

当汽车发生碰撞时，传感器受到一个向后的惯性力作用，传感器内球体在惯性力作用下沿导向筒向下移动（图 8-2-14 中所示方向），推动触发杠杆绕支点 A 转动，触发杠杆左端压缩弹簧；当冲撞减速度达到一定值时，触发杠杆转动到触发杠杆上的锁止针失去作用的位置，此时引燃高速冲击点火剂而点燃气体发生剂。

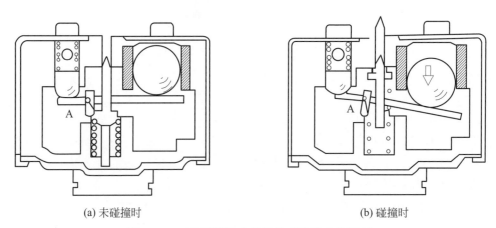

(a) 未碰撞时　　　　　　　　　(b) 碰撞时

图 8-2-14　阻尼弹簧式碰撞传感器的工作原理

这种方式是非电控方式，其结构简单，只能作为气囊装置发挥作用，且没有可靠的补救功能和自我诊断功能。

8. 中央加速度传感器

（1）**中央加速度传感器的结构**　中央加速度传感器又称为防护传感器或中央安全气囊传感器，安装在安全气囊控制单元（SRS ECU）的内部，如图 8-2-15 所示。

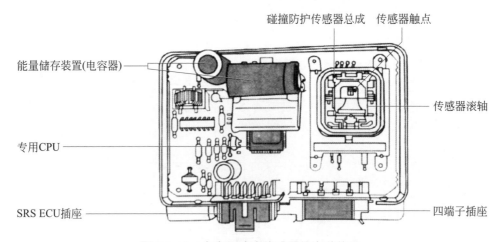

图 8-2-15　中央加速度传感器的安装位置

中央加速度传感器由悬臂、计示电阻及集成电路组成。计示电阻是一个半导体应变片，半导体应变片两端被悬臂架压住，其结构及电路如图 8-2-16 所示。

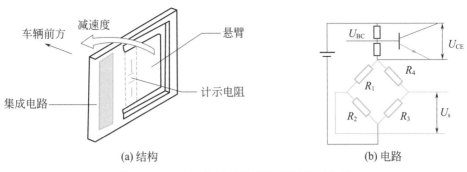

(a) 结构   (b) 电路

图 8-2-16 中央加速度传感器的结构及电路

（2）中央加速度传感器的工作原理　当车辆发生碰撞时，半导体应变片在悬臂架惯性力作用下发生弯曲应变，受压后的半导体应变片的电阻值产生变化，电阻的变化引起集成电路输出电压 U_0 的变化。汽车的速度越大，碰撞后产生的减速度越大，传感器输出的电压越大。由于半导体压力传感器的输出特性受温度影响，因此常采用晶体管的基极 - 发射极间的电压变化来对温度进行修正。安全气囊 ECU 根据碰撞信号进行分析处理，若需要引爆安全气囊，安全气囊 ECU 便会接通点火电路，若此时前方碰撞传感器的触点也同时闭合，则气体发生器的电路接通，安全气囊引爆。

中央加速度传感器信号处理电路如图 8-2-17 所示。从主放大器输出的电压与作用在夹板上的加速度成正比，具有对夹板折断或放大器电路有无异常做自我检查的功能。在发动机启动前进行检验，在点火开关接通后，ECU 即能发出故障诊断信号来检验电路，如一切正常，则从主放大器输出微分波形。此外，在通常转动时也进行日常检查，预先发现异常情况，引起驾驶员注意。

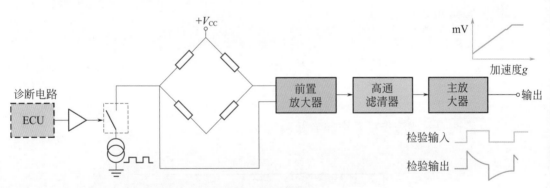

图 8-2-17 中央加速度传感器信号处理电路

四、碰撞传感器的检测

1. 碰撞传感器的检测注意事项

❶ 检查安全气囊系统时，即使只发生了轻微碰撞而安全气囊并未膨开，也应对碰撞传感器气囊系统及其他部件进行检查。

❷ 安全气囊系统对零部件的工作可靠性要求极高，所有零件均为一次性使用部件，

绝不要试图修复传感器和 SRS 系统部件，同时应更换左前和右前碰撞传感器。在更换碰撞传感器时，应使用新品，且不允许使用不同型号车辆上的零部件。

❸ 在检修汽车其他零部件时，如有可能对安全气囊系统的碰撞传感器产生冲击，则应在检修工作开始之前，先将碰撞传感器拆下，以防安全气囊误开。

❹ 安全气囊系统的防护碰撞传感器采用水银开关式碰撞传感器。由于水银蒸发有剧毒，因此该传感器更换之后，换下的旧传感器不能随意毁掉，应当作为有害废物处理。当车辆报废或更换 SRS ECU 时，应当拆下水银开关式碰撞传感器总成并作为有害废物处理。

❺ 当碰撞传感器摔碰之后或其壳体、支架、导线连接器有裂纹、凹陷时，应换用新件。

❻ 前碰撞传感器和安全气囊系统的重要组件不得暴晒或接近火源。

❼ 在安全气囊系统各个总成或零部件的表面上，均标有说明标牌或注意事项，使用与检修时必须遵照执行。

❽ 碰撞传感器的动作具有方向性，安装前碰撞传感器时，传感器壳体上的箭头必须指向规定方向。安装丰田车系前碰撞传感器时，则要求传感器壳体上的箭头必须指向汽车前方。

❾ 前碰撞传感器的定位螺栓和螺母必须经过防锈处理，拆卸或更换前碰撞传感器时，必须同时更换定位螺栓和螺母。

❿ 前碰撞传感器引出导线的连接器装有电路连接诊断机构。安装连接器时，插头与插座应当插牢。当连接器插头与插座未插牢时，自动诊断系统将会检测出故障并将故障码存入存储器中。

2. 碰撞传感器的检测

现以丰田凌志 LS400 轿车的前碰撞传感器为例对碰撞传感器的检测方法进行介绍。

（1）检测前碰撞传感器电路　拔下 SRS ECU 线束插头，先检测线束插头上 +SR 与 -SR 端子、+SL 端子与 -SL 端子之间的电阻，如图 8-2-18 所示。正常阻值应为 755～885Ω。若电阻值不正常，则说明端子 +SR 或 -SR，+SL 或 -SL 至前碰撞传感器之间的线束搭铁或前碰撞传感器电路有故障。

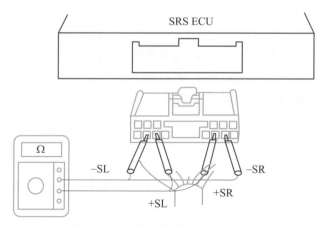

图 8-2-18　检测前碰撞传感器电路

再检测 +SR、+SL 端子与车身（搭铁）之间的电阻，如图 8-2-19 所示。如果为无穷大，说明线束良好，故障出在传感器，即前碰撞传感器需要更换；如果阻值不是无穷大，说明端子 +SR 或 +SL 至前碰撞传感器之间的线束搭铁，需要修理或更换线束。

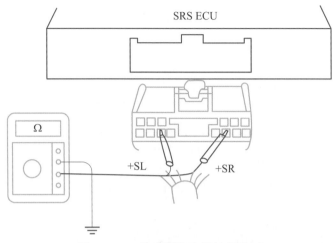

图 8-2-19　传感器线路搭铁的检测

（2）检测前碰撞传感器　拔下前碰撞传感器线束连接器插头，用万用表电阻挡检测传感器插头各端子之间的电阻值，如图 8-2-20 所示。正常电阻值见表 8-2-1，如果不符，应当更换前碰撞传感器。

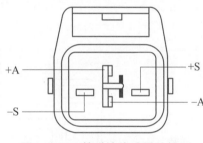

图 8-2-20　前碰撞传感器的检测

表 8-2-1　正常电阻

测量端子	正常阻值
+S 与 +A	$755 \sim 885\Omega$
+S 与 -S	无穷大
-S 与 -A	小于 1Ω

（3）检测前碰撞传感器 +SR、+SL 端子间的电压　接上蓄电池负极电缆端子，将点火开关转到"ON"位置，用万用表电压挡在 SRS ECU 线束插头上检测 +SR、+SL 端子与车身（搭铁）之间的电压，如图 8-2-21 所示。正常电压应为 0V。若电压超过 0V，说明端子 +SR 或 +SL 至前碰撞传感器之间的线路与电源线搭铁，需要修理或更换

线束与连接器。

（4）检测 SRS ECU 至前碰撞传感器之间的线路　拔下 SRS ECU 线束连接器插头，分别用导线将插头上的 +SR 与 −SR、+SL 与 −SL 端子连接起来，用万用表电阻挡检测传感器插头上 +SR 与 −SR，+SL 与 −SL 端子之间的阻值，如图 8-2-22 所示。正常电阻值应小于 1Ω。如果测量值不符，说明前碰撞传感器线束断路或接触不良，应进行修理或更换。

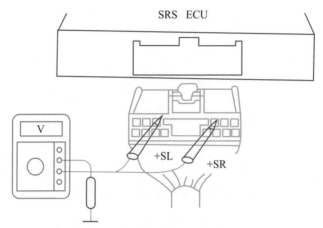

图 8-2-21　检测前碰撞传感器的线路电压

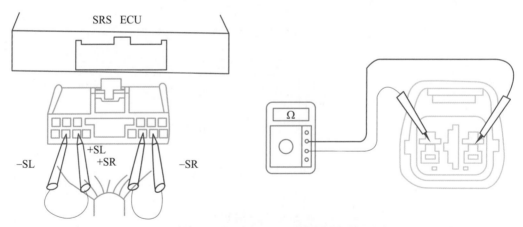

图 8-2-22　检测前碰撞传感器是否断路

第九章

视觉传感器

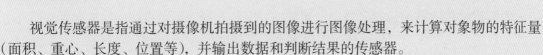

第一节　视觉传感器的分类与应用

　　视觉传感器是指通过对摄像机拍摄到的图像进行图像处理，来计算对象物的特征量（面积、重心、长度、位置等），并输出数据和判断结果的传感器。

　　视觉传感器是整个机器视觉系统信息的直接来源，主要由一个或者两个图形传感器组成，有时还要配以光投射器及其他辅助设备。视觉传感器的主要功能是获取足够的机器视觉系统要处理的最原始图像。

　　图像传感器可以使用激光扫描器、线阵和面阵 CCD 摄像机或者 TV 摄像机，也可以是最新出现的数字摄像机等。

视觉传感器的分类

▶ 1.3D 视觉传感技术

　　3D 视觉传感器具有广泛的用途，比如多媒体手机、网络摄像、数码相机、机器人视觉导航、汽车安全系统、生物医学像素分析、人机界面、虚拟现实、监控、工业检测、无线远距离传感、显微镜技术、天文观察、海洋自主导航、科学仪器等等。这些不同的应用均是基于 3D 视觉传感技术（图 9-1-1）。特别是 3D 影像技术在工业控制、汽车自主导航中具有急切的应用。

▶ 2. 智能视觉传感技术

　　智能视觉传感技术下的智能视觉传感器也称智能相机，是近年来机器视觉领域发展最快的一项新技术。智能相机是一个兼具图像采集、图像处理和信息传递功能的小型机器视觉系统，是一种嵌入式计算机视觉系统。它将图像传感器、数字处理器、通讯模块和其他外设集成到一个单一的相机内。这种一体化的设计，可降低系统的复杂度，并提高可靠性，同时系统尺寸大大缩小，拓宽了视觉技术的应用领域。

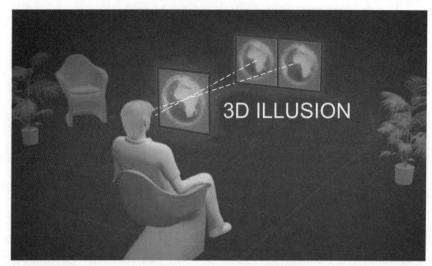

图 9-1-1　3D 视觉传感技术

智能视觉传感器的易学、易用、易维护、安装方便，可在短期内构建起可靠而有效的视觉检测系统等优点使得这项技术得到飞速发展。

二、视觉传感技术的实现基础

视觉传感器的图像采集单元主要由 CCD/CMOS 摄像机、光学系统、照明系统和图像采集卡组成，将光学影像转换成数字图像，传递给图像处理单元。通常使用的图像传感器件主要有 CCD 图像传感器和 CMOS 图像传感器两种。

三、视觉传感技术的应用

1. 汽车车身视觉检测系统

车身成型是汽车制造的关键工序之一，对车身的各项指标要求严格，需对车身进行100% 的检测。传统的车身检测方法是利用三坐标测量机，其操作复杂，速度慢，工期长，只能进行抽检。

通常，车身的关键尺寸主要是挡风玻璃尺寸、车门安装处棱边位置、定位孔位置等。因此视觉传感器分布于这些位置附近，测量其相应的棱边、孔、表面的空间位置尺寸。在生产线上设计测量工位，车身定位后，置于一框架内，框架由纵横分布的金属柱、杆构成，可根据需要在框架上灵活安装视觉传感器。根据测量点的数量可安装相应数量的视觉传感器（通常情况下每个视觉传感器测量一个被测点），传感器的形式包括双目立体视觉传感器、轮廓传感器等多种类型。

测量系统工作过程为：由生产线运送车身到测量工位进行准确定位，然后传感器按要求顺序开始工作，计算机采集检测点图像并进行处理，计算出被测点的空间三维坐标，将计算值与标准值比对，得出检测结果，并将车身送出测量工位（图 9-1-2）。

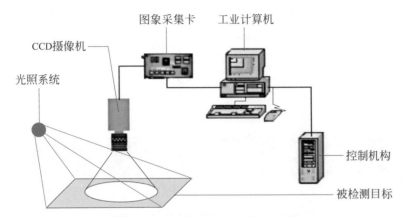

图 9-1-2　视觉测量系统工作原理图

2. 钢管直线度、截面尺寸在线视觉测量系统

在工业生产中，无缝钢管是一类重要的工业产品，而它的质量参数则是制造的重要数据。其中钢管的直线度及截面积是主要的几何参数，是控制无缝钢管制造质量的关键，但由于以下原因使得参数的测量成为难题：①无缝钢管采取非接触式测量，且制造现场环境恶劣；②无缝钢管的空间尺寸大，这也要求检测系统具备很大的测量空间。视觉传感技术的出现解决了上述问题，视觉传感技术采用的是非接触式测量且测量范围大。

测量系统由多个结构光传感器组成，传感器上结构光投射器投射的光平面和被测钢管相交，得到钢管截面圆周上的部分圆弧，传感器测量部分圆弧在空间中的位置。系统中每一个传感器实现一个截面上部分圆弧的测量，通过适当的数学方法，由圆弧拟合得到截面尺寸和截面圆心的空间位置，由截面圆心分布的空间包络，得到直线度参数。测量系统在计算机的控制下，可在数秒内完成测量，满足实时性要求。

3. 三维形貌视觉测量

三维形貌数字化测量技术是逆向工程和产品数字化设计、管理及制造的基础支撑技术。它所实现三维形貌数字化测量的机理是将视觉非接触、快速测量和最新的高分辨率数字成像技术相结合。由于所测量的物体多是大型、具有复杂表面的物体，测量通常分为局部三维信息获取和整体拼接两部分，先利用视觉扫描传感器对被测形貌各个局部区域进行测量，再采用拼接技术将各部分形貌进行拼接最终得到完整图像。

这种传感器的视觉扫描测头采用局域双目立体视觉测量原理设计。形貌整体拼接实质上是将所采集到的数据放到公共坐标上，这样就能得到整体的数据描述。通过高分辨率数码相机从测量空间的上方以不同的角度和位置对被测量进行数据收集，运用光束定向交汇平差原理得到控制点空间坐标并建立全局坐标系，最后通过各个坐标系进行关联、转换，完成数据拼接。

视觉源于生物界获取外部环境信息的一种方式，是自然界生物获取信息的最有效手段，是生物智能的核心组成之一。人类 80% 的信息都是依靠视觉获取的，基于这一启发，研究人员开始为机械安装"眼睛"使得机器跟人类一样通过"看"获取外界信息，由此诞生了一门新兴学科——计算机视觉。人们通过对生物视觉系统的研究从而模仿制作机器视觉系统，尽管与人类视觉系统相差很大，但是这对传感器技术而言是突破性的进步。

视觉传感技术的实质就是图像处理技术，通过截取物体表面的信号绘制成图像从而呈现在研究人员的面前。视觉传感技术的出现解决了其他传感器因场地大小限制或检测设备庞大而无法操作的问题。

视觉传感器是整个机器视觉系统信息的直接来源，主要由一个或者两个图形传感器组成，有时还要配以光投射器及其他辅助设备。视觉传感器的主要功能是获取足够的机器视觉系统要处理的最原始图像。

视觉传感技术是应用在生产装置上的一种电子图像技术，通过视觉传感器把图像抓到，然后将图像传送至处理单元，通过数字化处理，根据像素分布和亮度、颜色等信息，来进行尺寸、形状和颜色的判别，并根据判别结果进而控制生产设备的工作。视觉传感器的工作过程可以分为四个步骤：图像检测、图像分析、图像绘制和图像识别。视觉传感器具有从一幅图像中捕获数以千计像素的能力。视觉信息一般通过光电检测转换为电信号，通过图像信息的变化可以对物体的形状位置等特征信息进行判定。

目前使用比较多的视觉传感器是光接收装置及其各种摄像机，如光电二极管与光电转换器件、位置敏感探测器（PSD）、CCD 图像传感器、CMOS 图像传感器及其他的摄像元件。传感器通过对拍摄到的图像进行处理，来计算对象物体的特征量（面积、重心、长度、位置、颜色等），并输出数据和判断结果。

要实现机器人根据视觉信息完成相应动作，就必须完成图像坐标系、工作平面坐标系、机器人坐标系三者之间的转换，将图像坐标系中的某点与工作平面坐标系中的相应点对应起来，并且最终都表示在机器人坐标系中。这就需要进行摄像机的标定和坐标的提取，将图像坐标系和工作平面坐标系统一在机器人坐标系下。

图像处理的基本原理就是：由摄像机采集视频信号，将视频信息转化为数字化图像；然后通过视频处理卡及视频处理程序对数字图像进行灰度化、边缘检测、轮廓坐标重建等操作；最终将目标物形状及中心位置信息传输给上位运动控制程序，驱动机器人完成对目标物的操作。

二维视觉传感器。二维视觉传感器基本上就是一个可以执行多种任务的摄像头。从检测运动物体到传输带上的零件定位等，二维视觉在市场上已经出现了很长一段时间，并且占据了一定的份额。许多智能相机都可以检测零件并协助机器人确定零件的位置，机器人就可以根据接收到的信息适当调整其动作。

三维视觉传感器。三维视觉传感器分为被动传感器和主动传感器两大类。被动传感器通过摄像机等对目标进行拍摄，获取目标物图像；主动传感器通过传感器向目标投射光图像，接收返回信号，对距离进行测量。

三维视觉系统必须具备两个不同角度的摄像机或使用激光扫描器。通过这种方式检测对象的第三维度，根据目标物体的图像获取目标物体的轮廓形状来计算其位置信息，并将这些信息进行规范后传送给机器人控制系统。目标物体位置信息的自动化计算是三维视觉技术的重要环节。机器人系统根据规范后的目标物体空间坐标对机械手进行运动轨迹规划，控制机械手靠近目标物体并实施操作。

另外，还有其他视觉传感器：功能性视觉传感器，如人工视网膜传感器，图形处理能力强，使用灵活、快速、成本低；时间调制图像传感器，能把光检测器生成的入射光量，以及全体像素共同参照信号的时间相关值并行存储，以类似图像传感器那样输出，主要用在振动模态测量、图像特征提取、立体测量等方面；生物视觉传感器，通过模拟动物或人的眼睛的结构获取周围的信息，把获取的视觉信息传送给脑神经细胞进行处理，但目前在这方面的研究不够充分，离工业化的应用还比较远。

第三节　数字图像处理技术

数字图像处理，是指将图像信号转换成数字信号并利用计算机对其进行处理的过程。20 世纪 50 年代，电子计算机已经发展到一定水平，人们开始利用计算机来处理图形和图像信息，这便是早期的图像处理。早期图像处理的目的是改善图像的质量，它以人为对象，以改善人的视觉效果为目的。数字图像处理作为一门学科大约形成于 20 世纪 60 年代初期。图像处理中，一般输入的是质量低的图像，而输出的是改善质量后的图像，常用的图像处理方法有图像增强、复原、编码、压缩等。

一、数字图像处理常用方法

▶ 1. 图像编码压缩

图像编码压缩技术可减少描述图像的数据量（即比特数），以便节省图像传输、处理时间和减少所占用的存储器容量。压缩可以在不失真的前提下获得，也可以在允许的失真条件下进行。编码是压缩技术中最重要的方法，它在图像处理技术中是发展最早且比较成熟的技术。

▶ 2. 图像变换

由于图像阵列很大，直接在空间域中进行处理，涉及计算量很大，因此，往往采用各种图像变换的方法，如傅立叶变换、沃尔什变换、离散余弦变换等间接处理技术，将空间域的处理转换为变换域处理。这样不仅可减少计算量，而且可以获得更有效的处理（如傅立叶变换可在频域中进行数字滤波处理）。小波变换这种方式在时域和频域中都具有良好的局部化特性，它在图像处理中也有着广泛而有效的应用。

3. 图像描述

图像描述是图像识别和理解的必要前提。作为最简单的二值图像可采用其几何特性描述物体的特性，一般图像的描述方法采用二维形状描述，它有边界描述和区域描述两类方法。对于特殊的纹理图像可采用二维纹理特征描述。随着图像处理研究的深入发展，已经开始进行三维物体描述的研究，提出了体积描述、表面描述、广义圆柱体描述等方法。

4. 图像分割

图像分割是数字图像处理中的关键技术之一。图像分割是将图像中有意义的特征部分提取出来，其有意义的特征如图像中的边缘、区域等，这是进一步进行图像识别、分析和理解的基础。虽然目前已研究出不少边缘提取、区域分割的方法，但还没有一种普遍适用于各种图像的有效方法。因此，对图像分割的研究还在不断深入之中，是目前图像处理研究中的热点之一。

5. 图像增强和复原

图像增强和复原的目的是为了提高图像的质量，如去除噪声、提高图像的清晰度等。图像增强不考虑图像降质的原因，突出图像中所感兴趣的部分，如强化图像高频分量，可使图像中物体轮廓清晰，细节明显；强化低频分量可减少图像中噪声影响。图像复原要求对图像降质的原因有一定的了解，一般应根据降质过程建立"降质模型"，再采用某种滤波方法，恢复或重建原来的图像。

6. 图像分类（识别）

图像分类（识别）属于模式识别的范畴，其主要内容是图像经过某些预处理（增强、复原、压缩）后，进行图像分割和特征提取，从而进行判决分类。图像分类常采用经典的模式识别方法，有统计模式分类和句法（结构）模式分类，近年来新发展起来的模糊模式识别和人工神经网络模式分类在图像识别中也越来越受到重视。

二、 图像的基本属性

1. 图像的亮度

亮度也称为灰度，它是颜色的明暗变化，常用 0% ～ 100%（由黑到白）表示。以下三幅图是不同亮度对比（图 9-3-1）。

图 9-3-1　亮度对图像色彩的影响

▶ 2. 图像的对比度

对比度即画面黑与白的比值，也就是从黑到白的渐变层次。比值越大，从黑到白的渐变层次就越多，从而色彩表现越丰富。以下三幅图是不同对比度下的画面对比（图9-3-2）。

图9-3-2　对比度对图像色彩表现的影响

▶ 3. 直方图

直方图表示图像中具有每种灰度级的像素的个数，反映图像中每种灰度出现的频率。图像在计算机中的存储形式，就像是有很多点组成的一个矩阵，这些点按照行列整齐排列，每个点上的值就是图像的灰度值。直方图就是每种灰度在这个点矩阵中出现的次数，如图9-3-3所示。

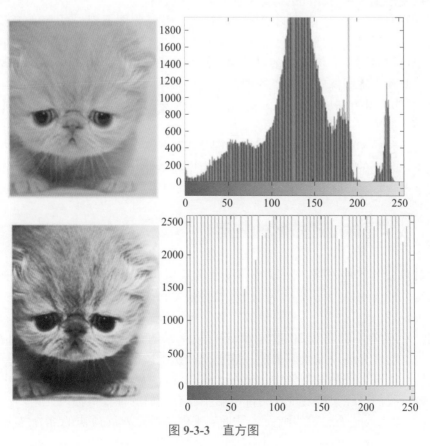

图9-3-3　直方图

4. 图像的噪声

就像对于听觉而言，在打电话时对方说话我们有时候会听到很嘈杂的噪声，以至于听不清楚对方在说什么。同样的，对于图像，原本我们可以很清晰地看到一幅图像，但是有时候图像上会有一些我们不需要的图案，使我们无法很清楚地看清一幅图，这就是图像的噪声（图 9-3-4）。

带噪声的图　　　　　算术平均滤波后的图　　　　　中值滤波后的图　　　　　无噪声图

图 9-3-4　图像的噪声

除了以上我们介绍过的几种常用的数字图像处理技术方法外，一般还有：

❶ 直方图均衡化。通过灰度变换将一幅图像转换为另一幅具有均衡直方图的图像，即在一定灰度范围内具有相同的像素点数的图像的过程。

❷ 图像的加减运算。两幅图像的加减运算，就是将图像对应的存储矩形点列上的灰度值进行加减运算。图像相加可以将一幅图像的内容加到另一幅图像上，可以实现二次曝光，也可以对同一个场景的多幅图像求平均值，这样可以降低噪声。图像相减可以用于运动检测或去除图像中不需要的加性图案。

❸ 常用的去噪方法。主要是采用滤波器对带噪声图像进行滤波处理，如算术平均滤波、中值滤波等。

随着计算机技术的发展，数字图像处理技术已经深入到我们生活中的方方面面。其中，在娱乐休闲上的应用更是深入人心，如电影特效制作、电子游戏、数码相机、视频播放、数字电视等。

三、数字图像处理技术的应用

随着计算机技术的发展，图像处理技术已经深入到我们生活中的方方面面，其中，在娱乐休闲上的应用已经深入人心。图像处理技术在娱乐中的应用主要包括：电影特效制作、电子游戏、数码相机、视频播放、数字电视等 。

❶ 电影特效制作：自从 20 世纪 60 年代以来，随着电影中逐渐运用了计算机技术，一个全新的电影世界展现在人们面前。这也是一次电影的革命，越来越多计算机制作的图像被运用到了电影作品的制作中，其视觉效果的魅力有时已经大大超过了电影故事的本身。如今，我们已经很难发现在一部电影中没有任何的计算机数码元素。

❷ 电子游戏：电子游戏的画面，是近年来电子游戏发展最快的部分之一。从 1996

年到现在，游戏画面的进步简直可以用突飞猛进来形容。随着图像处理技术的发展，众多在几年前无法想象的画面在今天已经成了平平常常的东西。

❸ 数码相机：所谓数码相机，是一种能够进行拍摄，并通过内部处理把拍摄到的景物转换成以数字格式存放图像的特殊照相机。与普通相机不同，数码相机并不使用胶片，而是使用固定的或者是可拆卸的半导体存储器来保存获取的图像。数码相机可以直接连接到计算机、电视机或者打印机上。在一定条件下，数码相机还可以直接接到移动式电话机或者手持 PC 机上。由于图像是内部处理的，所以使用者可以马上检查图像是否正确，而且可以立刻打印出来或是通过电子邮件传送出去。

❹ 视频播放与数字电视：家庭影院中的 VCD、DVD 播放器和数字电视中，大量使用了视频编码解码等图像处理技术，而视频编码解码等图像处理技术的发展，也推动了视频播放与数字电视图像高清晰、高画质发展。

第四节　视觉传感器在汽车上的应用

随着电子化、信息化与人工智能技术的发展，小型化和嵌入式的视觉传感器得到了广泛应用。人们可以从车载摄像头中获得更智能的结果，即通过摄像头的视场，感知驾驶环境。前面提到智能驾驶汽车使用的摄像头主要有单目摄像头、双目摄像头、红外摄像头以及各种摄像头的组合形式。

智能驾驶汽车的视觉传感器可实现车道偏离警告、前方碰撞预警、行人碰撞预警、交通标志识别、盲点监控、驾驶人注意力监控、全景环视、泊车辅助和车道保持辅助等功能。

1. 车道偏离警告系统

车道偏离警告系统是一种通过及时警告来辅助驾驶人，以减少因为车道偏离引起交通事故的系统，主要通过摄像头作为环境感知传感器。

当车道偏离系统打开时，摄像头将持续检测环境，在各种气候、光照条件下，通过图像处理识别车道线，感知道路几何形状并获得当前车道中的车辆位置参数，结合车辆状态传感器获得车速、转向灯状态、转向盘转角等车辆动态参数，通过车道偏离评估算法评估车道偏离的可能性（根据转向盘的方向、车辆的速度、车辆与车道的角度来估算偏离时间），必要时通过声音、仪表显示、转向盘/座椅振动等人机交互方式提醒驾驶人。如果驾驶人打开转向灯并正常改变车道，车道偏离警告系统将不会给出任何提示。当车辆异常偏离车道时，传感器将及时收集车辆数据和驾驶人的操作状态，然后由控制器发出警报信号，为驾驶人提供更多的反应时间（图 9-4-1）。

2. 车道保持辅助系统

车道保持辅助系统基于车道偏离警告系统，在驾驶人未能及时响应预警，或者驾驶人将转向任务完全交给自动驾驶系统控制时，控制转向器等底盘执行机构，使车辆保持在车道内安全行驶。

图 9-4-1　车道偏离警告系统

3. 汽车防碰撞系统

汽车防碰撞系统主要用于协助驾驶人避免追尾、与行人 / 非机动车等交通参与者碰撞、与道路上其他障碍物碰撞等交通事故。汽车防碰撞系统基于摄像头、雷达或多种传感器组合方式，检测前方障碍物并评估碰撞风险，根据风险等级进行各级预警，直至主动制动等方式提醒驾驶人或者主动控制车辆，避免碰撞事故发生。如图 9-4-2 所示，防碰撞系统使用雷达和摄像头探测汽车前方的行人。如果汽车接近行人，风窗玻璃上首先会亮起红色警告灯，同时鸣响警报声提醒驾驶人。如果碰撞危险进一步增加，辅助紧急制动系统开始起作用，减小制动衬块和制动盘之间的距离以缩短制动时间，同时还会增加制动液压，即使驾驶人没有用力踩制动踏板也能进行最有效的制动。如果车辆仍未制动，而系统认为即将发生碰撞，汽车会进行自动制动，最大限度地降低车速，进而避免事故或减少事故带来的伤害。

图 9-4-2　汽车防碰撞系统

4. 交通标志识别系统

如图 9-4-3 所示，车辆安全系统的交通标志识别系统利用前置摄像头组合模式通过特征识别算法，识别道路上的交通标志，发出预警信号或自动调整车辆运行状态，从而提高车辆的安全性和合规性。此功能可以辅助驾驶人及时发现交通标志。

交通标志可分为警告标志、禁止标志、指示标志等。根据交通标志颜色和形状的预先设计，可以提前对不同的交通标志进行分类，并将颜色形状分类的结果作为交通标志检测和识别的先验知识。可采用的视觉分类识别方法主要包括基于不同距离的模板匹配识别方法、大量数据样本的机器学习识别方法、粒子群优化和遗传算法等智能算法的识别方法等。

图 9-4-3　交通标志识别系统

交通标志识别系统包括检测和识别两部分，由于各国、各地区的交通标志设计标准和规范有很大区别，还需要根据不同区域的交通标志对识别算法进行调整。交通标志通常处于复杂的环境条件下，识别过程易受环境照明和转向的影响。

交通标志识别功能可以帮助驾驶人及时发现并识别各类交通标志，避免了因没有及时发现交通指示而违反交通法规等情况，提高了车辆行驶的安全，是智能交通系统和先进辅助驾驶系统的重要组成部分。

5. 换道辅助系统

换道辅助系统主要功能是扫除后视镜盲区，主要通过侧方摄像头、后视摄像头或雷达来检测盲区内影响车辆换道的交通参与者，并通过仪表、后视镜指示灯等方式提示驾驶人，避免因为驾驶人视觉盲区导致换道/转向过程中发生事故。

由于车辆后视镜中有一个视觉盲区，因此在换道或转向过程中，可能无法及时估计或者看到盲区中的车辆，如果盲区内有车辆，则会发生车道碰撞。另外，在大雨、雾天、夜间光线暗淡的情况下，更难看到后面的车辆，换道或者转向发生交通事故的风险也会增加。

换道辅助系统可以解决后视镜盲点问题，如图 9-4-4 所示，摄像头或者雷达用于探测车辆两侧后视镜盲点内的超车车辆，提醒驾驶人在变道过程中注意后视镜盲点，避免事故的发生。

当在盲区检测到对换道或转向有影响的车辆时，安装在后视镜的指示灯闪烁。如果驾驶人没有注意到指示灯的闪烁并准备换车道，在发生碰撞的危险前，系统会及时发出声音警报，再次提醒驾驶人换车道很危险，不应换车道。未来随着感知手段的丰富，感知能力的不断提升，系统会在危险即将发生时主动控制车辆，进一步防止因为驾驶人误操作导致的事故。在换道辅助系统的辅助下，驾驶过程中不间断的检测和提醒，可以有效防止因恶劣天气、驾驶人疏忽、后视镜盲点、新手上路等驾驶过程中的潜在危险造成交通事故。

图 9-4-4　换道辅助系统

6. 驾驶人监控系统

驾驶人监控系统包括疲劳监控、驾驶行为监控、注意力监控等。它不断检测驾驶人的驾驶状态，使驾驶人保持安全驾驶所需的注意力，以及在自动驾驶和人工驾驶切换过程中，保证驾驶人有足够时间接管车辆。

驾驶人监控可以分为两种类型：一种是间接式监控，即通过驾驶人对车辆的操纵，判断驾驶人是否处于正常驾驶状态；另一种是直接式监控，即通过摄像头对驾驶人的视线、面部状态等进行跟踪，判断驾驶人状态是否满足安全驾驶需求。

7. 泊车辅助系统

如图 9-4-5 所示，泊车辅助系统是用于泊车或倒车的安全辅助装置。

自动泊车辅助系统实现过程包括车位检测、泊车路径规划、自动泊车控制等。其中车位检测可以通过超声波雷达或者视觉传感器检测车位线 / 泊车空间实现，而泊车路径规划则由自动泊车辅助系统完成。自动泊车控制过程中，自动泊车辅助系统根据车辆与车位的相对位置，对驱动、制动、转向甚至换挡和驻车制动系统进行控制。

图 9-4-5　泊车辅助系统

在自动泊车辅助系统应用的初级阶段，有时系统只能实现侧向车位/垂直车位的检测与路径规划，控制过程中有时需要驾驶人在车上辅助换挡或者保持车速在 5 ～ 10km/h以下。由于技术的限制，有些自动泊车辅助系统虽然允许驾驶人在车外，但是需要随时监控车辆周围环境，例如通过一直按住手机 APP 上的按钮方式实现自动泊车，一旦松手，系统就会终止并停车。

随着智能网联汽车感知手段的不断发展，自动泊车辅助系统的智能化水平会不断提升，驾乘人员可以在离停车场更远的地方离开车辆，由车辆自主完成泊车，且车辆能够响应人的召唤从停车场驶出，自主泊车可以适应的泊车位（甚至无明确泊车标志的泊车空间）的种类也会越来越复杂。这样自动泊车辅助系统就能够提供更舒适的驾乘体验。

8. 红外夜视系统

红外夜视系统采用红外夜视技术实现对夜间行车过程中环境的感知。夜间行车对驾驶人来说是最危险的，因为驾驶人在夜间的能见度很差，而且灯光的范围和亮度有限。在红外夜视系统的辅助下，驾驶人可以不受光照影响了解道路的行驶条件，尤其在检测行人等有明显红外辐射的物体时，红外夜视系统具有明显的优势，如图 9-4-6 所示。

图 9-4-6　红外夜视系统

9. 全景环视系统

如图 9-4-7 所示，全景环视系统包括多个安装在汽车周围的摄像头、图像采集组件、视频合成/处理组件、数字图像处理组件和车辆显示器。

这些装置可以同时采集车辆周围的图像，由图像处理单元进行变形恢复→视图转换→图像拼接→图像增强，最终形成车辆 360° 全景视图。通过更复杂的空间图像拼接算法，可以消除传统俯视图拼接带来的近距离畸变，提供一种立体环视的效果，能够更好地辅助驾驶人理解车辆周围环境。

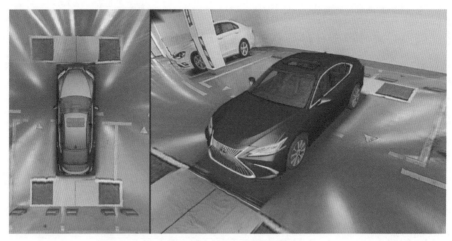

图 9-4-7　全景环视系统

10. 电子后视镜

　　如图 9-4-8 所示，电子后视镜通过摄像头成像，并将后视图像投影到车内的显示屏上，取代传统的镜片式后视镜。这种技术能够有效地降低风阻，提供更加全面灵活的视野，减小后视盲区。

　　电子后视镜对摄像头的各方面要求更高，在高像素、无畸变、宽动态、低照度、高可靠性方面都有着极高的要求。另外，因为技术问题，目前电子后视镜在大部分国家还不能在汽车市场上使用。

图 9-4-8　电子后视镜

　　但是，由于电子后视镜的诸多优点，一些国家已经开始为电子后视镜的应用放开了相关法规。日本为鼓励汽车产业发展，在 2016 年通过了一项新法规，允许无后视镜汽车上路。而且据称在 2023 年前，日本 29% 的汽车将使用摄像头代替后视镜，且 12% 的汽车将不再有侧镜。特斯拉、通用、大众等车厂也向美国国家公路交通安全管理局（NHTSA）申请用摄像头代替后视镜，奥迪也在与各国相关专家接洽，争取使电子后视镜早日合法化，并能够普及开来。

11. 智能照明系统

　　一方面，照明系统是保证车辆能够在环境光线不足情况下，补充灯光满足环境感知需求的重要系统；另一方面，照明系统也可以通过灯光变化与环境中其他交通参与者交互，是汽车安全性的重要保证。为了适应汽车自动驾驶和数字化的趋势，具备智能视觉传感器的灯光系统正逐步用于汽车照明系统，如图 9-4-9 所示。智能照明系统可以调整灯光满足驾驶人与前视摄像头的照明需求，同时摄像头可以感知环境，进一步控制前照灯的光形、光强等变化。未来智能照明系统不仅能够主动辅助驾驶人更好地看见环境，还能通过智能化技术辅助驾驶人或者自动驾驶系统更好地理解环境。

图 9-4-9　智能照明系统

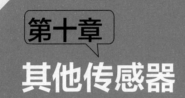

其他传感器

第一节 电流传感器

一、晶体管式电流传感器

晶体管式电流传感器电路图如图 10-1-1 所示，它内部设有检测电流用电阻。使负荷电流通过该电阻，并利用运算放大器（OP 比较电路）将其电压降值与基准电压进行比较，当电流检测电阻的电压降低于基准电压时，比较器的输出电流点亮报警灯。

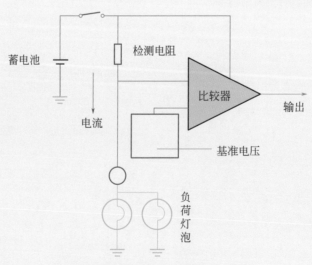

图 10-1-1　晶体管式电流传感器电路

图 10-1-2 所示是晶体管式电流传感器检测制动灯灯丝断开的工作原理。在车上使用 2 ～ 4 个灯的电路中，当有 1 个或 1 个以上灯丝断线或总功率不足时，可以使报警灯点亮。

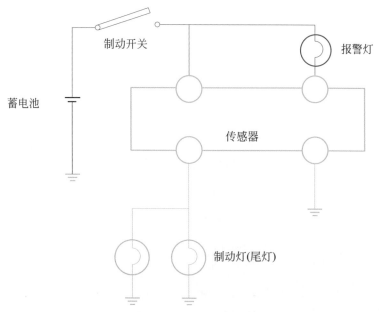

图 10-1-2　制动灯灯丝断开检测系统电路

扫码看视频

电流传感器具有适应灯泡电流的电压补偿特性，其特性曲线如图 10-1-3 所示。

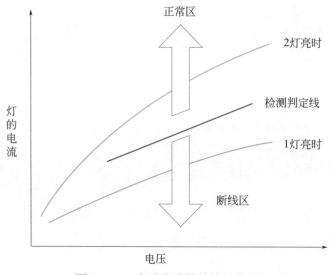

图 10-1-3　电流传感器的特性曲线

扫码看视频

 ## 二、集成电路式灯泡断丝检测传感器

集成电路式灯泡断丝检测传感器用于检测前照灯、尾灯、制动灯、牌照灯的灯丝状况。它可以检测出灯泡全部点亮时的电流与 1 个灯泡灯丝断开时的电流变化量，然后，将断丝或功率不足的信息通过点亮报警灯方式向驾驶员报警。该报警系统电路如图 10-1-4 所示。

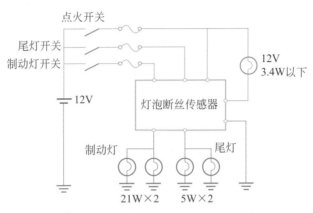

图 10-1-4　灯泡断丝检测系统电路

集成电路式（IC）灯泡断丝检测传感器是利用 IC 比较器进行检，其特性可用图 10-1-5 说明，在图中判断基准 c 设定在灯全亮时的电流特性 a 与 1 个灯泡断丝电流特性 b 的变化范围之间，由此可以检测出灯泡有无断丝。

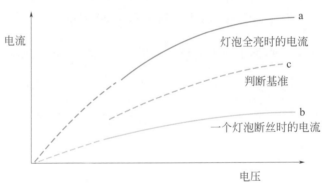

扫码看视频

图 10-1-5　集成电路式灯泡断丝检测传感器的特性

三、舌簧开关式电流传感器

舌簧开关式电流传感器广泛用在汽车照明系统中，主要用于检测制动灯、尾灯、牌照灯及制动灯的灯丝是否有断开的，如果有 1 个或 1 个以上的灯泡灯丝断丝时，报警灯点亮。它的外形与结构如图 10-1-6 所示。

舌簧开关式电流传感器在其电流线圈的外面绕有电压补偿线圈，它的作用是防止电压的变化引起传感器的误动作。在骨架的中间设置有舌簧开关。

舌簧开关式电流传感器工作原理电路如图 10-1-7 所示，当灯泡控制开关闭合时，若灯泡全部工作正常，电流线圈中有额定电流流过。这时在线圈产生的磁力的作用下，舌簧开关闭合。如果有灯泡断丝，相应的电流线圈中的电流减少，磁力减弱，使舌簧开关断开，同时报警灯点亮对驾驶员发出警报提醒。

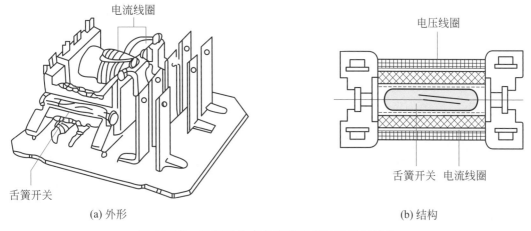

电流线圈

电压线圈

舌簧开关

舌簧开关　电流线圈

(a) 外形

(b) 结构

图 10-1-6　舌簧开关式电流传感器的外形与结构

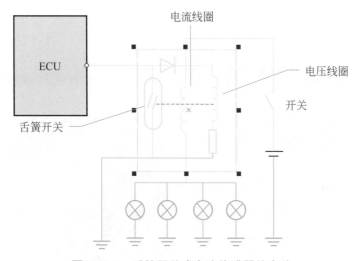

电流线圈

ECU

电压线圈

开关

舌簧开关

图 10-1-7　舌簧开关式电流传感器的电路

四、 电阻 - 集成电路式电流传感器

电阻 - 集成电路式电流传感器用于检测尾灯、牌照灯、制动灯及前照灯是否断丝。当出现断丝时，传感器接通电路，点亮报警灯通知驾驶员。

电阻 - 集成电路式电流传感器检测灯泡断丝电路原理如图 10-1-8 所示。电路内部有比较放大器 IC1，这是专门用于检测断丝的集成电路，C 点处有基准电压形成。在正常情况下，电流检测电阻 R_1 上的电流要大于基准电流，A 点电压低于基准电压，比较放大器 IC1 的输出为 0，晶体管 T 截止，报警灯不亮。

当有灯泡出现断丝时，电阻 R_1 上的电流减少，A 点电位升高并高于基准电压。这时，比较放大器 IC1 的输出为 1，晶体管 T 的基极中有电流通过，T 导通，报警灯点亮，向驾驶员发出故障警告。

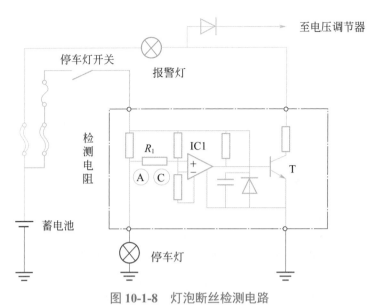

图 10-1-8　灯泡断丝检测电路

五、HV 蓄电池组电流传感器

HV 蓄电池组电流传感器安装在 HV 蓄电池正极电缆侧，如图 10-1-9 所示。它检测流入和流出 HV 蓄电池的电流大小。

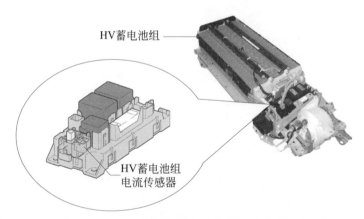

图 10-1-9　HV 蓄电池组电流传感器的安装位置

HV 蓄电池组电流传感器与蓄电池智能控制单元的连接电路如图 10-1-10 所示。蓄电池智能控制单元接收 0V 和 5V 之间的电压，此电压与电缆的电流成比例，电流传感器输出特性曲线如图 10-1-11 所示。该电压从蓄电池电流传感器进入端子 IB。蓄电池电流传感器输出电压低于 2.5V 表示 HV 蓄电池正在放电，电压高于 2.5V 表示 HV 蓄电池正在充电。

根据从蓄电池电流传感器输入到蓄电池智能控制单元端子 IB 的信号，混合动力车辆控制 ECU 确定由 HV 蓄电池接收的充电量或放电量的电流大小。根据累计的电流，混合动力车辆控制 ECU 也计算 HV 蓄电池的 SOC（充电状态）。

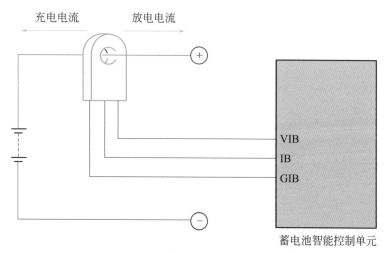

图 10-1-10　HV 蓄电池组电流传感器电路

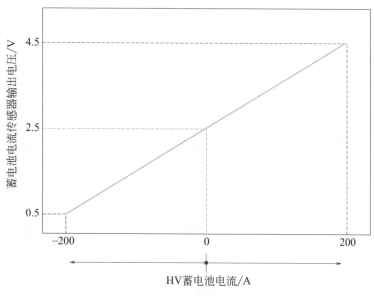

图 10-1-11　电流传感器输出特性曲线

 第二节　光照传感器

 日照传感器

1. 日照传感器作用与安装位置

日照传感器检测日照的强度与方向。它安装在仪表板除霜通风口之间的一个黑色塑料滤光器下面，阳光透过滤光器照射下来。

2. 日照传感器的结构

日照传感器壳体中含有两个光电二极管与一个光学元件，如图 10-2-1 所示。该光学元件分为两个腔室，每个各含一个光电二极管。

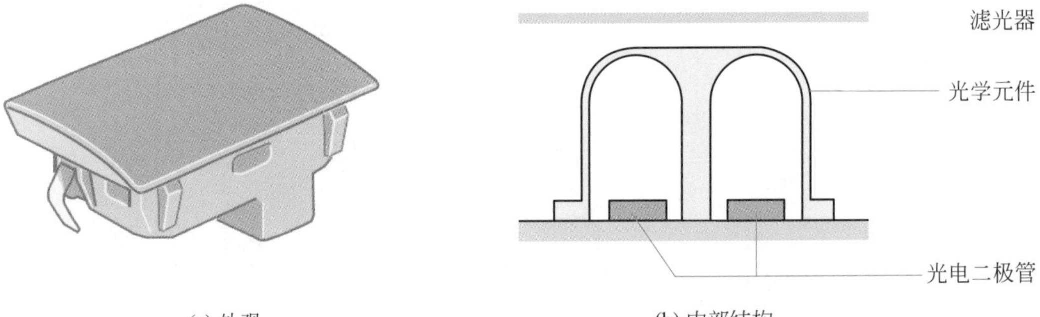

(a) 外观　(b) 内部结构

图 10-2-1　日照传感器的结构

3. 日照传感器的工作原理

日照传感器的工作原理如图 10-2-2 所示。如果阳光从左侧照射到传感器上，光学元件本身的特性会将射线集中到左侧光电二极管上，此时该侧光电二极管上产生的电流会明显地大于另一侧的光电二极管，如图 10-2-2（a）所示。如果阳光从右侧照射，那么该侧的光电二极管就具有更高的电流，如图 10-2-2（b）所示。这样，空调系统控制单元就可以判定车内的哪一侧受太阳影响而升温。

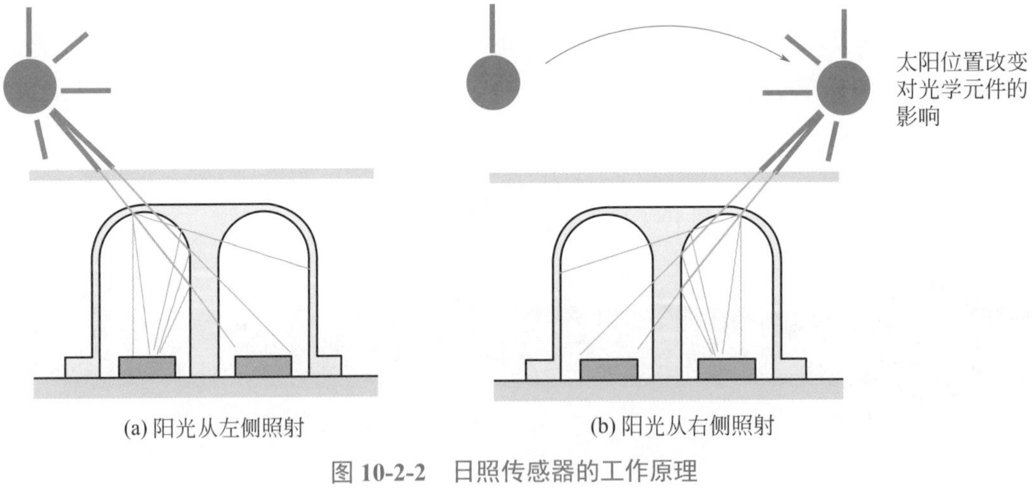

(a) 阳光从左侧照射　(b) 阳光从右侧照射

图 10-2-2　日照传感器的工作原理

二、光电式光量传感器

光电式光量传感器可以把周围亮度的变化转换成元件电阻值的变化。这种特性可以用在车上各种灯具亮灯、熄灯的自动控制。

光电式光量传感器是由半导体元件硫化锡做成的，其结构如图 10-2-3（a）所示。在该传感器中，光电元件硫化镉为多晶硅结构，在传感器中把硫化镉做成曲线形状，目的是增大与电极的接触面积，从而提高该传感器的灵敏度。光电元件硫化镉的特性如图 10-2-3（b）所示。它的特性是，当周围较暗时，其电阻值变大；面当周围较亮时，它的电阻值又会变小。

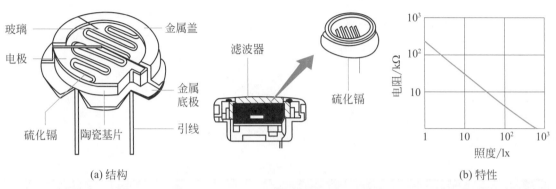

图 10-2-3　光电式光量传感器的结构及特性

光电式光量传感器在汽车上的安装位置与结构如图 10-2-4 所示。灯光控制器安装在仪表板的上方，到傍晚时，它使尾灯点亮；当天色变得更暗时，前照灯被点亮；当对面来车时，还具有变光功能，这些功能都是自动完成的。

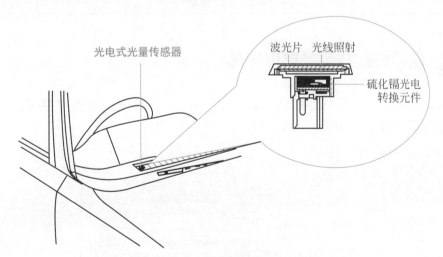

图 10-2-4　光电式光量传感器安装位置与结构

灯光控制器的系统工作原理电路如图 10-2-5 所示。当点火开关接通后，也就是把灯光控制器的转换开关置于 AUTO（自动）挡，控制器获得传感器输入信号，自动控制尾灯及前照灯的亮灭；当关闭点火开关后，控制器的电源电路被切断，这时与周围环境条件无关，车灯熄灭。此外，利用灵敏度调整电位器可以调整自动亮灯及熄灯的敏感程度。灯光控制器的工作情况见表 10-2-1。

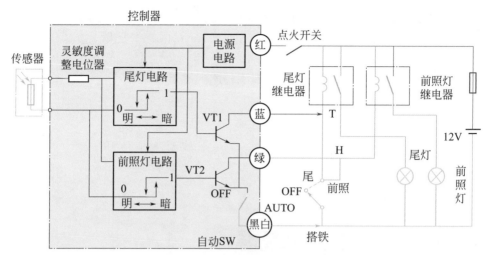

图 10-2-5　灯光控制器电路

表 10-2-1　灯光控制器的工作情况

周围条件	尾灯电路		前照灯电路		尾灯小灯	前照灯
	输出	Tr1	输出	Tr2		
明亮（传感器电阻小）	0	OFF	0	OFF	灯灭	灯灭
稍暗（传感器电阻稍大）	1	ON	0	OFF	灯亮	灯灭
很暗（传感器电阻很大）	1	ON	1	ON	灯亮	灯亮

三、自动控制器用光量传感器

自动控制器用光量传感器的结构如图 10-2-6 所示。它把自动控制继电器作为混合集成电路的基片和传感器形成一个整体。

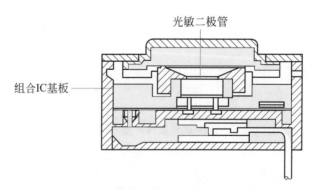

图 10-2-6　自动控制器用光量传感器的结构

光量传感器上的光敏二极管的工作原理如图 10-2-7（a）所示，PN 结上有光照射时，PN 结吸收光能产生大量的电子和空穴，P 型半导体上产生的电子向 N 型半导体中移动，N 型半导体上产生的空穴向 P 型半导体上移动。所以，当把半导体分别装上电极并从外部短路时，从 P 侧电极到 N 侧电极有电流通过，光敏二极管就是利用这种现象制作的。光敏二极管中的电流与照射到元件上的光量成正比，如图 10-2-7（b）所示。

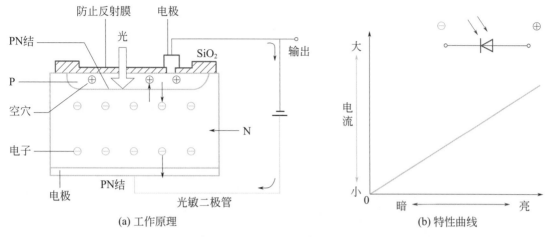

(a) 工作原理

(b) 特性曲线

图 10-2-7　光量传感器上的光敏二极管的工作原理及特性曲线

灯光自动控制器可以自动地点亮和熄灭前照灯、尾灯。灯光自动控制器主要由光量传感器、尾灯继电器和前照灯继电器等组成。灯光自动控制逻辑电路如图 10-2-8 所示，该系统在进行自动控制时的工作状况如表 10-2-2 所示。

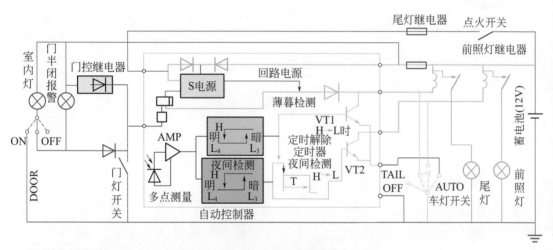

图 10-2-8　灯光自动控制逻辑电路

表 10-2-2　灯光自动控制器的部件工作状况

序号	车灯开关	点火开关	司机座上门灯开关	环境状况	尾灯	前照灯
1	OFF 挡	—	—	—	×	×
2	尾灯挡	—	—	—	○	×
3	前照灯挡	—	—	—	○	○
4	自动挡	ON 挡	OFF 挡	明亮	×	×

续表

序号	车灯开关	点火开关	司机座上门灯开关	环境状况	尾灯	前照灯
5	自动挡	ON 挡	OFF 挡	稍暗	○	×
6	自动挡	ON 挡	OFF 挡	暗	○	○
7	自动挡	ON 挡	OFF 挡	瞬间明亮	○	○
8	自动挡	ON 挡	OFF 挡	暗	○	○
9	自动挡	ON 挡	ON 挡	暗	×	×
10	自动挡	OFF 挡	OFF 挡	暗	×	×
11	自动挡	OFF 挡	OFF 挡	暗	○	○
12	自动挡	ON 挡	OFF 挡	暗	○	○

注：○灯亮；×灯灭。

第三节　湿度传感器

 热敏电阻式湿度传感器

1. 热敏电阻式湿度传感器的作用

热敏电阻式湿度传感器用于汽车风窗玻璃的防霜和车内相对湿度的检测。

2. 热敏电阻式湿度传感器的结构与工作原理

热敏电阻式湿度传感器装有金属氧化物系列陶瓷材料制成的多孔烧结体，传感器就是依靠结体表面对水分的吸附作用来工作的。当烧结体吸附了水分子时，其电阻值就会发生变化，根据这一变化就可以检测出车内湿度的变化，其结构与工作特性如图 10-3-1 所示。从曲线图中可以看出，当湿度增加时，传感器的电阻值减小，当相对湿度从 0% 变化到 100% 时，传感器的电阻值有数千倍变化。这种传感器的电阻值随温度变化而变化，所以给湿度传感器再配以温度补偿热电阻后，才能提高测试精度。

3. 热敏电阻式湿度传感器的检测

可用欧姆表来测量湿度传感器的电阻值大小。当湿度变化时，电阻值应当改变，相对湿度越大，电阻值越小；相反，其电阻值越大。否则应更换湿度传感器。

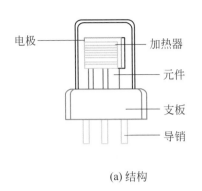

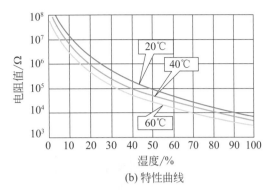

(a) 结构　　　　　　　　　(b) 特性曲线

图 10-3-1　湿度传感器的结构与特性曲线

二、结露传感器

▶ 1. 结露传感器的作用

结露传感器用于检测车窗结露。当处于结露状态时，传感器使汽车空调以除霜方式工作，从而保持车内乘员的良好视野。

▶ 2. 结露传感器的结构与工作原理

在接近结露状态的湿度区域，厚膜状陶瓷半导体的电阻值将急剧地变化，结露传感器就是利用这一原理制成的。

结露传感器内部由电极、感湿膜、热敏电阻及铝基板组成，其结构及特性如图 10-3-2 所示。在高湿度情况下，传感器把湿度转换成电阻值的变化并对湿度进行测定，测试精度高，响应特性好。

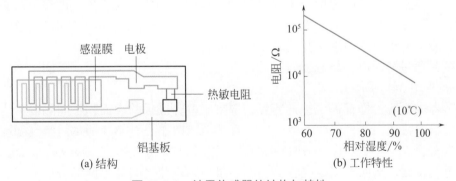

(a) 结构　　　　　　　　　(b) 工作特性

图 10-3-2　结露传感器的结构与特性

三、空气湿度传感器

▶ 1. 空气湿度传感器的作用

空气湿度传感器的所有功能都集中在传感器壳体中。为了能够进行自动除霜功能的自适应控制，空气湿度传感器检测空气湿度、传感器处的相关温度和挡风玻璃温度三个测量值。

2. 空气湿度传感器的安装位置

在外界温度很低的情况下，挡风玻璃上部的三分之一会变得非常冷因而容易起雾。为了能测量到该区域，空气湿度传感器安装在后视镜的根部，如图 10-3-3 所示。

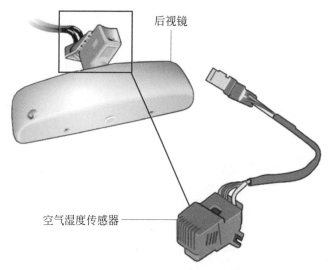

后视镜

空气湿度传感器

图 10-3-3　空气湿度传感器的安装位置

3. 空气湿度传感器的结构与工作原理

（1）测量空气湿度　测量空气湿度，就是确定座舱内气态水（水蒸气）所占的比例。空气吸收水蒸气的能力取决于空气温度。这就是为什么在测量湿度等级时必须确定相关的空气温度。空气越热，吸收的水蒸气就越多。若富含水蒸气的空气冷却下来后，水分就会冷凝，形成细小水滴并附着在挡风玻璃上。

湿度是通过薄层电容传感器测量的。空气湿度传感器的工作模式等同于平行极板电容器，如图 10-3-4 所示。

电容器的电容，即存储电能的容量，取决于电容极板的表面积、间隔以及两极板之间填充材料的特性，此材料叫做电介质，其基本结构如图 10-3-4 所示。空气湿度测量的基本原理如图 10-3-5 所示。这种特殊的电容器可以吸收水蒸气。吸收的水分改变了电介质的电气特性，从而改变了电容器的电容量，所以测得的电容值就表示了空气湿度。传感器电子装置将所测的电容值转换成电压信号。

（2）传感器处测得的相关温度　为了确定空气湿度，湿度测量位置附近的温度也必须确定。此相关温度是很重要的，因为空气湿度非常依赖空气的温度。若湿度测量点距温度测量点太远，则该空气湿度可能不准确，因为温度的差异会导致湿度的不同。

（3）测量挡风玻璃温度　测量一个物体（这里是挡风玻璃）的红外线辐射，是用一个高灵敏度的红外线辐射传感器进行的。如果挡风玻璃的温度发生变化，在平垫圈发出的热辐射中，其红外部分也会变化。该传感器检测这种变化，并且传感器电子装置将其转换成电压信号。挡风玻璃温度测量原理如图 10-3-6 所示。

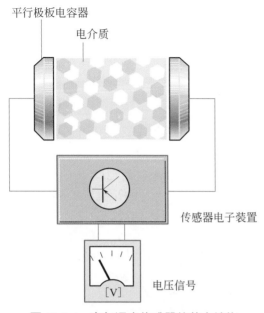

图 10-3-4　空气湿度传感器的基本结构

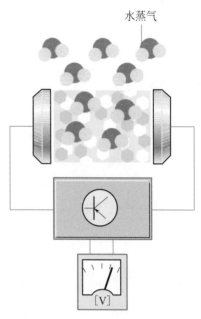

图 10-3-5　空气湿度测量的基本原理

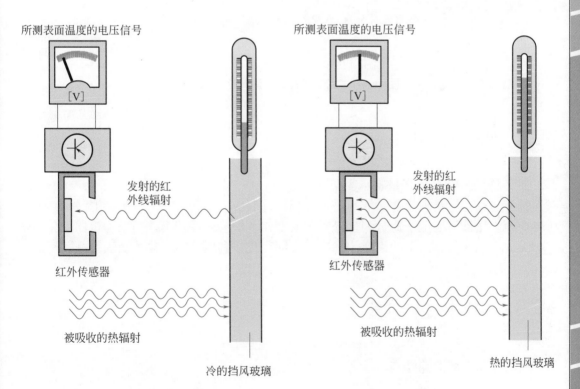

(a) 挡风玻璃的测量　　　　　　　　　(b) 热挡风玻璃的测量

图 10-3-6　挡风玻璃温度测量原理

一、 光电式转矩传感器

光电式转矩传感器是利用光电转换原理制成的，它具有很高的精确度和可靠性，其工作原理示意图如图 10-4-1 所示。光线从光源 S 沿平行轴线方向射出，通过横置于当中的一对挡片槽缝，到达光电转换器 D。由此可见，光电转换器 D 所接收到的光线强度是由槽缝重叠的程度所决定的。两槽缝挡片之间用弹性连接，当施以扭力时，挡片 1 与挡片 2 重叠，转矩越小，重叠越少，从槽缝通过的光线越多，而光电转换器输出的电压越高；反之，则电压越低。当电压输入给 ECU 后，就可实现对转矩的自动控制。

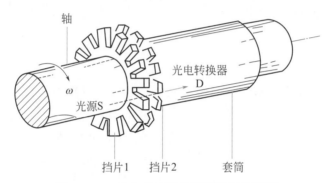

图 10-4-1　光电式转矩传感器的工作原理

 二、 磁性转矩传感器

磁致伸缩特性是指当材料承受负荷引致机械应力时，铁磁体的磁导率会发生变化。磁性转矩传感器就是利用铁磁体的磁致伸缩特性制成的。磁性转矩传感器通过电路的连接转化为电压信号输出，通过测量磁导率的变化，即可求得转矩。当发动机曲轴受到扭应力时，会引起传感器中的铁磁体的磁导率的变化，利用这一变化可实现对其转矩的测量，如图 10-4-2 所示。

 三、 扭杆扭矩传感器

▶ 1. 扭杆扭矩传感器的结构

扭杆扭矩传感器由主轴（输入轴）、扭杆、两个解析器和小齿轮轴（输出轴）组成，其结构如图 10-4-3 所示。传感器的两个解析器分别安装在主轴（输入轴）和小齿轮轴（输出轴）上，而主轴和小齿轮轴与扭杆耦合在一起。该结构产生相对角度差异（等于扭杆的扭转量）。驾驶员转动方向盘时，会产生主轴（输入轴）传输至解析器 1（输入侧）的角度与小齿轮轴（输出轴）传输到解析器 2（输出侧）的角度之间的差异。

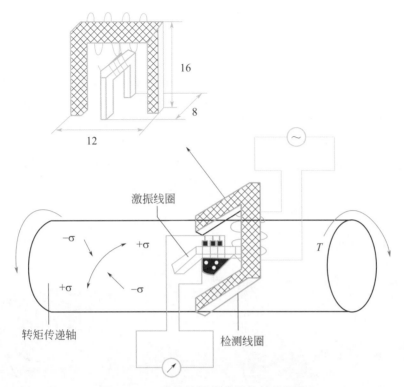

图 10-4-2　磁性转矩传感器的结构原理

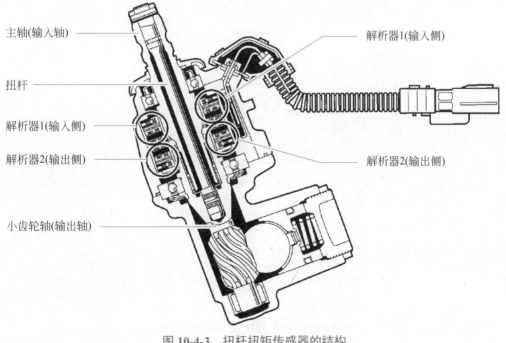

图 10-4-3　扭杆扭矩传感器的结构

2. 扭杆扭矩传感器的工作原理

（1）**直行时** 如果车辆直线行驶且驾驶员没有转动转向盘，则动力转向 ECU 总成判定此时输出规定电压，以指示方向盘位于中间位置。因此，无电流施加至动力转向马达。

（2）**转向时** 驾驶员转动转向盘时，解析器 1 和解析器 2 的转子部分之间产生相对角度差异，仅与扭杆的扭转量相等，如图 10-4-4 所示。解析器 1 和解析器 2 的定子部分以电信号形式接收转子角度并将其输出至动力转向 ECU 总成，扭矩传感器输出图像如图 10-4-5 所示。根据这些输入信号，动力转向 ECU 总成计算两个解析器检测到的角度之间的相对差异。动力转向 ECU 总成根据此差异来计算扭矩值。然后，动力转向 ECU 总成根据计算的扭矩值和车速来计算辅助电流。根据从转角传感器获得的信息，动力转向 ECU 总成以预定电流驱动动力转向电机。

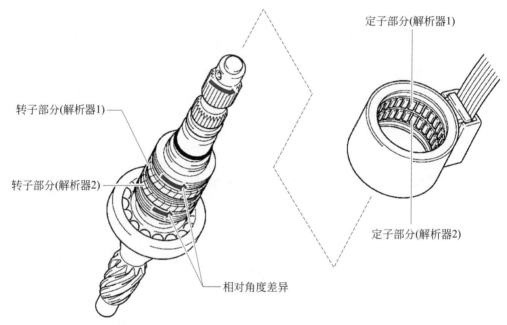

图 10-4-4　产生相对角度差异

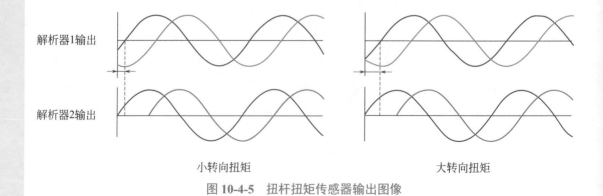

图 10-4-5　扭杆扭矩传感器输出图像

汽车在雨天或雪天行驶时，车窗易被雨滴、雪片遮盖，妨碍驾驶员的视线，因此需要设置自动刮水系统。其中的雨滴传感器用于检测出雨量，并利用控制器将检测出的信号进行变换，根据变换后的信号自动地按雨量设定刮水器的间歇时间，以便随时控制刮水器电动机，确保行车的前方视野。

 ## 压电式雨滴传感器

1. 压电式雨滴传感器的结构

压电式雨滴传感器由振动板、压电元件、放大电路、壳体及阻尼橡胶构成，如图 10-5-1 所示。

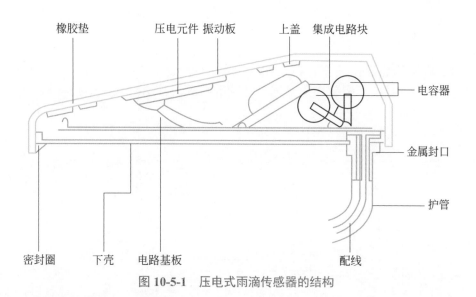

图 10-5-1　压电式雨滴传感器的结构

2. 压电式雨滴传感器的工作原理

振动板的功用是接收雨滴冲击的能量，按自身固有的振动频率进行弯曲振动，并将振动传递给内侧压电元件上。压电元件把从振动板传递来的变形转换成电压信号。雨滴检测用传感器上的压电元件的结构如图 10-5-2 所示，它是在烧结钛酸钡陶瓷片两侧加真空镀膜电极制成的，当压电元件上出现机械变形时，在两侧的电极上就会产生电压，如图 10-5-3 所示。因此，当雨滴落到振动板上时，压电元件上就会产生电压，电压大小与加到振动板上的雨滴能量成正比，一般为 $0.5 \sim 300\text{mV}$。放大电路将压电元件上产生的电压信号放大后再输入到刮水器放大器中。

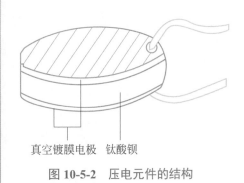

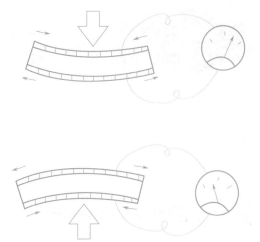

图 10-5-2　压电元件的结构

图 10-5-3　压电元件的工作原理

真空镀膜电极　钛酸钡

二、 光电式雨滴传感器

1. 光电式雨滴传感器的结构

光电式雨滴传感器由 2 个可以发出红外线的发光二极管（LED）、1 个可以接收红外线的光电二极管、1 个透镜和雨滴传感器胶带组成，其结构如图 10-5-4 所示。

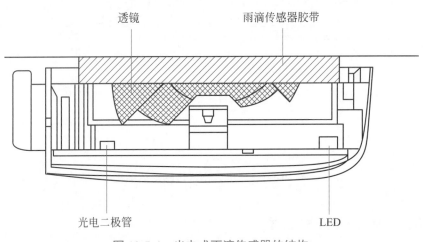

透镜　　　　　　　　　　雨滴传感器胶带

光电二极管　　　　　　　　　　　　LED

图 10-5-4　光电式雨滴传感器的结构

2. 光电式雨滴传感器的工作原理

光电式雨滴传感器的工作原理如图 10-5-5 所示。

如果检测区域内没有出现雨滴，则 LED 发出的红外线全部被挡风玻璃反射并被光电二极管接收，如图 10-5-5（a）所示。如果检测区域内有雨滴，由于折射率发生变化，会有部分红外线通过雨滴穿透挡风玻璃，从而减少了光电二极管接收到的红外线量，如

图 10-5-5（b）所示。减少量用于检测雨滴量。因此，为了以最佳刮水定时操作刮水器，该功能控制间歇、低速和高速刮水器操作。

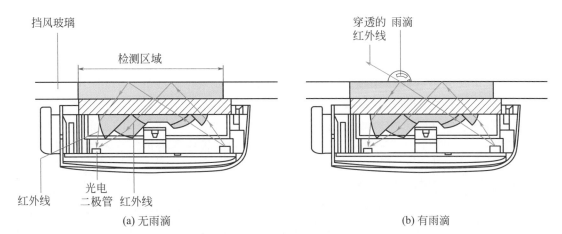

(a) 无雨滴   (b) 有雨滴

图 10-5-5　光电式雨滴传感器的工作原理

第六节　红外线传感器

一、红外线传感器介绍

红外线传感器是利用红外线来进行数据处理的一种传感器，有灵敏度高等优点。红外线传感器可以控制驱动装置的运行。红外线传感器常用于无接触温度测量、气体成分分析和无损探伤，在医学、军事、空间技术和环境工程等领域得到广泛应用。例如采用红外线传感器远距离测量人体表面温度的热像图，可以发现温度异常的部位。

红外线传感器是利用红外线的物理性质来进行测量的传感器。红外线又称红外光，它具有反射、折射、散射、干涉、吸收等性质。任何物质，只要它本身具有一定的温度（高于绝对零度），都能辐射红外线。红外线传感器测量时不与被测物体直接接触，因而不存在摩擦，并且有灵敏度高、反应快等优点。

二、红外线传感器组成

红外线传感器包括光学系统、检测元件和转换电路。光学系统按结构不同可分为透射式和反射式两类。检测元件按工作原理可分为热敏检测元件和光电检测元件。热敏元件应用最多的是热敏电阻。热敏电阻受到红外线辐射时温度升高，电阻发生变化（这种变化可能是变大也可能是变小，因为热敏电阻可分为正温度系数热敏电阻和负温度系数热敏电阻），通过转换电路变成电信号输出。光电检测元件常用的是光敏元件，通常由硫化铅、硒化铅、砷化铟、砷化锑、碲镉汞三元合金、锗及硅掺杂等材料制成。

三、红外线传感器分类

1. 主动式红外线传感器

把一对红外线发射与红外线接收的装置放在一起，组成一个红外线的对射系统，这样的系统被定义为主动式红外线传感器（图 10-6-1）。如果红外线的发射和接收系统之间的不可见光路被挡住的时候，接收装置就会立马察觉出来，很快发出信号提醒光路被阻隔。这种红外线的系统，可以利用它的不可见特性，很容易地在很多隐蔽的地方布控防盗警戒装置，也可以运用在一些设备的安全防护和自动控制等方面上，或者探测特定空间中，一定波长范围内红外光线的位置移动，识别空间范围内是否有移动人体存在，达到自动控制或者安全警戒的目的。

这种类型的红外线传感器可分为单光束、双光束、三光束和四光束四种。以红外线发射器和接收器的设置位置的类型不同，可以把它们的安装模式分为对向型安装和反射式安装。反射式安装只是接收反射镜或者反射物反射回来的红外线作为信号，而不会直接接受发射器发出的红外线。若是由于某些原因导致反射面的位置或方向变化时，或者是发射器发出的红外线和反射回来的光束有一个被挡住时，此时发射器和接收器之间没有信号交流，即接收器接收不到信号，以至于信号不能及时输出。

2. 被动式红外线传感器

被动式红外线传感器（图 10-6-2）由于传感器自身不会传输任何能量，只是被动地接收，以此达到探测环境中的红外辐射能量的目的。传感器安装在特定环境，当检测的区域内没有人或者动物进入的时候，红外辐射的频率不变，如若有人体中的红外辐射通过，特定的光学系统会使特定的检测设备产生特定信号，继而因为电路的设定就会发出警报提醒。其主要由热传感器、光学系统等部分组成。红外线传感器是这种探测设备的核心部分，加上光学系统的协调作用，这样就可以非常容易地检测到热辐射在固定的立体空间中的变化。

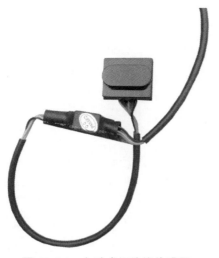

图 10-6-1　主动式红外线传感器

图 10-6-2　被动式红外线传感器

把被动式红外传感器分为单波束和多波束，这是依据它们的结构和探测范围的不同而分类的。单波束型的传感器就是根据反射聚焦式光学系统的原理，用曲面反射镜把要处理的红外辐射汇聚在红外传感器上的。由于被动式红外传感器的检测性能非常好、很容易设置部署且很便宜，所以应用很广泛。而相对于主动式传感器来说，被动式传感器的误报率很高。

3. 微波、红外双鉴传感器

微波、红外双鉴传感器是被动式红外传感器和微波传感器的组合。微波传感器根据多普勒效应原理来探测移动物体，传感器发射微波，微波遇到障碍物时被反射回传感器，当障碍物相对传感器运动时，则传感器接收到的反射波频率发生变化：当障碍物朝着传感器运动时，传感器接收到的反射波频率比发射波高，当障碍物远离传感器运动时，传感器接收到的反射波频率比发射波低。因此，微波传感器通过比较反射波和发射波的频率来探测是否有移动物体进入。

微波传感器只对移动物体响应，红外线传感器只对引起红外温度变化的物体响应，微波和红外双鉴传感器只有两者同时响应才会做出报警。因此，大大提高报警可靠性。

其分类的指标有很多种，按功能分成五类：

❶ 辐射计，用于辐射和光谱测量；

❷ 搜索和跟踪系统，用于搜索和跟踪红外目标，确定其空间位置并对它的运动进行跟踪；

❸ 热成像系统，可产生整个目标红外辐射的分布图像；

❹ 红外测距和通信系统；

❺ 混合系统，是指以上各类系统中的两个或者多个的组合。

四、红外线传感器工作原理

红外线是一种人类肉眼看不见的光，所以它具有光的一般光线的所有特性。但同时，红外线还具有非常显著的热效应。所有高于绝对零度即 $-273{}^\circ\!C$ 的物质都可以产生红外线。根据发出方式不同，红外线传感器可分为主动式和被动式两种。

主动式红外线传感器的发射机发出一束经调制的红外光束，被红外线接收机接收，从而形成一条红外光束组成的警戒线。当遇到树叶、雨、小动物、雪、沙尘、雾遮挡则不应报警，人或相当体积的物品遮挡将发生报警。

主动式红外线探测器技术主要采用一发一收，属于线形防范，现在已经从最初的单光束发展到多光束，而且还可以双发双受，最大限度地降低误报率，从而增强该产品的稳定性，可靠性。

由于红外线属于环境因素不相干性良好（对于环境中的声响、雷电、振动、各类人工光源及电磁干扰源，具有良好的不相干性）的探测介质，同时也是目标因素相干性好的产品（只有阻断红外射束的目标，才会触发报警），所以主动式红外线传感器将会得到进一步的推广和应用。

被动式红外线传感器是靠探测人体发射的红外线来进行工作的。传感器收集外界的红外辐射进而聚集到红外传感器上。红外传感器通常采用热释电元件，这种元件在接收了红外辐射，温度发出变化时就会向外释放电荷，检测处理后产生报警。

这种传感器是以探测人体辐射为目标的。所以辐射敏感元件对波长为 10μm 左右的红外辐射必须非常敏感。为了对人体的红外辐射敏感，在它的辐射照面通常覆盖有特殊的滤光片，使环境的干扰受到明显的控制作用。

被动式红外传感器包含两个互相串联或并联的热释电元件。环境背景辐射对两个热释电元件几乎具有相同的作用，使其产生释电效应相互抵消，于是探测器无信号输出。

一旦入侵人进入探测区域内，热量信号即被热释电元件接收，但是两片热释电元件接收到的热量不同，热释电也不同，因此不能抵消，会经信号处理而报警。

第七节　惯性导航陀螺仪

一、陀螺仪介绍

陀螺仪：将陀螺安装在框架装置上，使陀螺的自转轴有一定的转动自由度。

通常，把陀螺仪定义为利用动量矩（自转转子产生）敏感壳体相对惯性空间绕正交于自转轴的一个或两个轴的角运动的装置。

敏感角运动的一种精密传感器，是惯性导航系统的中最重要、技术含量最高的仪器，是惯性导航系统中的核心器件。陀螺仪的精度是惯性导航系统精度的主要决定因素。

二、陀螺仪的应用

陀螺仪主要应用如下。

❶ 指示仪表。如指示飞机俯仰角和倾斜角的航空地平仪、指示航向角的罗盘、指示转弯方向和速度的转弯仪。

❷ 传感器。输出与被测量参数成一定关系的电信号。如陀螺航向传感器、角速度传感器。

❸ 本身作为一个元件与其他自动控制元部件组成各种陀螺装置。如陀螺稳定平台、惯性导航系统等。

三、陀螺仪的结构

陀螺仪由陀螺转子，内、外框架（支承部件），附件（电机、力矩器等）组成，如图 10-7-1 所示。

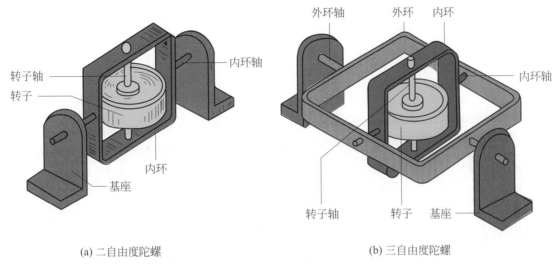

(a) 二自由度陀螺　　　　　　　　　　(b) 三自由度陀螺

图 **10-7-1**　陀螺仪结构

四、三自由度陀螺及基本特性

三自由度陀螺的两个主要特性：

稳定性：陀螺转子绕自转轴高速旋转即具有动量矩时，如果不受外力矩作用，自转轴将相对惯性空间保持方向不变的特性。

进动性：在陀螺上施加外力矩时，会引起陀螺动量矩矢量相对惯性空间转动的特性。

1. 稳定性

三自由度陀螺保持其自转轴（或动量矩矢量）在空间的方向不发生变化的特性有两种表现形式即定轴性和章动。

定轴性：当三自由度陀螺转子高速旋转后，若不受外力矩的作用，不管基座如何转动，支承在万向支架上的陀螺仪的自转轴指向惯性空间方位不变。陀螺的动量矩越大，陀螺仪的定轴性越强。

实际的陀螺仪中，由于结构和工艺的不完备，总是不可避免地存在着干扰力矩。从而破坏了稳定性，产生了章动（瞬时冲击力矩）和进动（一定持续时间的力矩）。

2. 陀螺相对地球的视在运动

由于陀螺仪的转动相对惯性空间保持方向不变，而地球以自转角速度绕极轴相对于惯性空间转动，因此观察者以地球为参考基准，会看到陀螺自转轴相对于地球在运动，这种现象叫做陀螺仪的视在运动（图 10-7-2）。

如果想利用陀螺仪在载体上建立当地垂线和子午线作为姿态的测量基准，就必须对陀螺施加一定的控制力矩或修正力矩，使其自转轴始终跟踪当地垂线和子午线在惯性空间中的方位变化。

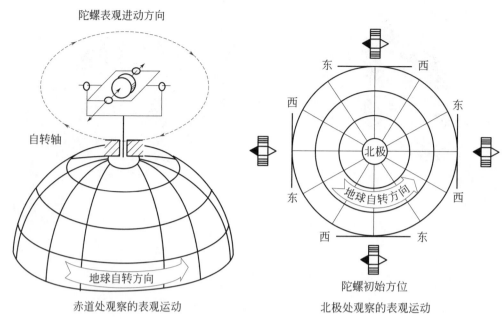

图 10-7-2　陀螺仪的视在运动

决定稳定性好坏的因素：

陀螺转子因为具有转动惯量，所以能够保持转动轴方向不变。陀螺稳定性除与转子的转动惯量有关外，还与它的转动角速度有关。在力学中，常用动量矩 H（角动量）来表示转动惯量 J 与角速度 ω 的乘积，即，方向用右手螺旋定则判断。

这说明，转动惯量和自转角速度越大，动量矩越大，定轴性越好，稳定性越高。此外，陀螺稳定性还与陀螺三轴是否垂直有关。

3. 进动性

当三自由度陀螺受到外力矩作用时，陀螺仪并不在外力矩所作用的平面内产生运动，而是在与外力矩作用平面相垂直的平面内运动。

进动方向：将外力矩矢量沿转子自转方向转 90°。

当转子绕自转轴高速旋转即具有动量矩时，若外力矩绕内框轴作用在陀螺仪上，则动量矩绕外框轴相对惯性空间转动；若外力矩绕外框轴作用在陀螺仪上，则动量矩绕内框轴相对惯性空间转动。在陀螺仪上施加外力矩，会引起陀螺动量矩矢量相对惯性空间转动的特性，称为陀螺仪的进动性（图 10-7-3）。

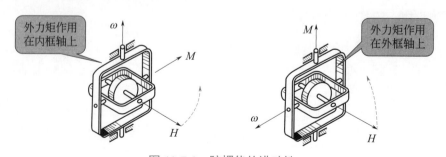

图 10-7-3　陀螺仪的进动性

在干扰力矩的作用下陀螺仪产生的进动，使得自转轴在惯性空间逐渐偏离原来的方位，这种现象称之为漂移。

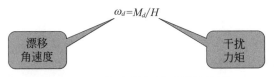

图 10-7-4　稳定性与进动性的关系

稳定性越好的陀螺，进动就越不明显；进动越明显的陀螺，稳定性就越差（图 10-7-4）。

4. 陀螺力矩

根据牛顿第三定律，当外界对陀螺仪施加力矩使它进动时，陀螺仪必然存在反作用力矩，其大小与外力矩相等，方向则相反，并且作用在给陀螺仪施加力矩的那个物体上。陀螺仪进动时的反作用力矩通常称为"陀螺力矩"。陀螺力矩 M_G 与外力矩 M 之间的关系显然为：

$$M_G = -M = H \times \omega$$

从动量矩沿最短路径握向进动角速度的右手旋进方向，即为陀螺力矩的方向，如图 10-7-5 所示。

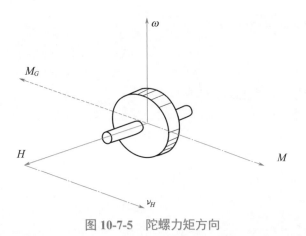

图 10-7-5　陀螺力矩方向

五、坐标系关系

1. 地球的形状及其参数

通过测量，地球北极凸出，南极凹陷，类似一个梨形旋转椭球体，并且表面有不同的地形地貌（图 10-7-6）。由于这种不规则的球体无法用数学模型表达，在导航中不用它来描述地球形状。

设想地球被海洋全部包围，则各处海平面形成的地球形状称为大地水准体。其与地球自然表面非常接近（71% 的海水）。

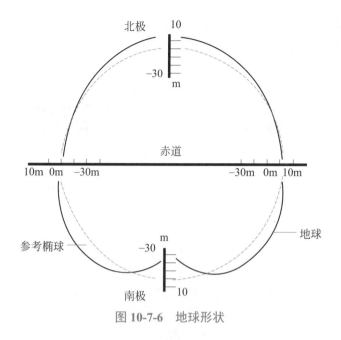

图 10-7-6　地球形状

将大地水准体用一个有确定参数的旋转椭球体来代替（椭球面与真实大地水准面之间的高度差的偏差平方和最小），这种旋转椭球体称为参考椭球体，简称参考椭球。

2. 惯性系统中常用的坐标系

在地球上进行导航，所定义的坐标系要将惯性导航系统的测量值与地球的主要方向联系起来。因此涉及了各种不同的坐标系，主要有以下几类：陀螺坐标系、地理坐标系、惯性坐标系、地球坐标系、载体坐标系。

（1）陀螺坐标系 $Oxyz$（图 10-7-7）

x 轴：与陀螺内框轴一致，固连于内框上。

z 轴：与陀螺转子轴一致，固连于内框上，但不随转子转动。

y 轴：与 Oxy 平面平行，大方向与外框一致。

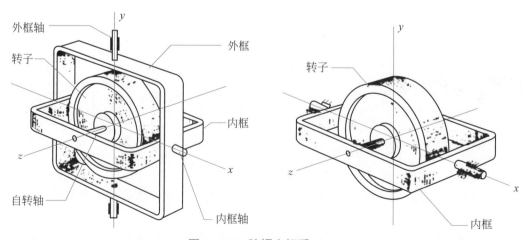

图 10-7-7　陀螺坐标系 $Oxyz$

（2）地理坐标系 *OENZ*（图 10-7-8）

以地球作为参照系时，规定：

原点 *O*——飞行器重心在地球表面的投影点；

E 轴——指东，即坐标原点纬线向东的切线；

N 轴——指北，即坐标原点经线向北的切线；

Z 轴——沿地垂线方向，指向天空。

地球坐标系的 *OEN* 平面是当地水平面，*ONZ* 平面是当地子午面，这两个平面是地平仪和航向陀螺仪的基准面。

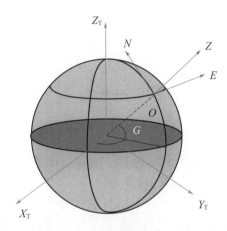

图 10-7-8　地理坐标系 *OENZ*

（3）惯性坐标系（图 10-7-9）

在研究惯性系统时，通常将相对恒星所确定的参考系称为惯性空间，空间中静止或匀速直线运动的参考坐标系称为惯性参考坐标系。

日心惯性坐标系：$IX_0Y_0Z_0$

地球惯性坐标系：$EX_0Y_0Z_0$

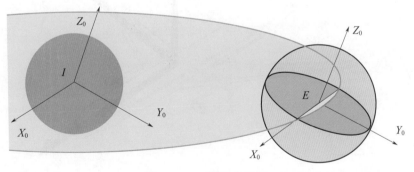

图 10-7-9　惯性坐标系

（4）地球坐标系 $Ox_ey_ez_e$（图 10-7-10）

地球坐标系 $Ox_ey_ez_e$，原点取在地心，x_e 为赤道平面与本初子午线的交线，与地球自转轴重合，与组成的平面垂直。显然地球坐标系与地球固连，并与地球一起转动。

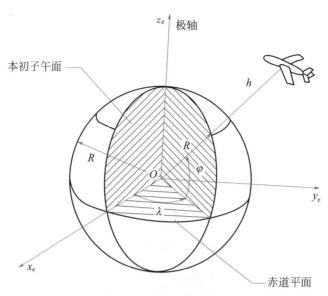

图 10-7-10　地球坐标系

导航定位中常用经、纬度表示载体相对于地球表面的位置。

（5）机体坐标系 $OX_BY_BZ_B$（图 10-7-11）

OX_B 轴位于飞行器参考平面内平行于机身轴线并指向飞行器前方，OY_B 轴垂直于飞行器参考面并指向飞行器右方，OZ_B 轴在参考面内垂直于 X_BOY_B 平面，指向航空器上方。

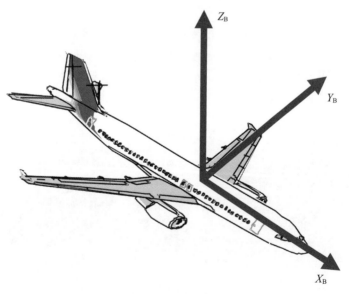

图 10-7-11　机体坐标系

（6）平台坐标系 $OX_PY_PZ_P$（图 10-7-12）

在平台式惯导系统中，原点 O 在飞机重心，X_PY_P 轴总是在水平面内，Z_P 轴在地垂方向，指天或地。

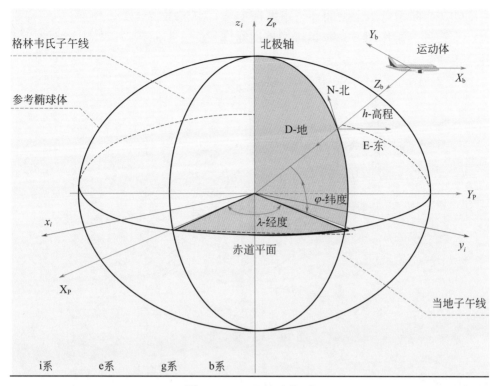

格林韦氏子午线

参考椭球体

z_i Z_P
北极轴

Y_b
运动体

N-北

Z_b X_b

D-地

h-高程

E-东

Y_P

φ-纬度

x_i

λ-经度

赤道平面

y_i

X_P

当地子午线

i系   e系   g系   b系

图 10-7-12　平台坐标系

六、二自由度陀螺及其应用

1. 二自由度陀螺运动特点——进动

　　二自由度陀螺以速度 Ω 自转，同时内框又带着转子绕 Z 轴转动，在自转角速度和牵连角速度的共同作用下，二自由度陀螺产生绕内框轴的陀螺力矩。在此力矩作用下，陀螺绕内框轴进动。

2. 二自由度陀螺与三自由度陀螺进动区别

　　❶ 三自由度陀螺在常值外力矩作用下是等速进动，二自由度陀螺在牵连角速度作用下是加速进动。 这是因为，二自由度陀螺有牵连角速度存在时，沿内框轴有陀螺力矩存在，并无其他力矩与其平衡。因此在陀螺力矩作用下，陀螺必然加速进动。

　　❷ 三自由度陀螺在外力矩消失后立即停止进动，二自由度陀螺在牵连角速度消失后自转轴维持等速进动。 这是因为，牵连角速度消失后，陀螺力矩消失，但内框轴没有力矩阻止陀螺进动，所以二自由度陀螺像普通物体一样，维持等角速度进动。

3. 二自由度陀螺运动特点——受迫运动

　　当二自由度陀螺沿内框轴有外力矩作用时，由于陀螺不能绕 Z 轴转动，因而也就不能绕内框轴产生陀螺力矩，来同外力矩平衡（图 10-7-13）。

因此，在外力矩作用下，陀螺将像普通物体一样，加速转动；外力矩消失后，陀螺维持等速转动。

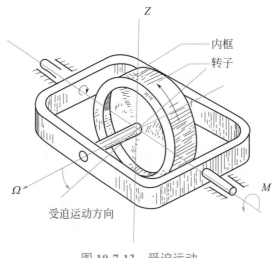

图 10-7-13　受迫运动

4. 速度陀螺仪原理

定义：利用二自由度陀螺测量飞机转弯角速度的仪表。

原理：二自由度陀螺以角速度 Ω 自转，当飞机有绕测量轴的角速度时，沿内框轴的陀螺力矩陀螺转子及内框绕内框轴转动，平衡弹簧产生弹性力矩，直至内框停转，内框相对初始位置转过的角度即可表示飞机角速度大小，如图 10-7-14 所示。

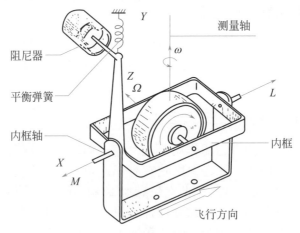

图 10-7-14　速度陀螺仪原理

参考文献

[1] 周晓飞.汽车维修从入门到精通 [M].北京：化学工业出版社，2018.

[2] 顾惠烽.汽车常见故障 识别·检测·诊断·分析·排除 [M].北京：化学工业出版社，2019.

[3] 曹晶.汽车防盗原理与编程技术 [M].北京：化学工业出版社，2019.

[4] 姚科业.汽车传感器识别·检测·拆装·维修（双色图解精华版）.北京：化学工业出版社，2017.

[5] 曹晶，顾惠烽.汽车故障诊断手册 [M].北京：化学工业出版社，2020.

《汽车传感器从入门到精通》配套操作视频

序号	视频内容	页码	序号	视频内容	页码
1	拆卸安全气囊	28-1	29	进气歧管压力传感器检测	243
2	安装安全气囊	28-2	30	进气歧管压力传感器电压检测	246
3	检测节气门总成	32	31	进气歧管压力传感器线路检测	249
4	检测节气门电压	36	32	检测燃油压力	253
5	检测节气门线路	50	33	拆装机油压力开关传感器	259
6	检测喷油器电压	60-1	34	检测增压压力传感器	267-1
7	检测喷油器线路	60-2	35	检测增压压力传感器电压	267-2
8	检测喷油器波形	61	36	检测增压压力传感器线路	267-3
9	检测喷油时间	67	37	检测燃油压力传感器电压	267-4
10	点火控制模块线路检测	73-1	38	检测燃油压力传感器线路	267-5
11	点火控制模块电压检测	73-2	39	检测燃油压力传感器波形	267-6
12	检测点火波形	76	40	检查氧传感器	268
13	更换曲轴霍尔式位置传感器	83	41	检测氧传感器电压	271
14	拆装凸轮轴位置传感器	89	42	检测氧传感器线路	274
15	检测进气凸轮轴位置传感器电压	93	43	拆卸自动变速器输入轴转速传感器	295-1
16	检测进气凸轮轴位置传感器线路	95	44	安装自动变速器输入轴转速传感器	295-2
17	检测排气凸轮轴位置传感器电压	96	45	检查自动变速器输入轴转速传感器	296
18	检测排气凸轮轴位置传感器线路	100	46	拆装转速传感器	302
19	拆卸转向角传感器	120	47	检查转速传感器	303
20	安装转向角传感器	122	48	检测转速传感器电压	306
21	检测加速踏板位置传感器电压	133	49	拆卸爆震传感器	326
22	检测加速踏板位置传感器线路	136	50	更换火花塞	329-1
23	拆卸水温（冷却液温度）传感器	182	51	爆震传感器检测	329-2
24	检测冷却液温度传感器1电压	185-1	52	爆震传感器线路检测	330-1
25	检测冷却液温度传感器1线路	185-2	53	爆震传感器电压检测	330-2
26	检测汽油泵	220	54	拆卸制动灯开关	359-1
27	检测汽油泵控制电路	221	55	检查制动灯开关	359-2
28	检测汽油泵工作情况	222	56	安装制动灯开关	360